アン・ランダースの

アメリカ流人生案内

ベスト・コレクション

上

川崎悦子訳

ANN LANDERS

Wake Up and Smell the Coffee!

鷹書房弓プレス

WAKE UP AND SMELL THE COFFEE!
by
Ann Landers

訳者まえがき

他人に自分の生き方を相談するなんて、くだらない、と思いますか。あなたはきっと悩みなど自分で解決できる、と自信を持っているのですね。悩みがなければそんなに素晴しいことはありませんが、でも誰でもがいつも強くて自分で決断できるわけではありません。実は私もたいていのことは自分で解決できる人間だとずっと思っていましたが、ある時期、人生の選択についてひどく悩んだことがあります。その時出会ったのがこの『アン・ランダース様』(*Ann Landers*)でした。そして私なりの決断をするのに、彼女から背中を一押ししてもらった感動を忘れることができません。

『アン・ランダース様』は、一九五五年以来アメリカの主要な新聞に連載されて圧倒的な人気を博している「人生案内欄」です。全米だけでなく世界中に読者をもち、「世界中に最も広く配信されているコラムニスト」としてギネスブックにも取り上げられています。日本でも長年にわたって『朝日イブニングニュース』に連載されています。

『アン・ランダース様』の回答者として、時にユーモアと皮肉を交えつつ親身で的確なアドバイスをするので、アメリカ人の全世代から頼りにされているアン・ランダースは、一九一八年、アイオワ州スーシティーでユダヤ教のラビの双子の娘として生まれました。彼女の十七分後に生まれた女の子は、アンとアメリカの新聞の「人生案内欄」の人気を二分する『アビー様』（*Dear Abby*）を一九五六年から担当しています。父親が信者たちの良き相談相手であるのを見て育ったこと、大学で心理学とジャーナリズムを学んだこと、結婚後、ボランティア活動を積極的に行った経験などが、二人をこの仕事に打ってつけの女性に成長させたのでしょう。

本書はこのアン・ランダースの四十年の「人生案内欄」の成果から、彼女自身が選んだ珠玉編『目を覚まして、コーヒーの香りを嗅いで！』（原題 *Wake Up and Smell the Coffee!*, 1996）の全訳です。上下二巻に分けて出版する予定となっています。

さて、『アン・ランダース様』の相談内容は、アメリカ人の生活感覚や考え方を時代の変化と共に映し出す鏡となっています。アメリカ人は物事を割り切って考え、白黒をはっきりつける、例えば、夫が浮気したら妻は即座に離婚に踏み切るなどと、日本人にかなり広く考えられている通説を見事に裏切ってくれます。一方で、唖然とするような考えをもつ人や、通説どおりの強いアメリカ人も登場します。アメリカにも波瀾万丈の人生が数限りなくありますし、人情の機微も日本人だけの専売特許ではないようです。

また、アンの回答の基本は是々非々であり、時代の変化と共に変えなければならないことと、どんなに時代が変わっても変えてはならない人間としての基本的あり方を断固として主張して、アメリカ社会の根底に流れる健全さを見せてくれます。

さらに『アン・ランダース様』は日本の「人生相談」のように回答者の答えが一方通行なのとは違って、回答者と読者の、さらに読者同士の意見交換の場でもあり、アメリカ人の考え方の現実を知るのに実に興味深いものです。アンも読者から非常に多くのことを学んでいますし、読者から逆に諭《さと》されることもたびたびで、アンは自分に非があれば素直に認め謝罪する潔さを見せてくれてもいます。

他方、このコラムは、アンが各分野の専門家の助言をもとに、病気や犯罪や差別などに関して読者を啓蒙・教育する場ともなっていて、由々しき方向に流れる風潮の軌道修正や防波堤的役割を果しています。

また、アメリカは「心のケア」を重視する点で先進国ですが、アンはこのコラムにおいて四十年以上も「お茶の間のカウンセラー」として読者の心の問題に取り組み、重要な役割を果たしてきています。アンに相談したり、彼女のコラムを読むだけで心を癒される人がたくさんいるのですが、一方、アンは必要があると判断した場合は、プロのカウンセラーや精神科医への橋渡しをして、読者の心の問題の解決に貢献しているのです。

以上のような献身的で確かな仕事ぶりが、彼女がアメリカで最も影響力ある女性と呼ばれる所以なのです。

このアン・ランダース『ベスト・コレクション』の中には、読者の皆さんと同じ悩みやその解決法があるかもしれません。しかも単なる慰めではなく、非常に満足のいく、思慮深いアドバイスを見つけることができるに違いありません。

もちろんこの本はアメリカとアメリカ人を知りたい人のためには最適のコラム集です。この本の中の心温まるエピソードや心に残るアメリカの知恵は、人が生きていく上での大変良い参考になるのではないでしょうか。

本書が少しでも、読者の方々の人生の指針としてお役に立てば幸いです。

川崎悦子

献呈の辞

この本を私のかけがえのないスタッフ、キャシー・ミッチェル、マーシー・シュガー、バーバラ・オーリン、キャサリン・リチャードスンに捧げます。キャシーは二十七年間、マーシーは二十二年間、バーバラは十四年間、キャサリンは六年間、私と一緒に仕事をしてくれています。彼女たちに何度救われたか思い出せないほどです。このような素晴しい人たちの忠誠と献身がなければ、この仕事の集大成はできなかったでしょう。

毎日届く大量の郵便を整理してくれたスタッフの皆さん、スタンリー・シャル、スージー・ハリス、ボビー・ナスバウム、パム・ヘガーティに二十一発の礼砲で敬礼します。彼らの支援は得難いものです。

上司、クリエイターズ・シンジケート社の会長兼社長のリチャード・ニューカムに格別のお礼を申し上げます。彼はダイナミックで寛容で、個人的には〝聖人〟に推したい人物です。それに、彼の右腕であるアニタ・トビアスにも栄光を！　彼女はあらゆるもの、あらゆる人に目を配っているのです。それに、マイク・サンティアゴにも。彼は必要な時にいつもいてくれます。シンジケートの鷹の目編集者、キャサリン・サーシーにひとしきりの喝采を贈ります。また、勤勉献身を旨としたマリアン・スガワラとマリー・アン・ベルドマンに脱帽します。クリエイターズ社はロサンゼルスに本拠を置いているのに、どのメンバーも私の電話と同じくらい手の届く距離にいます。

『シカゴ・トリビューン・マガジン』の編集者、デニス・ゴスリンは忙しいのにもかかわらず、何をおいても、私のコラムを優先して編集してくれます。彼は穏やかな好人物で、彼との友情をとても大切に思っています。

ご意見番として長く働いてくれている実の娘、マーゴ・ハワードを温かく抱擁したいと思います。彼女は非常に洞察力が鋭く、私はいつもマーゴの正直な意見を頼りにしています。

アバ・アンドリュースとボビー・ウェストにも感謝の言葉をひとこと捧げます。二人は家《うち》の火を絶やさずにいてくれています。この有能で、気立てのいい二人がいなければ、背骨が折れるような大変な仕事はこなせないでしょう。

私の双子の片割れ、ディア・アビーに心から感謝します。彼女はモートン・フィリップと結婚しました。もし彼女がほかの人と結婚していたら、私はモートンのお母さん、ロージィーとは知り合えなかったでしょう。ロージィーは無意識のうちにこの本の題名に貢献してくれました。五十五年以上も前のことですが、彼女が優しくて普段は物静かなご主人に、こう呼びかけているのを何度も耳にしました。「ジェイ！　目を覚まして、コーヒーの香りを嗅いで！」と。

序　文

私が書いた一番初めのコラムは一九五五年十月六日に陽の目を見ました。ご紹介しましょう。

ランダース様　私はずっと、大方の結婚生活のいろいろなもめごとをひどく滑稽だと笑い飛ばしてきました――つまり、実際に自分の身に降りかかるまでは、です。私たち夫婦は結婚して十年、二人の息子がいます。私は自動車レースが好きなのですが、家内は全く興味がありません。だから、いつも一人で出掛けています。

今、子供が三人いる自動車レースが大好きな女性に惚れ込んでいます。彼女の旦那は無学でどうしようもない男です。ありがちな話でナンですが、彼女なら素晴しい連れ合いになると思っています。私のことをとんでもない奴だとお思いでしょうが――途方に暮れています。この問題にアドバイスを是非お願いします。

――ミスター・K

K様　時は裏切り者を裁きます――あなたもご多分にもれませんよ。あなたの競技場でのちょっとした浮気が、五人の子供を巻き込んでいるのに気づいていますか。いつかある日目を覚まして、奥様と息子さんたちを取り戻せなくて後悔すること必定です。あなたは受難日《ブラックフライデー》に泥沼のサーキットで火遊びをしているんですよ。行き着く先で、身から出た錆、という羽目になっても知りませんから。

ランダース様　私は小学校を卒業したばかりです。私の好きな彼は軍隊にいます。彼が休暇で帰宅するという手紙をくれましたが、お母さんは彼と会うことを許してくれないのです。私たちはただ映画を見に行くだけで、早めに帰って来るからと説明してはみましたが、行ってはいけない、若すぎるから自分が何をしているか分かっていない、と言います。どうか助けてください。

——イービー

イービーちゃん　〝小学校を卒業したばかり〟なら、十三歳ぐらいでしょう、ひよこさん。アメリカ政府《アンクルサム》には強い兵士《メン》が必要だけれど、あなたには男性《メン》は必要ないはずです。お母さんの言うことを聞きなさい。お母さんは間違っていません。それと、そのボーイフレンドについて言いますと、その人はアタマが「無許可離隊」しているようですね。

ランダース様　結婚して四年になり、子供が二人いて、三人目がもうじき生まれます。主人はここ七カ月間、女の人を町中追いかけまわしています。別れるつもりだと言いましたら、行いを改めて行儀良くすると約束しました。私には弁護士費用を払うお金がありませんし、働くこともできません。親戚からお金を借りた方がいいでしょうか、それとも、少し待って成り行きを見守るべきでしょうか。

——困っている妻

困妻様　お怒りごもっともです。この人物は、家族を持つ資格はありません——現時点では。しかし、行いを改めると約束しているのですから、もう一度チャンスをあげるといいでしょう。一緒に結婚相談員のところに行こうと説得してみたらいかがですか。あなた方の結婚のどこがうまくいっていないのか、一緒に見つけ出せないかどうかよく考えてみてごらんなさい。同時に、これ以上女性を追いまわすなら、その時は完全にオシマイだ、とはっきりさせておくことも、忘れてはいけません。

ランダース様　二カ月前、私のことをとても気に入っているらしい男性に出会いました。彼は仕事を二つしていて、それが、彼が私に決して電話をしてこないことと、デートに連れ出したことがない理由なのです。彼はとても忙しいのです。彼は私のことをものすごく好きだと言ってくれますが、会えるのは一日一回、彼がうちに食料品を届ける時だけです。彼をせかせて無理強いするつもりはありませんが、どうしたらいいか教えてください。

——固定読者

固定読者様　この男性はお宅に〝ウソ八百〟を配達しているようですね。あなたの裏口のロメオには奥さんもお子さんもいるばかりでなく、あなたのほかにもとても良い〝お得意さん〟がいる、と私は踏んでいます。その人のことは忘れて、配達している物が何であれ手近なところに置いて立ち去ってくれるよう言ったらいいでしょう。彼は自分の売上げの歩合以上の〝ボーナス〟を受け取るべきではありません。

アン・ランダース様　私は十四歳の女の子で、ある男の子が好きで、その子も私を好きなのは確かです。でも、いざ会う時になると、彼は怖がって引いてしまいます。何とかなりませんか？

——S・V

S・V様　心配しないで。彼はまだ子供なだけです。そのうちすぐに怖がらなくなるでしょうし、あなた方が本当にお互いに好きかどうか分かる機会がくるでしょう。さしあたっては、ほかの男の子や女の子とも大いに楽しんだらどうでしょう。

親展　E・B様　あなたにはご自分の人生を送る権利があります。もうご自分の役割以上にお母さんやそのほかの家族に貢献しているではありませんか。頭をおかしくされる前に家を出なさい。

☕ ☕ ☕ ☕ ☕

アン・ランダースのコラムを書き始めた頃、四十年間も付き合うつもりも、『ギネスブック』に載るなども考えてもみませんでした。でも、そうなってしまったのです。

私は最初から幸運に恵まれました。『シカゴ・サン・タイムズ』社の副社長ウィル・マネックが、急逝した初代アン・ランダースに代わる人を探すコンテストに出てみないかと言ってくれた時、私は渋々同意したのでした。奇跡も奇跡、私はコンテストで勝ってしまったのです。ふと心に浮かんだ言葉は、「お祈りの言葉には用心しなさい。叶ってしまうかもしれないから」でした。

幸運の女神が初めから私に微笑んだのです。サンフランシスコから来たばかりの編集者ラリー・ファニングが、人生案内欄の書き方を新米の女性に教えるという誰もやりたがらない仕事に任命されました。ラリーは、その新米の女性が出版物に一行も物を書いたことがないと知って、卒倒せんばかりでした。それどころか、その女性は以前に一度も仕事に就いたことすらなかったのですから。

かえって、何も知らない方が良いこともあるようですね。私のコラムはロケットの打ち上げのように華々しく始まりました。私は人生案内欄の回答者の〝おばあちゃん〟と言われたドロシー・ディックスを非常に崇拝していましたが、すでに七年前に亡くなっていました。そこで、私は全分野を独り占めしたのです。

私はまた、寛大な出版業者マーシャル・フィールド四世と一連の編集者たちに恵まれました。彼らは、私を絶えず売り込み、家族向けの新聞にそれまでタブーと考えられていた同性愛やその他の話題を扱った手紙の掲載を許してくれました。

三十三年もの素晴しい歳月を『サン・タイムズ』で過ごしました。その後、ルパート・マードックがその新聞社を買収しました。まもなく仲間のほとんどが『シカゴ・トリビューン』に移りました。私も彼らに加わることにしました。『トリビューン』社は私とスタッフを諸手《もろて》を広げて歓迎してくれ、素晴しい事務所で働けるようにしてくれました。やがて私たちは古巣にいるかのように居心地良く感じるようになりました。

一週間に七つのコラムを書くのは頭痛の種になることがあっても、退屈になることは全くありません。四十年にわたるコラムをこのように編集した本書は、何年もお気に入りのコラムの再掲載を要望してきてくださった読者の皆様にご満足いただけると思います。皆様のご希望に完全に沿うのは不可能ですので、**私の**気に入っているコラムの集大成を作ることにしました。さあ、どうぞお読みください。

目次

〈以下下巻〉

I

愛、結婚、そして地獄からの使者・姻戚

「愛しているのかしら、それとも単なる盲目の恋なのかしら？」と悩んだことがありますか？　次のエッセーをお読みになればその違いがお分かりになるかもしれません。このエッセーが新聞に載ってから、たくさんの読者の皆様から、愛と恋を区別するのに役立った、というお便りをいただきました。

愛、それとも盲目の恋？

恋は瞬時の欲望。相手の注意を引くためのフェロモン分泌腺。
愛は火の点《っ》いた友情。大地に根をはり、日ごとに大きくなる。

恋には不安な気持ちがつきもの。
興奮していてうずうずしているけれど、本当のところ幸せではない。恋人のあれやこれやに、頭か

ら離れない疑念や答えられない疑問がわだかまる。でもどちらかと言えばそれをあまりちゃんと調べたくはない。分かったら、夢が台無しになるかもしれないから。

愛は穏やかに理解すること、相手の不完全さを大人の度量で受け入れること。愛は力を与えてくれ、自分の手が及ばないほど大きくなる――愛する人を元気づけるために。彼がいることで元気づけられる、たとえ彼が遠くに離れていても。距離が二人を分かつことはない。彼に近くにいてもらいたいけれど、たとえ遠くにいようと近くにいようと、彼はあなたのものだから、待てるはず。

恋は「すぐ結婚しなくちゃ。彼を失いたくないから」と言わせる。

愛は「辛抱して。パニックを起こさないで。自信をもって将来の計画を立てなさい」と言わせる。

恋には性的興奮の要素がある。正直ならば、深い仲になれると確信できないかぎり、相手と一緒にいてもしょうがないと認めるのでは。愛は友情が成熟したもの。恋人である前に友達であるはず。

恋は自信がない。彼がそばにいないと、浮気しているのではないかと思い、時々、調べてしまう。

愛は信頼に満ちている。落ち着いていて、安心で、差し迫っていない。彼もその信頼感を感じていて、それが彼をさらに信頼できる人にする。

恋はあとで後悔するようなことをさせるかもしれないが、愛にはそんなことはない。

愛は前向き。元気にしてくれて、向上心を持たせてくれる。以前より心豊かな人間にしてくれる。

二人の関係は続ける価値があるかどうか、どうしたら分かるでしょうか？

縁を切る時期はいつがいいでしょうか？

家族の調和のために、癪にさわることがたくさんあっても、どんなことには目をつぶるべきでしょうか？

私のところにくる手紙から分かることは、ますます多くの人が、真剣でしっかり結びついた関係を望んでいるけれど、その関係をうまくいかせたり、ふさわしい人を見つけたりするのに苦労している、ということです。さまざまなことがどうやってコースを外れるのか、そのいくつかをごらんください。

アン様　私は、一年四カ月、腕時計のセールスマンと付き合っています。彼はとてもお金のかかるところに連れて行ってくれますし、去年の誕生日には綺麗な腕時計をくれました。ところが、気持ちの悪いことが起こっていて、一体全体その奥に何があるのかさっぱり分かりません。彼の秘書が私たちの個人的なことに異常に興味を持っているのです。彼女は、私たちがどこに行くのか、彼がどのくらいお金を使うか、何を話し合うのかなどを知りたがっているのです。

昨晩も、確かに彼女が車で後をつけて来たのに気づいていました。一昨日の晩は、映画館で彼女は私たちの真後ろに座っていました。彼に、どうしてなのか説明してくれるように頼みました。すると、彼は、仕事に悪影響が出るから尾行を〝やめさせる〟つもりはないし、それに彼女はいいところだ、と言ったのです。彼女は有能だから、辞められると困るので叱れない、ともはっきり言っています。そのうえ彼は私に、我慢して彼女の妙な行動を見て見ぬ振りをするようにと頼むのです。どうお思いになりますか？

――つけられている女

つけられている方へ　去年は腕時計《ウオッチ》をもらって、**今年は**監視《ウオッチ》されているのですね。

その女性があなた方に何が起こっているかそんなに興味がある理由は、おそらくあなたの彼氏が彼女ともよろしくやっているからでしょう。ごく当たり前の、普通のいとこ同士なら、何が起こっているのか確認するためにどこまでもつけまわすということはありませんよ。かなり親密な間柄でなければ、ということですよ、つまりは。

あなたの腕時計のセールスマンに、この私立探偵の監視の目をうまく**まいて**よ、そうしてくれなければ、もう少し家族の絆の緩やかなボーイフレンドを見つけるわ、と言ってやりなさい。

アン・ランダース様　しばらく前、新聞で読んだことで思いついたことがあります。それを実行すべきかどうかご助言をいただきたいと思います。悩みとは、私といるよりは男友達と釣りや猟に行きたがっている夫のことです。

ＡＰ通信社のニュースにこんな話がありました――ご主人がしょっちゅう家を空けているのにうんざりしたミシガン州イサンティの女性の話です。そのご主人もうちのと同じように、釣りや猟にうつつを抜かしていたのだそうで、彼女は彼の誕生日に次のような広告を出したそうです。

「主人をお安く譲ります。猟と釣り道具一式付き。それに、ジーンズ一枚、シャツ二枚、ラブラドル・レトリーバーと鹿の肉十二キロ付き。九月から一月、四月から十月までの間、家にいません。

交換は応相談」。

広告に興味を持った女性たちから電話があった初めの数回は、ご主人は面白がっていたそうです。しかし、それから翌日まで電話が鳴りっ放しになるに及んで、不機嫌になってしまったということです。

数日後、彼女は、前の広告は全部冗談で、結局ご主人を捨てないことに決めた、という二度目の広告を出したそうです。その女性は勝利を収めたのでしょうね。

いかがですか、アン？　同じようにしていいかしら？

——主人を鹿の肉二十四キロ、うずら三十羽、まがも四十羽、マス二十四、

カジキ二匹のオマケ付きでいかが！

奥様へ　ご主人のユーモアのセンスはいい方ですか？　あなたのはどうですか？　本当に、ご主人を厄介払いしたいのですか？　釣りや猟に、たまには一緒に行くことはできないのですか？　事を急ぐ前に、以上のことをよく考えてください。

アン・ランダース様　私の主人は仕事中毒です。土曜日はいつも働き、日曜もよく働いています。一日に平均十時間から十二時間働きます。三人の子供はみんな成長して、うまくやっています。私たちは子供たちと四人の孫たちが年金をもらえるようにお金を出しています。誕生日やクリスマスには気前良くお金をプレゼントし、私たちがそうできることを嬉しく思っています。

私たちには車が二台と、とても綺麗な家があり、借金はないし約百万ドルの資産があります。幸せそうでしょう？　でも、私たちには趣味がないのです。子供やその家族を訪問する週末二、三回を除いては、何年も休暇を取っていません。

私は職業婦人で、家の内外で働いてきました。私たちは二人とも七十歳代です。楽しみはいつ始まるのでしょうか？

――大いなる疑問

疑問様　ご主人の方は大分前から人生を楽しみ始めていたようですね。仕事中毒とは遊ぶより働く方が楽しい訳で、だから働いているのです。

仕事中毒者の配偶者は、自分で楽しみを見つけなければなりません。七十歳過ぎてまだ見つけていないならば、かなりのんびりしていたことになりますよ、奥様。

アン・ランダース様　偉大なアメリカの家庭崩壊魔（フットボール）があらゆるテレビ放送網上でのさばっているので、うちの主人にあなた経由で伝言をしていただけませんか。

シーズンの一月が終わるまで、主人の注意を引くチャンスは全くありませんが、あなたのおっしゃることなら彼は耳を傾けるかもしれませんから。

ご主人様　あなたが今シーズンもまた、人生で一番大切なもののようにあのテレビという馬鹿げた箱を喰いいるように見つめているのを目の当たりにして、私はどうしようもなく滅入っています。それでも私は、それが大事なことなのだろうな、と思っていますよ。あなたが知り合いでもない（もちろん答えてくれもしない）選手とも気楽に雑談している姿は、すごいと思いますもの。その間、あなたと結婚して十五年、三人の健康で素晴しい子供たちを産んであげた女性が近くに黙って腰を下ろしているけれど、今あなたの目の前でくず折れて死んでも、気がつきもしないんじゃないの？

あなたが選手の名前を一人一人呼べるのはカッコいいと思うわよ。彼らがどこで生まれて、体重がいくらかみんな知っているし。でも、自分の子供たちの体重がどのくらいか、あなたは知らないわよね。もっと言わせてもらえば、子供たちの名前を一人一人言えるのかしらねェ。

ここ三回の感謝祭の間、一度もテーブルについて私たちと一緒に食事をしなかったじゃないの。クリスマスも新年も同じこと。子供たちが成長したら、あなたが彼らを無視したのを思い出すわよ。自然は深遠なやり方でつけを払わすものよ。あなたが子供たちに優しくしてもらいたい時、あの子たち、冗談じゃないよ、と言うわよ、きっと。

——あなたの結婚式の写真に写っている女の子、覚えてる？　私よ！

女の子様　祭日の前にお宅で事態が好転しているのを望んで、この手紙をお載せします。書いてくださってありがとう。

アン・ランダース様　アン、公平になってください。ご主人がフットボールを見てばかりいると文句を言う奥さんたちみんなに、口にボタンを掛けるように言ってください。試合があるのは週末か祭日ですよね？　旦那さんが家にいる時じゃないですか。文句を言う主婦たちだってたいてい、月曜から金曜日までテレビにクギ付けになって昼メロを見ている訳でしょう。私がインフルエンザで休んで家にいた時、妻にオレンジジュース一杯持って来てもらえませんでしたよ。妻は、「ゼネラルホスピタル」「マーカス・ウェルビー医学博士」「医者たち」「メディカルセンター」を見るのに夢中で、手が放せなかったんですから。

「罪なき女《もの》まず石を持て」でしょう。あなたなら、どうおっしゃいますか？

——フットボールを見ているが、外にいたらもっと悪いことをするかもしれない夫

ご主人様　あなたは二つの大切なメッセージを伝えていらっしゃいますね。一つは手紙の中に、もう一つは署名の中に。

女性の皆様は私を恨むかも知れませんが、あなたのご意見に賛成です。ご主人への最大の不満がテレビでフットボールを見すぎることだとしたら、普通の人より幸せな結婚をしているんですよ、奥様。

男女間の悩みが何なのか、正確に知ることは難しいかもしれません。

アン・ランダース様　私は一八五センチ、八〇キロの男性で、魅力的だと思われています。修士号を持っていて、仕事では高い地位に就いています。服装には気を使っていて、着こなしも上

手ですし、体型を維持するために頑張っています。デートの折りはいつも女性を時間通りに迎えに行きますし、出来る範囲で最高で一番面白いところに連れて行ってあげ、紳士らしく振る舞っています。そんな時、「こんなところに来てみたかったの。誰も連れて来てくれないもの。ありがとう」とか「あなたって話しやすいのね」とか「女性の扱い方知っている人に会えるなんて、素敵！」などとよく言われます。

では、何が悩みなのか、とおっしゃいますか？　実は二度とその女性たちに会えないのです。彼女たちは「素晴しい夜をありがとう」と言いますが、次に誘うと、〝忙しい〟と断るのです。三度断られたら、電話番号を教えて、暇ができたら電話をしてくれるように頼むだけにしています。デートを十二年続けていますが、デートした女性のうち誰一人として、電話をしてきてくれたことはありません。

その女性たちの何人かに私のどこが悪いのか無理に聞いてみましたら、「あなたが悪いんじゃないの、悪いのは私」とか「私にはもったいなくて」と答えたのです。この女性たちは頭が空っぽなのではないのです。私のデート相手はほとんど大卒のキャリアウーマンなのですから。

時々、私が前にデートした女性たちの噂を聞きますが、嘘つき男、ヒモ的男、飲んだくれなどにうつつを抜かしている人は数え切れないほどで、なかには、虐待を加える男と付き合っている人さえいるんですよ。そういう訳で、私は女性は一人残らずマゾヒストではないかと思い始めています。

昔からよく言われている「いい男がいないのよねぇ」という文句は、もう聞き飽きました。多分この手紙で女性たちが自分たちの自滅的な行為に気づいてくれるのではないでしょうか。そうすれば、結果的に、当事者たちがみんな前より良い関係になるのではないかと思いますが。

——ミシガン州のM・F

ミシガン様　私は困っていますし、驚いてもいます。皆目見当がつきません。だって、あなたは独身女性の祈りが叶ったような方ではありませんか。

あなたと同じような手紙を書いてきた女性に私がお答えした通りのことを、あなたにも申し上げましょう。その女性は、デートの相手が「君はとてもいい話相手で、楽しかったよ」、「素晴しい夜だったよ」と言うにもかかわらず、二度と誘ってくれない、と手紙をくれたのです。

あなたをよく知っている五人の人に相談してみてください——仲の良い友達とか牧師さん、掛かりつけのお医者さん、仕事の同僚やあなたが誘ったことのある女性などにです。あなたのことをどう思っているか本当に正直な意見を聞いてみてください。それに満足できなかったら、カウンセラーと何回か会ってみることを考えてください。どうも、あなたには何か直さなければならないところがあると私には思えますから。

アン・ランダース様　身体より先にあなたの心が休暇を取っていたようですね。十年前離婚して以来デートをしたことがないという男性が、女性は男性の外見だけに興味があるようだ、とあなたに言っていましたね。それに対してあなたは彼に、素敵な人のようなので、いつかふさわしい女性が出てくるからそれまで我慢して、と言っていましたね。

デート相手が見つからない女性たちにあなたがよくおっしゃるのと同じことを、どうしてその男性に言わなかったのですか、つまり、彼には何か相手をうんざりさせるところがあるのではないか、ということです。そこでその男性に対する質問を次に挙げます。

一、身なりはきちんとしていますか？　自分がハンサムではないと思っている男性の多くは外見を整えるのを完全に諦めています。定期的に風呂に入り服を着替えていますか？　髪の毛は清潔ですか？　高校時代に掛けていたメガネをまだ掛けていませんか？
二、食事や運動に気を遣っていますか？　一三五キロのカウチポテトでは女性を魅きつけられませんよ。
三、一晩中自分のことばかり話して、質問を一つもしないのではありませんか？
四、世界情勢について知識がありますか、スポーツ紙ばかり読んでいませんか？
五、あなたの考える〝楽しい夜〟というのは、ビールを六本そばに置いて、四時間テレビの前に座っていることではありませんか？
六、自己中心で頑固ではありませんか？　思い通りにすると言い張って、それが叶わないとぶつぶつ言いませんか？
七、紳士的に議論をして、たまには自分の間違いを認めますか？
八、切羽詰まった態度をしていませんか？　女性は結婚したがっていて、男性はかかわりを避けたがると一般には思われていますが、私の経験では、よく〝逆が真なり〟です。ほとんどの女性は、やたらに結婚したがる男性を怖がって避けます、特に前の結婚に失敗している人を。

最後に、件《くだん》の男性は女性を探すための個人広告を読んでいるそうですが、「いい加減にしたら」と言ってやってください。教会や地域活動、政治運動、クラブや奉仕活動にかかわるようにするべきです。ガールフレンドに社会生活を依存するような男なんて、くだらない奴ですよ。

——ニューメキシコ州サンタフェ、大いに怪しみ中

怪しみ中様　その通りです。今日は代わりに私の椅子に座っていただいてありがとうございました。

アン・ランダース様　交際相手募集広告に対してとても強い反対姿勢を取っているあなたを、心が狭くて意地悪な人だとずっと思っていましたが、『ナッシュビル・バーナー』を読んだ今日、考えを変えました。

カナダ、アルベルタ州トマホークのヘンリー・ジョンソンという名の男性が農業出版物のその手の広告を見て、気に入った女性に手紙を出したそうです。交際相手を探していた女性はエイダ・ウィッテンマイヤー、三十七歳です。九〇〇エイカーの牧場主、五十歳のヘンリーは寂しい思いをしていて、エイダを〝なかなかいい〟と思ったそうです。しかし、彼は、ケネス・アトキン

ス地区検事長が電話してきて、エイダが四番目の夫を毒殺した科《とが》で有罪になったばかりだと聞くまでは、自分の手紙と小切手が刑務所に行っていたとは知らなかったそうです。エイダは、三番目の夫――裕福なオクラホマの牧場主で、別の交際相手募集広告で知り合った――も毒殺していて二十五年の刑で服役中だったのです。アトキンス検事によると、その話をジョンソン氏にすると、氏は「あぁ、神様」と声を上げたそうです。

寂しい人に注意を促すために、この手紙を新聞に載せてくれませんか、アン。それと、私の以前の態度をお詫びします。

――ナッシュビルの読者

読者様　私がどんなに言葉を尽くしてもあなたのご報告ほど影響力はなかったと思います。ナッシュビルに照会しましたが、すべてがあなたのお書きになった通りでした。後押ししてくださってありがとうございます。

アン・ランダース様　私は三十四年間幸せに結婚していましたので、四人の息子（全員三十才以下）に良い模範を示そうと努力しましたが、残念ながら、彼らの結婚二つが離婚に終わるのを目の当りにしました。孫たちこそが本当の被害者でした。

どんな話にも二面性があるのは分かっていますが、初めから彼らの結婚はうまくいかない兆候がありました。

私は息子が付き合っている女性には極力偏見をもたないように努力してはいますが、息子のデート相手に何回か会ううちに、少し忠告した方がいいと判断しました。同封したのは、息子たちに渡した手紙のコピーです。あなたのコラムに載せていただけたら、若い男性たちがもっと良い選択をするための手助けになるのではないかと思います。

――カリフォルニア州アナハイムの父親

お父さんへ　さあ、あなたの手紙をお載せしましたよ。いい手紙ですね。送ってくださってありがとうございました。

息子に

父親の利点の一つは忠告できることだ。その経験と、息子たちには最高の人と結婚して欲しいという願いに基づいて、人生の伴侶を選ぶ際に次のような観察をするように提案しよう。

一、もし彼女がハンバーガーが牛からできるのか、豚からできるのか分からなければ、
二、もし彼女が五秒以内にパンティーストッキングが脱げたら、相当練習を積んでいる訳だから、
三、もし彼女が初めてのデートでセックスしたら、
四、もし彼女の両親が、初めて会った時に、君を「息子」と呼びかけてきたら、
五、もし彼女がたばこを吸っていて、いつでもやめたくなったらやめられるから、と言ったら、
六、もし彼女が、両親が何度も引っ越ししたので高校を卒業していない、と言ったら、
七、もし彼女がどこの教会に行っているのかと聞かれた時、高校時代クリスタル大聖堂に一度行っ

たきり、と言ったら、

八、もし昼前にカクテルを飲もうと誘った時、彼女がオーケーしたら、

九、もし彼女が、結婚の誓いの中の「死が二人を分かつまで」という言葉は時代遅れだ、と言ったら、

十、もし彼女が一度も大統領選挙で投票したことがない、と言ったら、

十一、もし彼女が働いていて、自分で稼いだお金は**自分のもの**で、夫の稼いだお金は**二人のもの**、と言ったら、

十二、もし彼女が、関係を固めるために、すぐ子供を欲しがったら、

彼女から手を引くことだ。

アン・ランダース様　しばらく前、息子さんたちが良き伴侶を選べるようにと十二の要観察リストを作った「アナハイムの父親」さんからの手紙を載せていらっしゃいましたね。私は自分の間違いに懲《こ》りた三十二歳の離婚している母親です。私にも二人の娘たちに見せたい要観察例がいくつかあります。それを新聞に載せてくれませんか。

一、もし彼が料理と掃除は〝女の仕事〟と思っていたら、

二、もし彼がまだ親と一緒に暮らしていたら、

三、もし彼がセックスをしようと強く迫ってきたら、

四、もし彼がほかの人との経験から「今までこんな風に感じたことはない」と言ったら、

五、もし彼が日常的に昼前か仕事のあとで、お酒を飲んだら、
六、もし彼が自分にはお金を使うが、家賃や光熱費などの支払いは渋るなら、
七、もし彼が避妊は女の責任だと思っていたら、
八、もし彼が一つの仕事を長く続けられないようなら、
九、もし彼があなたからお金を頻繁に借りる必要があるなら、
十、もし彼が自分の家族やあなたの家族に失礼な態度を見せたら、
十一、もし彼があなたの意見や助言を一度も求めたことがなかったら、
十二、もし彼が「ごめんなさい」と言うのを聞いたことがなかったら、
彼から、手を引きなさい。

——ミネソタの母

お母さんへ　あなたの観察は最高です。このたび、女性の読者の皆様は本当に立ち上がってくださいました。もう一つ実に見事な投書をご紹介します。

アン・ランダース様　息子さんたちが配偶者を選ぶのに役立つ例の十二条の指針を読みましたが、その中には明らかに女性差別的なものがあると思います。

例えば、三番目で〝彼女が初めてのデートでセックスをしたら〟彼女から手を引くように言っていますが、いいですか、女性がセックスをしたということは、相手の男性もした訳でしょう。それなのにそんなことで判断するような男性は、結婚相手にはふさわしくありません。

〝五秒以内にパンティーストッキングが脱げたら、相当練習している訳だから〟、その女性からは手を引くように、と言っているのも同様です。そんな時間制限ができるほどの経験があるなら、その男性の方も十分過ぎるくらい練習しているのではありませんか？　彼が靴下を脱ぐのにどのくらい時間がかかるか知りたいものですね。それとも、大慌てで、はいたままかしら。

八番目はもっとばかばかしいじゃありませんか。〝昼前にカクテルを飲もうと誘って、彼女がオーケーしたら〟手を引けですって？　そもそも、そんな時間にカクテルを飲もうと誘ってどうするつもりだったんでしょう？　酒癖が悪いんじゃないですか？

その男性の警戒信号については文句はありませんが、どうしてあなたは、その赤旗の中には男性諸氏の沽券にかかわるものもある、と指摘してくださらなかったのですか。

つまり、男性なら、一夜限りの関係を結んでも、ベロベロに酔っても、最初のデートでセックスしたがっても、疑いもなく〝善し〟とされますが、女性がそんなことをすれば、〝身持ちの悪い女〟と呼ばれる、ということです。

もう男性も女性も同じ基準で考えられてもいい時期ではないでしょうか。それに、「アナハイムの父親」さんも、女性の欠点をあげつらうのではなく、女性の扱い方についてご子息に助言なさってもいい頃なのではありませんか。

——シカゴの忠実な読者

シカゴ様　男性至上主義的態度の非を暴いていただいてありがとうございます。私の見たところ、女性たちの投書は「アナハイムの父親」さんを完全に虚仮《こけ》にしてましたよ。

時々、読者の皆様は本当に面白おかしい手紙を送ってくださいます。

アン・ランダース様　きっと、ねずみ算式の昔からある幸福の手紙がリバイバルしているのに気づいていらっしゃると思います。

そこで、私が誕生日に受け取った手紙に興味がおありなのでは、と思いました。私はその手紙を二カ国語で友達に送りました。コピーを同封しましたので皆さんにご紹介いただけませんか？

――ペルー、リマで笑いがとまらずに

リマ様　幸福の手紙、不幸の手紙類は、合衆国では不法ですが、あなたのはちょっと違っていて、お金が全然絡んでいませんね。送ってくださってありがとう。

「この幸福の手紙は、疲れ切っていて、不満たらたらな奥様方を救う目的で、あなたのような女性によって始まりました。ほかのチェーンレターとは違って、これは一銭もかかりません。あなたと同じように疲れ切っている女性の友達五人に写しを一通送るだけで結構です。それから、ご主人を包んで、手紙のリストの一番上の女性に送ってください。そして、あなたの名前をリストの一番下に書いてください。あなたの名前が一番上にくる頃には、一万六、七四八人の男性を受け取ることになります。その中にはダンディーな人がいますよきっと。信じて、鎖を切らないでください。鎖を切ったある女性は、旦那さんを送り返されたそうですよ。この手紙を書いている時、友達の一人がすでに一八三人の男性を受け取っていました。その男性たちはその女性を昨日埋葬しましたが、彼女の顔から微笑みを取り去るのに、三人の葬儀屋が三十六時間かかったそうですよ」。

アン・ランダース様　主人は、恥ずかしくて涙が出るほどばかばかしいことをやってくれています。来客があると、ターザンの衣装を着て（豹皮を肩から掛けて、豹皮のパンツをはいて）、口紅で身体に爪痕を付け、髪の毛に樫の葉っぱを挟み込んで、バナナを掴み、木に登って待っています。お客さんが着くとチンパンジーの鳴き声を立て始め、お客さんの頭の上から飛び降りてきます。

みんなはヒステリックに笑いますが、私は密かに恥ずかしい思いをしています。三十代の男がどうしてこんなことをするのでしょうか。ひどく幼稚なのではないかと思っていますが。

——ジェーン

ジェーン様　必ずしもそうではありません。ご主人が目立ちたがりやなのは、どちらかと言えば笑いを取ったことから得られる満足感の方に関係しているようです。彼はいいところを認めてくれる観客が切実に欲しいのではないでしょうか。ですから、その行為はご主人にとっては絶対に失敗のない当たり芸なのだと思いますよ。

アン・ランダース様　私は『ワシントンポスト』であなたのコラムを扱っています。最近、『変装』（ピッツバーグ大学出版）という題名の本の中でハーバート・スコットの素晴しい詩に出会いました。新聞に載せてくだされぱと願っています。

――シェルビー・コーフィー

シェルビー様　喜んで。非常に面白い詩です。さすがお目が高い。

［シェルビー・コーフィーは現在『ロサンゼルスタイムズ』の編集長］

フランケンシュタインの妻の
アン・ランダースへの手紙

嗚呼、アン様、妾《あたくし》、夫を失いかけています。
旦那様はもう、妾のパアツを弄《もてあそ》んだり、
妾をベッドに縛りつけたりいたしません。
もう何週間も充電注入していただけておりません。
時には、妾をお祓い箱にしようとしているのでは、と
不安に駆られております。
先週なども妾のオイル缶に水が入っておりました。
捨てられてしまう前兆なのでしょうか。
それとも妾、狂ってしまいつつあるのでしょうか。
妾の配線はおかしくなっており、

圧縮も甘くなってきております。
それでも旦那様は妾を直してくださりません。
このところ、見たこともない腕が二本、椅子の下に落ちていたり、
テーブルの下に脚が一本転がっていたりしております。
揚げ句の果てに、妾のティーカップには歯がいくつか入っておりました。
何が起こっているのか考えているうちに、
昨夜とうとう旦那様は墓をあさって、
町外れで死んだあの売春婦の死体を掘り返しておいででした。
旦那様とのつながりを切断するべきでしょうか？
旦那様との関係を良くするために努力して参りましたが、
どこで間違ってしまったのでしょうか？
身なりもきちんとしようとしておりますが、
台所で独りきりで、着るものもないまま、
蒸気閉塞に悩まされておりますので
難しいことこの上もございません。
実は妾、妊娠しているようなのですが、
旦那様は請求書の支払いをなさいません。
もし電気を止められたら、妾、どうしたらよろしいのでしょうか。

全ての夫婦関係があるべきように運命づけられている訳ではありません。うまくいかな

い場合、離婚は避けられないかもしれません。実は私はずっとそんなふうには考えていませんでした。次に一九六一年に書いたものをご紹介しますが、思い返して見ると、よくこんなものを掲載したなあ、と信じられません。

アン・ランダース様　あなたはコラムの中で、結婚している女性に対して、もう好きでもない男性に我慢する必要はない、と頻繁におっしゃっていますね。それを、こんなふうに表現していらっしゃいます。つまり「夫は子供の養育費を出さなければいけない、出さなければ牢屋へ行け」と。

このような助言のせいで、妻たちに、夫に飽きたら夫を捨てても養育費を取り立てられる、という印象を与えています。別の言葉で言えば、離婚を〝簡単な解決策〟とそそのかしている訳ですよ。

ご存知ないといけないので申し上げますが、アン・ランダース、もうすでに、男に飢えたふしだらな離婚女性がごまんといるんですよ。バラバラになった家庭のいいところばかりを強調して、その状況を支援しないでください。あなたは善を施しているより、害をたれ流しています。ですから、この問題に関しては、口のチャックを閉めてくれればいいのにと思っています。

——四年間の観察者

観察者様　四年間もこのコラムを読んでいらっしゃる方でしたら、離婚に関して私がどういうスタンスを取っているかお分かりのはずです。私が離婚を推奨している記事が一つでもあったらそれを見せてくだされば、新車を買って差し上げます（もちろんお好きな車をお選びください）。男性が子供を養育しなければならないのは法律的義務です。たいていの州では、養育費を払わずに済ませるため現在住んでいる州を平気で離れる無責任な父親のお気に入りの抜け道は、塞がれています。

私は女性たちが、彼女や子供たちを虐待したり、彼女を殴りつける男性と暮らし続けなければならない、とは思っていません。そのような場合には、別居をして子供の養育費をもらうようにと答えています。これは離婚とは違います。私の考えでは、結婚は永遠であるべきです。

しかし、時代は変わり、私も変わっています。前よりは多くの女性が自分も子供たちも経済的に支えることができるので、言葉であれ身体的にであれ虐待があったり、不健康な状態に置かれたり、また単に不幸であっても、そんな夫婦関係を続ける必要はなくなったようです。

離婚がごく普通のことになりましたので、つまらない理由で離婚に走り、後悔している人が恐ろしくたくさんいるのではないか、と私は思い始めました。

一九九三年に、次のような質問を読者の皆様にしました。「今思い返してみて、離婚を急ぎ過ぎましたか？　もう少し待っていたら、結婚は救われたかもしれない、と思いますか？」です。私は〝イエス〟か〝ノー〟を葉書で答えてくださるようにお願いしました。しかし、大勢の読者の方々が、これについては長い手紙を書かなければとお思いになったようです。そうしてくださって嬉しく思っています。本当にいろいろ学びましたから。

驚いたことに、寄せられた約三万通の回答のうち、ほぼ二万三千通が女性からのものでした。離婚に否定的な意見の人の三倍もの人が、離婚して良かった、と言っていて、そのほとんどが、もっと早くしていれば良かった、と打ち明けています。

その例をいくつかお読みください。

インディアナ州ブルーミントン　「主人は飲んだくれで、女性のお尻ばかり追いまわしていましたが、子供のために別れないでいました。しかし、とうとう彼を追い出した時、子供たちは別れてくれてありがとうと私に感謝してくれました。二年後、素晴しい男性と結婚しました。離婚していなかったら今の幸せな人生を取り逃がすところだったと考えると、死にたいくらいです！」。

バージニア州シャーロッツビル　「私は五年前に離婚しましたが、後悔しています。子供たちが寂しがっていますし、私もです。前の夫は、離婚以来デートしたくだらない男たちよりずっとましです」。

カナダ、オンタリオ州ノースベイ　「私は敬虔なカトリック教徒なので、妻と離婚する決心をする前に、真剣に長い間悩みました（彼女は二度は包丁、一度は銃を持って追いかけて来たのです）。子供たちは今、精神的に健康です。ですから、〝子供たちのために〟と思って、その結婚にしがみついていたのは間違っていたと思っています」。

カンザス州レネクサ　「私は自分の離婚を後悔してはいません。後悔しているのはその結婚です。両親は私が二十七歳の時別れました。もっと早く別れていてくれたら良かったのにと思っています。子供たちは離婚の犠牲者ではありません。不幸な夫婦関係の犠牲者です」。

ミネアポリス　「私は離婚を後悔しています。私の人生で一番つらかったのは、子供たちが父親の新しい家族のメンバーと写った家族写真を見たことでした。その時急に、子供たちが全く別の人生を送っていて、私はその一部でもないと気づいたのです。悲嘆にくれるというのは、まさにこのことですよ」。

ミシガン州ブルームフィールドヒルズ　「どうしてこんなに離婚が多いのでしょう？　ヤッピー的精神構造――すぐ近くにもっと新しくてもっといいものがある、という考え方――がはびこっているせいだと思っています。私たちは最近、人を車のように乗り換えています。今は、奥さんが夫の職場の女性たちと競争しなければならないので、たいていの結婚が壊れています。前夫は朝いつも、うちではしたこともないように身だしなみ良く、いい匂いをさせて出掛けて行きました。当然避けられないことが起こりました。離婚して良かったと思いますか、ですって？　もちろんです。浮気して平気で嘘をつくような男との人生は地獄ですから」。

バージニア州ビエナ　「離婚はしていませんが、五年前、離婚するところでした。主人は、誠実で頼りになり、きちんとした人でした。私は恋愛や情熱が欲しかったのです。有能な結婚カウンセラーが私の人生をありのままに見せつけてくれました。感謝しています」。

シカゴ　「離婚は、私（今は再婚しています）だけでなく、前夫にも正解でした。彼はアルコール中毒自主治療協会に加わり、今は責任ある仕事に就いています。私たち二人は前よりずっと幸せです」。

バージニア州リッチモンド　「私は教義を実践しているスンニ派イスラム教徒です。私たちには〝イッダー〟と呼ばれるもの――離婚が最終的に決まる前三カ月の待機期間――があります。双方が、離婚が本当に望んでいることかを静かに考える時間を取ります。その後で、別れてもいいし、一緒にいてもいい訳です。たいていは、元の鞘に収まります」。

リッチモンド様　そのようなブレーキ装置を手に入れるのに、イスラム教徒である必要はありません。ほとんどの州に待機期間があります。バージニア州では子供のいる夫婦は離婚するのに一年待たなければなりません。

しばらくすると

ベロニカ・A・ショッフスタール

しばらくすると、微妙な違いが分かります
手を握ることと魂を繋ぐことととの違いが。
すると、愛は寄り掛かることではないということと
一緒にいるからといって安心ではないということが分かります。
すると、キスは契約ではなく
プレゼントは約束ではないことが分かり始めます。
そして、敗北を受け入れ始めます
頭を上げ、目を見開いて
女性としての気品をもって、子供のように悲しまずに。
そして、今日、進むべき道を造り始めます
あしたという日は計画にはあまりにも不確実なので。
将来は突然駄目になってしまうことがよくあるからです。
しばらくすると、分かります
日射しさえも強すぎれば火傷するということが。
ですから、自分の庭に植物を植え、自分の魂を飾りなさい、
誰かが花を持って来てくれるのを待っていないで。
そうすれば、自分は本当は耐えられるのだ、と分かります…
本当は強いのだと。

そして、自分は本当に価値があるのだと。
さらに次々に分かります、
さよならを言うたびに、分かります。

幸運なことに、たいていの夫婦や男女の関係は愛情深く健康的です。なかにはうまくいかなくて、終わってしまった方がましなものもあります。とことん病的で危険なものもあります。

アン・ランダース様　私は十八歳の女子大生です。数週間前、〝ジェフ〟とパーティーで出会って、大いに楽しく過ごしました。彼が二度目三度目と誘ってきた時は、オーケーしました。しかし四度目のデートのあと、もうジェフとは出掛けないことにしました。はっきり言うと、彼はとても気難しく不愉快なほど攻撃的になっていたからです。もう電話しないで、と言うと、彼はとても動揺して、〝何が悪かったのか〟話し合う機会を作ってくれるようにとしきりに頼んできました。私は彼には負い目があるように感じていましたので、そうしましょう、ということにしました。

それで彼と会った時、もう一度デートに連れ出そうとするジェフと三時間も言い争う破目になってしまいました。帰宅して十五分後に電話が鳴り、相手はジェフでした。随分話をしてやっと電話を切ったら、すぐまた電話がかかってきました。翌日、二十回も立て続けに電話をかけてきたので、受話器を外しました。翌週、電話番号を変えてもらいました。

私はこの人をあしらえると思っていましたが、彼がキャンパス周辺を付けまわし始めると心配になってきました。二度、寮の部屋まで付いて来て帰ろうとしなかったことがあります。隣人たちが警備会社に電話をしてくれましたが、それでも彼は、私を連れ出すまでは〝いくら時間がかかっても〟付けまわすと脅してきています。

私はジェフに、可能な限りあらゆる方法で、かかわりたくないから放っておいて欲しい、と話しているのですが、不安を感じ始めています。どうしたらいいか、是非教えてください。

――中西部、悩みに疲れ果てて

疲れ果て様　ジェフのしつこさは彼があなたに執着妄想をもっているということを示しています。危険なことになる恐れがあります。執着妄想は精神病の一種なのです。大学の学部長に届け出てください。ジェフを嫌がらせの科で告発するように勧めてくれたら、そうなさい。もしジェフが必ず危害を加えると脅したら、真っすぐ警察に行きなさい。さしあたっては、キャンパスを(ほかのところも)一人で歩いてはいけません。心配しています。

アン・ランダース様　あなたのコラムを何年も読んでいましたが、自分で手紙を書くとは思いもしませんでした。でも今、助けていただきたいのです。あなたのおっしゃることなら何でも聞きます。

一年前、妻と別れました。別離は妻の方から言い出しました。彼女は私のところに戻る気は全くありません。私たちには四歳の娘がいますが、会えなくて寂しい思いをしています。妻が出て行ったあと、私は放心したようになり、人生に立ち向かえなくなりました。自殺も随分考えました。そうこうしている頃、可愛い女の子を紹介されました。彼女は私が切羽詰まっているのを見て、いいアドバイスをくれました。子供を取り戻すために——そんなことは考えてもみなかったことですが——法的手段を取ったらどうかとも言ってくれました。彼女がいなければ苦しんでいた数カ月をやり過ごせなかったでしょう。今はこの女性を愛していて、うちに移って来て欲しいと思っています。問題は、私が二十七歳で彼女が十三歳だということです。彼女が若いのは分かっていますが、年のわりには大人です。彼女の母親は私のことを知っていますが、父親はまだです。

私たちは二人とも、世間に愛し合っていると公表したいのです。何か助言をください。

——欠けている者

欠けている方へ　あなたご自身は何が欠けていると思っていらっしゃるのか分かりませんが、もしその女の子の父親があなたのことを嗅ぎ付けたら、いずれ身体の大事な部分を欠いてしまうことになるかもしれない、と私は思っていますよ。
私からの忠告は、未成年の非行に加担した科で逮捕される前に、彼女に会うのはおやめなさい、です。それから、カウンセリングをお受けなさい。あなたには是非とも必要ですよ、お若い方。

アン・ランダース様　私は六十代前半の男性で、離婚していて、退職しています。妹は五十代後半で、未亡人です。週に二度、一緒に寝ています。これは妹の夫が八年前に亡くなってからずっと続いています。実を言うと、十代の頃、私たちは随分じゃれ合っていましたが、性交までは一度もいきませんでした。今のは恋愛関係ではなく、セックスだけですが、それでもいいセックスです。

私たちはこの逸脱行為を楽しんでいますし、お蔭でいつもよく眠れます。誰もこのことは知りませんし、誰も傷ついていません。私たちは思い違いをしているとお思いですか。

——名前も住所も勘弁して

名なし様　病気です、変です、おかしいです。住所が分かっていたら、病気見舞いのカードを送りたいくらいです。

誰も傷ついていないとおっしゃいましたね。私はそうは思いません。あなたと妹さんが近親相姦をしているうちは、あなた方は正常な関係を探す機会を否定している訳ですから。つまり、結婚のことですよ。

お二人ともがこのような関係が何も悪くないと思っているという事実は、不自然で実に不愉快な道徳的不感症に陥っているということです。

アン・ランダース様　父親は娘とセックスしてもいいでしょうか、二人が同意をしている大人同士の場合ですが。私は三十七歳で娘の〝ジーン〟は二十歳です。

妻は二年前に他界しています。妻が病気の時、ジーンは家事一切の責任を引き受け、それから私たちは大変親密になりました。ここに今は二人だけで住んでいて、彼女は料理は上手だし、家事もきちんとこなしています。私たちは好き嫌いも同じで、どの点でも一致しています。

ジーンは綺麗で、私もまだ若い男です。ジーンは、好きな家を出て夫を探す（そして、エイズになる危険を冒す）よりは、私と一緒にいたいと言います。一緒にいると私たちはとても楽しいのです。娘は知り合いの若い男性と一緒にいるより私と一緒にいる方がいいと言って、数カ月間、デートをしていません。私も彼女と一緒にいるのが好きで、ほかの誰にも興味がありません。

父親は合法的に娘と結婚できますか。これは議論百出の問題ですから、名前は出さないでください。嫌がらせをされたくありませんので。

追伸　旧約聖書はこの問題で何か言っていますか？

——ミスターXより

ミスターX様　ノースウエスタン大学法科大学院《ロースクール》家族法教授、ジョン・ベックストルム先生によると、「合衆国のどこでも、父娘が承知の上で結婚することは合法ではない。このような結婚は法的に有効にはなっていない。事実、多くの州で父親の方が近親相姦罪で起訴されている」とのことです。

旧約聖書についてお尋ねですが、レビ記には、「〝肉親の女〟に近づくことは罪である」とはっきり書いてあります。

私の意見をお尋ねではありませんが、ミスターX、あなたとお嬢さんは毛が三本足らないようだ、と言わザルを得ません。あなたの手紙は長年読んできたうちでも、とりわけ吐き気がするものの一つです。

もしジーンにちゃんとした人生を送ってもらいたいと望んでいるなら、彼女にカウンセリングを受けさせ、あなたは結婚にふさわしい女性を見つけてください。

アン・ランダース様　私たちのグループは結婚と以前は神聖であったその制度に今、何が起こっているのかを話し合っています。密室の惨劇が非常にたくさん起こっている——空しく、喜びのない、あるいは地獄そのものの結婚——が、なんだかんだで何の手当もなされていない、という意見を述べたカップルが数組いました。

また何組かのカップルは、たいていの結婚はそこそこうまくいっているだろうが、そういった結婚をしている人たちでさえ、もう一度やり直すとしたら同じパートナーを選ばないのではないか、という意見を口にしていました。

ほとんど同時に、三人の男性が「アン・ランダースに聞いてみよう」と言い出しました（私もその一人でしたが）。そこで、私たちはもう一度別の調査をしてくださるようお願いします。質問は、「もう一度やり直すとしたら、今結婚している人と結婚しますか?」です。

——知りたがり屋

知りたがり屋様　少なくとも百人の読者の方々が同じ調査を依頼してきています。そこで、次にその質問と、答え方をお知らせします。

「もう一度やり直すとしたら、今結婚している人と結婚したいですか」という質問に答えてください。

出来たら、葉書を使ってください。〝イエス〟か〝ノー〟と書いてください。男性か女性かも——それに、結婚年数も。

例　アン様　イエス——女性——三十五

結果は分かり次第すぐお知らせします。

前記の手紙は一九七七年のバレンタインデーに載りました。十日もしないうちに、私のオフィスは五万通以上の郵便の集中砲火を浴びました。数週間経ってもまだ手紙が雪崩のように届きました。結果は、一九七七年三月二十八日に発表されました。

読者の皆様　私は葉書だけをお願いしましたが、七千を優に越える方々が、結婚がどんなに素晴しいか——あるいは、どんなにひどいかを詳しく私に言いたくて、手紙を書いてくださいました。

皆様、心の準備はお出来ですか。さて、回答には二通りあって、大きく中味が違っています。先ず三〇パーセントは、葉書か手紙に署名がありました（住所も書いてくれた方がたくさんいます）。七〇パーセントには署名がありませんでした。

次に、署名があった郵便の結果をご紹介します――その七〇パーセントが〝イエス〟と答えていて、もう一度同じ人と結婚したいそうです。三〇パーセントが〝ノー〟でした。署名があった郵便の八〇パーセントは女性からのもので、二〇パーセントは男性からでした。

署名のない郵便は私が知りたいこと以上を語ってくれました。

四八パーセントが〝イエス〟で、五二パーセントが〝ノー〟でした。

男女別では、女性からが七〇パーセントで、三〇パーセントは男性からでした。

また、〝普通の人と同様に結婚している〟と考えている同性愛者からも四十二通の葉書を受け取っています。

彼らは全員幸せであると言い、〝イエス〟に票を入れています。

結婚年数を知らせてください、というお願いに対する回答に関してはどうすることもできませんでした。少なくとも、回答者の半分が混乱していて、ご自分の年齢を書いてきました。どうも、アメリカの子供が字が読めないだけではなく、親も同じ問題を抱えているようですね。

多くの女性に影響を与えたかもしれないある事実を指摘した人たちも何人かいました。つまり、この調査のお願いのコラムがちょうどバレンタインデーに掲載されたということです。

カリフォルニア州サンホセのある奥様は、「あしたは気が変わるかも知れませんが、今夜は〝ノー〟にします。今日はバレンタインデーですが、十五年間も結婚しているのに（子供も五人）、うちの道化はカード一枚くれませんでした」と書いていました。

ピッツバーグの男性からは、二十四枚の無署名の葉書をいただきました。全ての葉書に「〝**ノー**〟。**妻は鬼のような人間**です」と緑のインクで書いてありました。

サンフランシスコの女性は、「きのうは〝ノー〟と書きました。酔っ払っていたからです。主人は天使です――私にはもったいないくらいです。私の票を〝**イエス**〟に変えてください」という手紙をくれました。

アイオワ州ダベンポート「女性、結婚二十七年。私たちはこの町で一番幸せです。私は〝イエス〟に票を入れます」。その葉書の一番下に、鉛筆で急いで書きなぐったらしく、そのご主人からのひとことが添えてありました。どうも彼は奥さんからポストにその葉書を投函してくれるように頼まれたようです。彼は「**妻は**そう考えているようですが、私は〝ノー〟に投票します」と書いていました。

フェニックス「実際もう何度もやり**直しました**――同じ人と三回結婚したのです。まず、セルマとの結婚は彼女が若すぎるというので向こうの両親に無効にされました。法的に結婚できる年齢になった時、治安判事によって結婚し、二年後、カトリックの司祭によって結婚しました。彼女はとびきり上等ですよ」。

アーロン　「私は十二歳です。毎日あなたのコラムを読んでいます。両親があなたの調査にどう答えるかで今晩ケンカをしました。母は父が夜はいつもいつもバックギャモンばかりしているので、〝ノー〟にするつもりだと言いました。

父は、二人の結婚はほかの結婚よりずっといい――たとえ母が、バックギャモンばかりしていると文句を言っていても、と言いました。そして、父は〝イエス〟にすると言いました。ところが会話が急に、母の兄弟が父の仕事にどのくらい負担になっているか、ということになってしまいました。私は両親の票を両方とも〝ノー〟にした方がいいと思います」。

オクラホマシティー　「結婚三十二年間で、主人は一度も、愛している、と言ってくれませんでした――今まで何回か聞いてみたのですが、主人は、いつも『俺はそんな女々しいタイプじゃないよ』と答えていました。今夜、主人はあなたのコラムを切り抜いて、その上に『〝イエス〟。妻は素晴しい女性で、私は運のいい男だ』と書きました。私は赤ちゃんのように泣いてしまいました。オクラホマシティーから〝イエス〟を二票入れてください」。

次にお載せする愛についての定義は、長年にわたって一万人以上の人にリクエストされてきました。それでもバレンタインデーのたびに依然としてリクエストされます。

愛は火の点いた友情だ。それは穏やかな理解、相互信頼、分かち合い、許し合いである。良い時も悪い時も忠実であることだ。完璧とはとても言えなくても善しとし、人間の弱さを大目に見ることだ。
愛は現在を受け入れ、将来を期待し、過去はくよくよ考えない。愛とは、いらいら、悩み、妥協、小さな失望、大きな勝利、そして共通の目標へ向かう努力についての朝な夕なの物語。人生に愛があれば、あなたが持っていないたくさんのものを補ってくれる。愛がないと、たとえほかに何があっても十分ではない。

読者の皆様が結婚をうまくいかせる方法についてさまざまなお考えを教えてくださっています。私は次のがとても気に入っています。

幸せな結婚のための十二カ条

一、決して二人が同時に怒ってはならない。
二、家が火事になっていない限り、決して怒鳴り合ってはならない。
三、自己鍛練の修行と考えて、相手の望みに譲歩せよ、それ以上良い理由が考えつかなければ。
四、自分を格好良く見せようか、配偶者を格好良く見せようかと迷ったら、配偶者を選べ。
五、相手を批判しなければならないと感じたら、心からの愛情を込めてせよ。
六、決して過去の間違いを蒸し返してはならない。
七、世間様より二人を大切にせよ。
八、人生のパートナーに少なくともひとことも褒め言葉を言わないで、決して一日を終えてはならない。
九、愛情ある歓迎の気持ちをもたずに、決して相手を出迎えてはならない。
十、怒ったまま決して床に就いてはならない。
十一、間違いをしたら、打ち明けて、許しを乞え。
十二、議論するには二人の人間が必要だ、ということを忘れてはいけない。間違っているのは、やたらにしゃべってばかりしている方だ。

新郎新婦によって書かれた誓いの言葉というのは、時に感動的で大いに意味深いものです。ホノルルのワイキキを望む山の頂で結婚した若いカップルによって書かれ、読み上げられたものを皆様にご紹介したいと思います。この結婚の誓いは、幸せな人生を共に過ごすための不朽の手引きとして役立つに違いないと信じています。どうぞお読みください。


新婦「私たちは一人で暮らしても、一緒に暮らしても、二人の存在を高め合う個人です」。

新郎「私たちはお互いの所有物ではなくて、お互いに一緒にいるのがふさわしいので結婚を選びました」。

新婦「私たちはお互いのために幸福を望んでいて、自分自身に忠実でありながら、相手の必要に合わせて、調和できるように頑張ります」。

新郎「物事が円滑に進まない時、我慢強く、優しく、物分かり良く、柔軟で、受容力があり、おおらかで、愛情深くあるように努力します」。

新婦「私たちは必要とされるものを――そしてそれ以上を与えます」。

新郎「私たちは必要なものは受け取りますが、それ以上は受け取りません」。

新婦「私たちは自分たちの愛ほど強く大事なものはないと思うので、貞節でいます」。

新郎「私たちは常に信頼できるように誠実でいます」。

新婦「私たちは敬いの気持ちに満ちています、私たちそれぞれが、特別な人間ですから」。

新郎「私たちは豊かな愛とそれを分かち合う受容力に恵まれています。ですから、成長していく国や成長していく家族にそれを分け与える計画をしています」。

新婦「私たちは友達で、ずっとこのままでいます」。

新郎「私たちは恋人同士で、ずっとこのままでいます」。

新婦「私たちは独立した個人で、ずっとこのままでいます」。

新郎「私たちはパートナーで、ずっとこのままでいます」。

新婦「私たちの関係がほかにどんな素晴しい面を育んでいくかは、誰にも分かりません」。

新婦と新郎「これからの何年もの歳月、共に過ごす人生で一緒に成長する喜びすべてが、私たちを待ち受けているからです」。


人と人との関係は夫と妻、恋人や友達だけのことではありません。時には、家族の関係もあります――おせっかいな夫の母親、ふしだらな姉妹たち、ただ飯喰らいの夫の義理の兄弟たち、不誠実な継子たち、などなどです。

家族間のいざこざの中には、どの家庭でも見られるものがある、と証明してくれる手紙をいくつか、以前新聞に載せたものの中からご紹介します。

アン・ランダース様　義理の家族に対して非常に役に立つ戒律をご紹介します。アン、それに、必要がありましたら、どうぞこのリストに自由に付け加えてください。

苦々しい経験を積んできた者として、出来る限りの援助が必要な若い既婚のカップルがたくさんいるに違いないと思いますので。

息子・娘夫婦に関する掟

一、子供夫婦について何でもかんでも(誰をもてなしているか、毎晩何をしているか、収入はいくらか、その友達が何をしているか、など)知る権利があると思わないでください。

二、子供さんや孫の訪問が少なすぎると文句を言わないでください。息子さんが昼食に連れて行ってくれたら、「毎月こうしてくれるといいのに」などと言うのはやめてください。さらに、また今度いつ連れて行ってもらえるか確かめる電話をするのはやめてください。機会を作ってもらえる時だけで満足してください。

三、子供夫婦に別の結婚している兄弟と過ごすように無理強いしないでください。必要な時には自分たちで都合をつけられる年になっていますから(義理の母は、私たちに毎週私の弟夫婦に会うべきだと絶えず言い続けています。二人のことは好きですが、私たちはどちらも毎週は会う時間もお金も、その気もありません)。

四、孫たちを絶えず叱ったり、完璧を期待したりしないでください。孫たちと楽しく過ごしてください。孫を育てるのはあなたの仕事ではありませんから。
五、子供夫婦が特別な計画を打ち明けた時、参加させて、と頼まないでください。参加してもらいたい時はお願いしますから。
六、子供さんの配偶者の前で子供さんを批判しないでください。また、配偶者を批判しないでください。どちらも、そんなことをされてありがたいとは思いません。
七、「電話して」と言わない限り、毎日電話しないでください。
八、予期しない時に立ち寄らないでください——絶対に。
九、ご自分の友情や趣味を育んでください。子供たちにあなたをもてなす責任を感じさせないでください。
十、子供さんの配偶者を是非ほめてください。また、感謝が当然の時は、お礼を言ってください。心のこもった言葉など、言おうと思えばいつでも言えるのよ、というような態度を取らないで。

どうぞ、これを活字にしてください。たくさんの結婚をお救いになれると思います。

——カンザス州、義理の親を愛していますが、でも気が変になりそうにさせられて

カンザスで気が変になりそうな方へ　素晴しいリストですね。これ以上付け加えるものは考えつきません。しかし、この掟は義理の親だけに設定されるべきではないと思っていますよ。実の親たちもこの戒律を守れば得をしますよね。

アン・ランダース様　きのう、台所から窓の外を見て、年取った雌牛が二軒の家の間の草をムシャムシャ食べながらこっちへやって来るのが見えたと本当に思いました。もう少しで、主人に、「牛が牧場から出て動きまわっているから、戻して」と大声で言うところでした。

折りよく電話がかかってきましたので、叫ばないで済みました。もう一度窓の外を見てみると、その〝雌牛〟は実は乗馬用ズボンをはいた義理の母だったのです。

三週間前、機械小屋の近くをうろついている浮浪者を見てゾッとして、夕暮れ時だったので、ドアを急いで全部閉めました。数分後、主人がその浮浪者の方に歩いていくのを見ました。二人が抱き合った時、すんでのところで気絶するところでした。その〝浮浪者〟は実は主人の母親だったのです。

不躾を承知で言えば、アン、その女性はひどくみすぼらしい格好をしていて、吐き気がするほどです。目の前が真っ暗になるほど、怖くなることもあります。その義理の母は七十四歳で、使えるお金はたくさんあって、健康状態も良好です。このむかむかするような状況に私は一体何ができるでしょうか？

――ノースダコタ州ファーゴ

ファーゴ様　何も。その年では変わりそうにありません。ですから、苦笑いでもして我慢するのですね。あなたの視力がずっと良いままでいるのを望むのみです。それに、あなたがすぐ引き金を引きたがる人でなくて、良かったこと。

アン様　「ノースダコタ州のファーゴ」さん――窓の外を見ていて裏庭に牛がいると思った女性――にひとこと言いたくて、〝腹ふくるる心地〟がしています。その〝牛〟が浮浪者に見えた時もあったそうですが、両方とも、結局、義理のお母さんだったそうではありませんか。

私の義理の母は七十七歳で、世界中で一番綺麗だとかベストドレッサーだという訳ではありませんが、とても良くできた人です。

うちの子供が病気だったり、私が流感でダウンした時、〝その年寄りの雌牛〟はすぐにやって来て、料理やら掃除やら洗濯をしてくれました。

まさかの時には、〝その年取った浮浪者〟は、本当に天使のように頼りになる人です。

美醜は見る人の心次第です。

――カンザスシティーのヘレン

ヘレン様　よくぞ言ってくださいました。

アン・ランダース様　結婚した当初、私は義理の両親の気を引くのに咳払いをしていました。二人を〝パパ、ママ〟とも〝お父さん、お母さん〟とも呼びたくなかったからです。まして、ファーストネームで呼ぶなど、とてもできませんでした。実は、〝パパ〟〝ママ〟を使ってみたことがあるのですが、とても気まずい思いをしました。二人をとても好きなのですが。ともあれ、二人は私の実の親ではありませんので、義理の親だとはっきり分かり、しかも愛情を込めた呼び名を探し続けました（成功していません）。

現在、私たちには主人と私をファーストネームで呼ぶ義理の息子と、〝ミスター〟〝ミセス〟をつけて呼ぶもう一人の義理の息子がいます。前者は馴れ馴れし過ぎですし、後者は堅苦し過ぎます。

親戚にその話をしてみましたが、ファーストネームで呼ばれても気にしない数人を除いて、みんな、私たちと同じように感じています。この昔からのジレンマに解決法はありますか？

——無名無宿

無名無宿様　理想的な呼び名がないので（私も作れません）、家族ごとにそのうちの呼び名を工夫したらいかがと思います。うちでは、四人の義理の息子全員が、父を〝ミスターA・B〟（父のファーストネームとミドルネームの頭文字）と呼んでいました。それが完璧な解決法でした。

もし姉妹がそれぞれ結婚したら、その姉妹の夫たちは遠縁でもない、ということをご存知でしたか？　きっと、皆様は、その男性たちは義理の兄弟だ、とお思いになったと思います。もちろん、私もそうでした——ところが、私も今は前より賢くなっています。多くの読者の方々が教えてくださったからです。

説明された通りにご説明しましょう。

マーガレット王女はフィリップ公の義理の妹です、王女がフィリップ公の奥様の妹だからです。しかし、マーガレット王女の夫、アンソニー・アームストロング・ジョーンズ氏は、フィリップ公とはなんの関係もありません。二人は、姉妹が結婚している素敵な二人の男性に過ぎないからです。

家族のメンバーがどういう関係にあるのかを知ることなど、姻戚問題のうちでは一番どうでもいいことです。どのご夫婦も分かっていらっしゃるように、家族関係を生かすも殺すも、姻戚次第ですから。

息子・娘夫婦の結婚を壊す八つの方法

一、息子か娘が結婚する予定だと知らせてきたら、彼や彼女が選んだ相手にあからさまな敵意を見せなさい。結局のところ、親にとって子供たちの結婚は、愛と心遣いの分け前が減るということなのですから、結婚に抵抗する権利があります。

二、結婚した子供たちに日曜日ごと、祝祭日ごとにあなたの家で過ごすように頼みなさい。彼らにほかに予定があったら、傷ついたように振る舞いなさい。

三、結婚した子供たちが配偶者とうまくいかなければ、うちに帰って来るようにけしかけなさい。あなたの家はたとえ何があっても、依然として彼らの家なのだと知らしめなさい。あらゆる不平をよく注意して聞いてあげ、見過ごしていたかもしれない相手のその他の欠点を指摘しなさい。いいですか、「雨垂れ石をも穿つ」ですよ。

四、結婚した子供たちが経済的な問題を抱えていたら、小切手帳を持って駆けつけなさい。もしあなたの方に経済的な問題があったら、必要なら借りなさい。しかし、あなたが生きている限り、いずれは面倒を見てやるから、と約束しなさい。

五、結婚した子供にアルコールの問題があれば、その配偶者が酒を飲まなければならない状態に陥れたのだ、とその子に言い続けなさい。そうすればその子は気分が楽になります。誰だって、誰かに責任をなすりつけたいものですからね。

六、結婚した子供が栄転で別の町に移らなければならないことになった場合、家族の生活はお金より大切だと主張して、それでもその子供が遠方へ行ってしまうなら、戒律「汝の父母を敬え」に従わなかったので神が罰を下すだろう、と言いなさい。

七、孫たちがいれば、息もつけないほどのプレゼント攻勢をかけなさい。親たちが拒否したら、余計な口出しはしないように言いなさい。何はともあれ、孫たちは甘やかされなければならないのです。孫たちに、必要ならこっそりお金を渡しなさい。孫たちは、あなたを大好きになります。

八、結婚した子供が配偶者と意見が違ったら、議論に参加して火を煽りなさい。家族の忠誠は美しいことです。せっせと頑張れば、小さな議論を大喧嘩に変え、その結婚を壊すことができます。

アン・ランダース様　嫁姑の問題を何度も扱っていらしゃいますが、別の見解をご紹介します。子供たちが結婚しようとして選んだ相手がたとえ誰であろうとも批判するのはやめましょう。私の息子〝ドン〟とその妻〝シャロン〟は、二人の子供と別の州に住んでいます。私は一年に五日か六日間は彼らを訪問します。

シャロンは家事がひどく下手です。つまり、ゾッとするほどだらしがないということです。ドンも不精者です。芝生を刈ったり、車庫を綺麗にしておくのは彼次第です。だから芝生も車庫も見るも無残です。

でも、シャロンはいい奥さんだと私は思います。二人は幸せそうですから。シャロンが子供たちの生活のあらゆる面にわたって面倒を見る申し分ない母親なのを、私は知っています。彼女は正直で社交的でもあります。私は彼女を心から大好きです。

この手紙を書いている訳は、今日では、非常に多くの親が子供たちの結婚に首を突っ込み過ぎていると思えるからです。そんなことをすれば害こそあれ益はないと思います。あなたが私の考えを後押ししてくだされば、と望んでいます。　――ルイジアナ州モンローの一読者

モンロー様　あなたと同意見です。そこで、このコラムが何部ぐらい、この話題の該当者に届くのかしらと気になっています。

アン・ランダース様　私はとても愛している女性との五年間の結婚に終止符を打とうとしています。その原因は、義理の妹です。

一年半前、妻の妹の〝ローズ〟が未亡人になりました。彼女の夫は自動車事故で亡くなったのです。子供はいません。その不運な出来事以来、ローズはほとんど毎晩、それに週末も夕食を私たちと一緒に取ります。休暇にも、社交会の催しにも一緒に出掛けます。実際は、彼女はその行

事に招待されていないのですが、妻が彼女を参加させます。私はその義理の妹を嫌いではないのですが、いつも彼女が一緒にいるのにうんざりしています。妻は、私の気持ちは知っていますが、ローズが今自分を必要としているので見捨てる訳にはいかない、と言います。妻に、この妹への異常な愛着についてカウンセラーと相談してみるように言いましたら、にべもなく断って、私のことを人でなし呼ばわりしたのです。昨夜、妻に、妹がいつも一緒にいるせいで離婚を真剣に考えていると言いましたら、目の前で寝室のドアをバタンと閉めて閉じこもってしまい、私は仕方なく居間のソファーで寝る破目になりました。

私は、妻が言うように、自分勝手でしょうか？　一生こんなふうに生活するのは耐えられません。助言をお願いします。　　　　　　　　　　　　――ノースカロライナ州、超過手荷物

超過手荷物様　奥様の妹さんに対する献身は立派ですが、それが結婚を脅《おびや》かし始め、しかも彼女がそれに関して何もする気がないなら、その状況は見過ごせません。

そろそろ、奥様があなたといるより妹さんといる方が好きなのかどうか、はっきりさせる潮時でしょう。あなた方お二人に、結婚カウンセラーの予約を取り、結婚が救う価値があるかどうかを判断なさるようにご提案します。もし奥様が行くのを拒否したら、お一人で行って、専門家の助言を受けてください。

アン・ランダース様　私は優しくて思いやりがあり、思慮のある男性と結婚しています。〝ベン〟

と私は共に二度目の結婚で、二人とも五十代です。

ベンの子供たちは二十代ですが、ベンは彼らに車を買い与え、ゴルフの費用を払い、小遣いを手渡し、贅沢品を買い与え続けています。その子供たちは二人ともアルバイトをしません。二人は大学生なんですよ（もちろん、学費は彼らの父親ベンが払っています）。

「この子たちは親につけ込んでいるわよ」と指摘すると、ベンはふてくされて話をしません。私たちの結婚はこの問題がなければ完璧なのですが。どうしたらいいでしょう？

――しっかり者

しっかり者様　そっとしておきなさい。ご主人はあなたの言う通りだと分かっているのですが、どうしようもないのですよ。彼とお子さんとの関係はあなたに会う前に確立されていましたから。二度目の結婚が失敗する主な理由は子供たちです。統計の数値に入らないように注意してくださいね。

アン・ランダース様　我が家の家族の今の状況は耐えられません。十五歳の継娘〝ロッティー〟が一年半前から、私たち夫婦と暮らしています。ロッティーは、母親の同棲中のボーイフレンドとうまくやっていけなかったので、母親と同意の上、その家を出て来たのです。それ以前も、彼女は月に二度ほど私たちのところにやって来ていましたが、正直言って私は、この子が来るのをあまり歓迎してはいませんでした。

この子が我が家にいることに関しては何もいいことは言えません。彼女は粗野で、こそこそしていて、単位をいくつか落としていて、学校に全く興味がありません。友達もこっそり出たり入ったりしていて、不健全な様子がありありです。マリワナを吸っていた証拠も摑んでいます。遠慮なく言えば、この子と私たちの生活を目茶苦茶にする彼女の行状に本当にうんざりしています。

主人は見て見ぬ振りをしています。彼は、「あの子は試しているだけだよ。成長過程さ。友達に格好いいところを見せたいから、こっちに怒鳴っているだけだよ」と言います。アン、私は親からこんなふうには育てられませんでした。私はもうロッティーとはほとんど話をしていませんし、主人にも尊敬の気持ちをなくしています。私はセラピーを受けてみましたが、主人もロッティーも行こうとはしません。

ロッティーは母親のところに戻るべきだと私は考えています。私は家庭を壊したくありませんが、もう、この子が毎日、反抗して長々とがなりたてるのに我慢なりません。我が家は、今や戦争地域のようなものです。

ロッティーは出て行く気はないと思います。彼女は父親を完全に操っていますから。主人は、前の奥さんは娘を育てるのにふさわしくないと言います。私はこの状況をどうしたらいいでしょうか？

――ひっ切りなしに立腹

立腹様　あきらかにロッティーに責任があります。やめさせなければなりません。あなたは家族カウンセリングを主張し続けなければいけません。あなた方三人で、ということです。信じていただけないでしょうが、お嬢さんは、支配してくれる睨みがきく人が欲しいのですよ。
今あなたが会っているセラピストはお祓い箱にすることをお勧めします。その人は全く役に立たなかったようですから。うまくいくといいですね。

アン・ランダース様 新しい夫〝デイブ〟と私の娘〝バーバラ〟が親しくなりすぎて困っています。二人の家の中での服装がことごとく挑発的すぎると思うのです。デイブは一人で生活していた時のようにトランクスで歩きまわります。夜、バーバラはタオルを巻いただけだったり、特大のTシャツを着ただけで香水をつけて、リビングや私たちの寝室の中さえ、これ見よがしに歩きまわります。やめてもらいたいと言っていますが、二人とも少しもおかしいとは思っていません。バーバラは、大学の寮ではもっとこういうのをいっぱい見ていると言い、デイブは「ビーチでみんなが着ているのと同じものを着てるんだぜ」と言っています。
もしかしたら私が上品ぶっているのかもしれませんが、でも彼らの下着は水着では**ありません**。そんな格好ではほとんど全部丸見えです。最初の夫は、きちんと服装を整えなければ寝室から出ない人でした。バーバラと継父の間にもっと慎み深さがあってもいいのではありませんか？

——ニュージャージー州、ヤキモキ

ヤキモキ様 バーバラは男の気を引いてそそのかす小悪魔のようですね。それに、ご主人に関して言えば、脳味噌が入っているべきところにポップコーンが詰まっていますね。お嬢さんにストリップショーはやめるように言いなさい。ご主人には、これ以上、セミヌードには我慢できない、と知らせることです。

アン・ランダース様　妻と私は結婚して十六年になります。その間、妻が前の結婚で産んだ子供たちが大人になるのを見守ってきました。十人の孫たちの誕生にも立ち会いました。
さて、悩みがあります。私は妻の子供たちを心から愛していて、度々そのことを口に出しています。しかし、その子たちの誰からも、愛情を少しも見せてもらっていません。それどころか、私は何はともあれ、本当の父親ではない、とそれとなく反論されてしまいます。そんな訳で、彼らとこれ以上付き合いたくない気分になっています。私の心は何度も何度も打ちのめされているのです。妻は私を馬鹿げていると言っています。どうお思いになりますか？

――カリフォルニア州、傷ついている継父

お父さんへ　奥様は私よりあなたのことがよく分かっていますよ。ですから、私だったら奥様の評価を受け入れます。
頭を冷やしてください、お父さん。どうも継子さんたちは堅苦しく、愛情を表に出すことができない人たちのようですね。お気の毒な人たちだと思いますよ。そのような生き方では、人生で出会う喜びをたくさん見逃がしてしまうでしょうから。私からは、あなたは今あるもので満足して、それ以上を執拗に求めるのをおやめになるよう、ご提案します。

アン・ランダース様　混合家庭がますます増えていますので、読者の皆様の中に私が経験しているのと同じような悩みを抱えている方もいらっしゃるかもしれません。つまり、新しい親戚をファーストネームを使わずにどのように呼びかけたらいいか、です。

私は、英語に組み入れてもいいのではないかと思う言葉を少し発明しました。慣れるのに少々時間がかかるかもしれませんが、しばらくすれば、自然に出てくるでしょう。私の案をご紹介します。

義理の息子――ぎすこ
義理の娘――ぎすめ
義理の父――ぎとうさん
義理の母――ぎかあさん
義理の祖父――ぎじいちゃん
義理の祖母――ぎばあちゃん
義理の兄――ぎにいさん（親しければ、ぎにい）
義理の姉――ぎねえさん、または、ぎねえ
義理のいとこ――ぎとこ（親しければ、ぎと）
義理のおば――ぎばさん
義理のおじ――ぎじさん

どうお考えですか、アン？　いったん**こつ**が分かれば、とてもいいかもしれませんよ。

――タルサ、レイ・C

レイ様　新しい言葉が恒常的に英語に付け加えられていることは、知っています。しかし、どうも、〝ぎすめ〟と〝ぎじいちゃん〟は私にはあまりぞっとしません。〝ぎじさん〟なんてゾッとします。

このアイディアが私の気にいらないからと言って、レイ様、読者の方が気に入ってくれないということではありませんよ。ですから、試してみたい方々に成り代わってお礼を申し上げます。

アン・ランダース様　目新しい問題をご相談します。私は離婚していますが、前の結婚で生まれた三人のとてもいい子供たちの父親です。私はその子たちが大好きで、出来るだけ彼らと過ごそうと努力しています。現在は、だいたい週に三日は一緒にいます。

最近、前の妻が現在の妻〝バベッテ〟に、自分が働いている間、放課後毎日子供たちを見てくれるように頼みました。それは夕方六時半までということです。子供たちはバベッテととても仲良くやっていて、私の家庭が子供たちにとっては楽しくて気のおけないところなので、私はなかなかいい考えだと思います。

問題は、バベッテが、前の妻が以前は他人にお金を払ってしてもらっていたサービスをしてあげるのだから、ベビーシッターと同様にお金を払ってもらってしかるべきだ、と考えているということです。

前の妻の方は、結局は子供たちが私の子供で、バベッテが今は私の妻なのだから、バベッテがただで子供たちの面倒を見るのは当然だ、と思っています。

バベッテは、お金が問題なのではなく、私の前の妻が自分を利用しようとしているその考え方が嫌なのだ、と言っています。

私は子供たちを愛していますが、そもそも仲の良くない二人の女性の間のいさかいの渦中にいます。解決法はありますか？

——コロラドでロック《岩》とボールダー《巨岩》に挟まれて

ロックでもボールダーでも、どちらでも快適に思える方にお住まいの方へ

あなたの前の奥様が自分を利用していると感じるバベッテの憤懣やる方なさは、理解できます。しかし、私の意見では、バベッテは報酬なしで進んで子供の世話をすべきだ思います。何だかんだ言っても、その子たちはあなたのお子さんであり、彼女は継母であって、職業紹介所から送られてやって来た人ではないのですから。

これは前の奥様に対するバベッテ流のいちゃもんのつけ方ではないか、と思っています。彼女の行動は狭量なだけではなく、もし彼女があなたを愛しているなら、そのような意地悪をすれば、二人の関係を良くすることにはあまり役に立たないでしょうから。バベッテを説得出来る偏見のない第三者はいないのですか？

この手紙を新聞に載せた時、これほどの大騒ぎを惹き起こすとは夢にも思いませんでした。国中の継母や前妻がご自分の考えをしたためた手紙を送ってきてくれました。ラジオのトークショーの司会者がこの問題について一番組を組んだほどです。この問題の続報をご紹介しましょう。

アン・ランダース様　「コロラドのロックとボールダーに挟まれて」さんへのあなたの回答は信じられません。質問者は、前の結婚で生まれたお子さんを今の奥さんバベッテに世話してくれるように頼むのはフェアーかどうか、知りたがっていましたね。バベッテはオーケーしたけれど、お金を払ってもらいたいと言い、前の奥さんはただで面倒を見るべきだと言い張っていて、あなたは前の奥さんの考えに賛成していましたね。

三時半から夕食まで、毎日三人の子供を世話するのは途方もなく責任があることですよ。あなたは、お金を要求するのは、前の奥さんに対するバベッテ流いちゃもんのつけ方だとおっしゃっていましたね。私は逆に考えます。これはバベッテに対する前の奥さん流のいちゃもんのつけ方ですよ。私には、前の奥さんが**ただ**のベビーシッターを探しているように思えます。それなのにあなたはそれに同情して**いた**のですよ！　バーカ、ばか、馬鹿。

――ケンタッキー州オーバン、経験者

経験者様　この問題で私が受け取った雪崩のように襲ってきた手紙の量は、皆様信じられないと思います。続けてお読みください。

アン・ランダース様　なんてことをしてくれたんです！　お金を払いますから、と申し出もしないで普通、母親や父親や姉妹、兄弟に、規則的に週十五時間も、子供の世話を頼みますか？　憤慨して当然なことなのに、もしバベッテが憤慨もしないなら、彼女がこの子たちをどう扱うことになるか考えてもみてください。私の本名はどうぞ、載せないでください。

――コロラド州、匿名希望

一番活発な応答が、ローラ・シュレジンガー博士司会のロサンゼルスをキーステーションとするラジオの電話による聴取者参加番組の参加者から来ています。そのたくさんの反響の様子をシュレジンガー博士が送ってくれました。以下がその中から抜き出したものです。

カリフォルニア州カレン　「アン・ランダースは**間違っています**。『時は金なり』です。近ごろはただでは何も買えません。バベッテはこの子たちを世話したらお金を払ってもらって当然です」。

XYZ　「アンは正しいです。その二番目の奥さんバベッテはお金を払ってもらうべきでは**ありません**。もしバベッテが子供に全く興味がないなら、三人の子持ちの男性と結婚すべきではなかったんです」。

ジナ・D　「奴隷制は一八六三年に廃止されたと思っていました。それとも、奴隷解放宣言には妻は含まれていなかったのですか？　バベッテは現金でお札を払ってもらうべきです」。

エリカ　「親に子供を見てもらったらお金は払いませんよね。バベッテは結婚した時にその子供たちとは他人ではなくなったのです。バベッテは継母で、ベビーシッターではありません。『血は水よりも濃し』です」。

アイリーン・P　「私の票はアンに反対、バベッテに賛成です。その父親がいくらか子供の面倒が見られるように**自分の**仕事の時間を変えたらどうでしょう？　何はともあれ、子供たちは**彼の**子で、バベッテの子供ではありません」。

メアリー・D　「私はアンに賛成です。バベッテが子供の世話をしてお金をもらっていると知ったら子供たちはどう思うでしょうか。どなたかそのことをお考えになりましたか？」

ペンシルバニア州ハーシー　「恐らく、その旦那さんと前の奥さんは子供の保育の費用を養育費から差し引くことを考えていたのではないでしょうか。そうすれば、みんなが得をしますから」。

サンディエゴのキンバーリー　「三人とも大馬鹿三太郎です――バベッテもその旦那さんも前妻もです。一人として子供たちのことを考えていないようですね。三人ともお金の方に関心があるようです。とんでもないことです。この子たちが可哀想です」。

カリフォルニア州ランチョ・サンタマルガリータ　「もしバベッテが子供の面倒を見れば、子供のためにはいいでしょうし、その結婚のためにもいいでしょう。しかし、ババッテがそうする義務はありません。お金を要求するのは言いようもなく不愉快です。理想的な解決法としてこんなのはどうでしょう。つまり、子供たちの大学資金にベビーシッターの礼金を振り込むかたちでババッテに〝払う〟。それなら、即金払いと同じで、えげつなさも少なく、そのうえ、子供たちもババッテが自分たちの世話をしてお金をもらったと知ることもありませんから」。

以上のような訳で、皆様、氷河の中からほんの少しを読んでいただきました。ご自分でご判断ください。私は最初に出した回答は変えません。ババッテはお金を払ってもらうべきでは**ありません**。

II

寝室から

もうひとりの女《ひと》

ジュディス・ビオースト

もうひとりの女《ひと》は
決して洗剤の臭いや缶詰のミートソースの臭いをさせない。
それに私たちがボブ・ディランのことを知る一年も前に
聞き飽きていた。
タイヤがパンクしたとか、お湯が出ないなんてことは気にかけない。
だって結婚していないから
そんなことを気にしないでいられるのよね。

もうひとりの女は

疲れを見せることがない。
それにアカプルコにある一流のホテルの名前はみんな挙げられるわ
ちょうど私たちが洗剤の名前をすぐ言えるように。
コールテンのバスローブの代わりにシフォンのネグリジェを着てるんだわ。
だって、結婚していないから
頑張れるものね。

もうひとりの女は
安物のリスの毛皮に眼を向けなくていい。
流行の毛皮にお金をかけられる
私たちが産婦人科にお金をつぎ込んでいる間に。
そのうえ、夫に、俺は彼女に必要とされているのだ、と思わせることもできるわ。
だって、結婚していないから
夫を欲しがるのも無理ないわね。

この詩が紙面に出てから、次のようなのを手紙で受け取りました。

私はもうひとりの女。
私だって洗剤やアンモニアや猫のトイレの砂の臭いはさせているわよ。
ボブ・ディランを聞き飽きてなんていなかったわ。

だって聞いたこともなかったもの。
私はパンクしても平気よ。自動車協会に電話をすれば済むことだから。
何も気にしない人間だって思われないといけないし。
だってまだ男を〝物色中〟だから。
アカプルコの一流ホテルはガイドブックに載っているわよ。
私はタオル地のバスローブを着てるわ。
ネグリジェなんて着たことないわ。
頑張っていないもの。
どうして頑張らなきゃいけないの。結婚していないのよ。
私は本物の毛皮にお金をかけているわ。つまり、ゴロゴロ猫ちゃんたちにね。
私も産婦人科にお金を使ったことがあるわ、一人で育てた二人の子供のためにね。
どうしてあなたのご主人は、私に夢中になるのかしら。
それには答えられないけど、私の方から伺っていいかしら
私が現れる前は、何でもみんなそんなにうまくいっていたの？

浮気のこととなると、あらゆる立場の人から投書があります。例えばこんなのをお読みください。

アン・ランダース様　どうして誰も奥さんの浮気相手、つまり〝もうひとりの男〟について書

いてこないのですか。どこにでもいるのに。思いもかけないところにいますよ。僕はそいつをよく知っていますから。もちろん、妻の方がずっとよく知っていますがね。

そいつは、みっともない姿で現れることはまずありません、朝、髭も剃らず、髪の毛はぼさぼさ、バスローブはぐしゃぐしゃ、メガネはどこかな、と手探りしているような。そいつは朝は職場に、夕方はお気に入りのデートの待ち合わせ場所に、完璧にめかし込んで格好良く現れるのです。

〝もうひとりの男〟は、破れたズボンや古いシャツを着て、配管やガレージのドアや屋根の雨漏りを直そうとして、家のまわりでだらだらと動きまわったりはしていません。芝刈りや洗車による汗の気配は微塵もなく、いつでもコロンと歯磨き粉とアフターシェイブローションの匂いをさせているのです。

さらに〝もうひとりの男〟は、いつも上機嫌です。女と一緒にいる時には、楽しむために出掛けて来ているからです。心配事は全部家に置いてきて。

〝もうひとりの男〟の後ろには必ず、腰痛持ちだったり、情緒不安定だったり、冷たかったり、ひどくがみがみ言う妻がいます。彼のことを理解せず、請求書のこと、手のつけられない子供たちのこと、厄介な親戚のことやその他、心が重くなるようなことしか言わない妻が。でもその男は妻を捨てて〝君〟とは一緒になれない——しばらくは——経済的事情や、子供たちのこと、年取った母親のことがあるし、宗教や上司との関係もあるしで、と。彼のそういう口実はきりがないのです。

〃もうひとりの男〃は、妻に長いこと秘めた苦しみを与えたこと、彼女が自分が悪いのではないかと罪の意識に苦しんで神経が参ってしまい、混乱し、自分に自信がなくなっていることなど、気にかけやしません。子供たちが父親の悪い噂を聞いたり、家族に何かとんでもないことが起こっていると嗅ぎ付けている事実も一顧だにしません。彼は思い切り楽しんでいます――自分のことだけ、自分の快楽とエゴだけを気にかけて。遊び相手にはそんな人間だとは全く思わせないで。そんな人、知りませんか。もう一度注意してごらんなさい。

――見張り番

見張り番様　洞察溢れた描写をありがとう。痛い所を突かれた人が、きっとたくさんいるはずです。

アン・ランダース様　あなたはここ数年にわたって〃もうひとりの女〃への手紙をいくつか載せていらっしゃいますが、〃もうひとりの男〃に対する手紙を載せていただけませんか。

やあ、色男君。

俺の家内に惚れたんだって。俺はいいよ。俺だって二十九年前彼女に惚れたんだし、どうしてそうなったか分かるからな。

君が本気なら、知っておいた方がいいと思うことを教えてあげよう。

君が素晴しいと思っている彼女の微笑みには、維持費として三千ドル＋七十五ドルが二カ月ごとにかかっているんだ。

髪の毛の美容代が月三百ドル。色を変えたければ、もう七十五ドルかかる。妻とダンスを楽しんでいると思うけど、カイロプラクターにかかる費用を用意しておいた方がいい（一回三十五ドルで、月二回）、足専門医にも同じくらいかかるぜ。

あいつはなかなかのベストドレッサーだろう？　そうだなあ、店からの請求書が月ざっと千五百ドル。靴代は別だ（あいつとイメルダ・マルコスには共通点がたくさんある）。

あいつは俺が少しも家にいないと文句を言っていた。だからあいつも家を空ける権利があるんだと。でも俺はあいつがずっとしてきた生活スタイルを維持してあげるために、週六日仕事を二つしてきたんだぜ。

つらいとは思ってはいないよ、もっとも二十九年間確かにあいつに慣れ親しんできたけれど。実を言うと、君には感謝しているよ。あいつが俺を捨てたら、二つ目の仕事は辞められるって訳さ。そうすれば人生はずっと楽になるからね。

もう一つ、君たちがマーサズビニヤード沖に鯨を見に行った例の旅行のことだけど、俺はそこに行っていないから代金は払うつもりはない、とクレジットカード会社に書いてやったよ。

——ハッケンサック、別れ色に染めて

ハッケン様　重荷を下ろして気分が良くなりましたか。そうだといいですね。

アン・ランダース様　この手紙は〝もうひとりの男〟が書いています。僕の愛している女性のご亭主に少々言いたいことがあります。

「君の奥さんと僕が楽しんでいる関係は、僕の人生で最高に貴重なものだ。彼女は宝石のような人だ。でもどういう訳か君は全く気づかなかったようだね。彼女の人生にポッカリ穴が空いていて、どうにかしなければと彼女が感じるまで、どれくらい彼女を放っておいたと思っているのかい。

君は〝マイホームパパ〟を自認しているようだが、家庭以外のことが優先しているんじゃないのかな——つまり、仕事が優先順位のトップなのだ。会合や会議に出掛ける旅行が大好きだろう。それから、仲間とのゴルフや狩りがある（仕事には打ってつけだ）。

奥さんは君の身内に夕食を作り、子供をいろいろな習いごと全部に送り迎えし、子供が病気になれば真夜中に病院の救患室に連れて行き、悩みがあれば聞いてやっている。

君は大事な時には必ず家にいない。そのタイミングが絶妙なのだ。

本当の悩みは、彼女がどんなに不幸か君に訴えたいのに、君が耳を傾ける時間を見つけてあげられない時から始まったんだ。彼女が僕のところにやって来たのはそんな時だった——話しかける人が誰もいなくて神経がすっかり参ってしまっていたんだ。

僕が彼女の悩みを聞いてあげたことから二人の友情が始まった。そして六カ月も経たないうちに、愛し合うようになってしまった。僕は今すぐにでも結婚したいが、彼女は、「家族がいるのにとてもそんなこと、できやしないわ」と言っている。「そんなことをすればすごくたくさんの人を傷つけて苦しめてしまうかもしれないから」とも。だから、僕たちはこっそりと会ってまたとないほど楽しい時を過ごしているのだ。だから、皆さんに感謝しているという訳だ。

この手紙を彼女に見せたら、「出したければ出せばいいわ。あの人は絶対に自分のことだとは思わないから。自分は完璧だと思っているのよ」と言っていた。そういう次第で、この手紙がここに載っているのだ。とはいえ、君が目を覚ましてくれなければいいと思ってもいるよ、大馬鹿さん。

——グリニッチのいないよりまし

まし様　恐らく彼女のご主人は目を覚まさないでしょうが、地球上にいる数千の夫たちがあなたの手紙を読んで不安なうずきを感じたとしても、私は驚きません。今日は、あなたはご自分が思っていらっしゃる以上に、良いことをなさったのかもしれませんよ。

一九九一年に、ある手紙を新聞に載せましたが、それは二回分のコラムが必要なほどたくさんの反響の手紙を呼び寄せました。その元々の手紙は「フロリダ座礁船」さんからのものでした。その方の十七年連れ添ったご主人が高校の同窓会で再会した昔の彼女と恋に落ち、駆け落ちした、というものでした。読者の皆様がその話についておっしゃりたかったことを次にご紹介します。

アン・ランダース様　「フロリダ座礁船」さんからの手紙を読んでから、心にわだかまっていることをあなたにお話ししないと、今夜は眠れそうもありません。

私自身の経験も同じようなものでした。十七年間結婚していたのに、主人は**まだ**女子高生のほんの小娘のために私を捨てました。彼は、その女の子の学校の制服の特に優秀な運動選手だけが着用を許されているジャケットをいつも着るようになり、十代の子供のように行動し始めたのです。

時間が経てば主人は自分の愚かさに気づくだろうと考えて、辛抱していました。しかし、事はそんなふうにはうまくいきませんでした。主人はどんどん頭がおかしくなっていき、ついに離婚してくれと頼んできた時には、私も離婚してあげる覚悟ができていました。

心が癒されるのに五年かかりましたが、今では、いい人が現れたら、余分な重荷を背負うことなく、新しい人生を始める用意はできています。私ができるくらいですから、「フロリダ座礁船」さんもおできになるのではありませんか。

——ポモーナのウェンディ

アン・ランダース様　私は台湾の台北に住んでいるアメリカ人です。『チャイナポスト』であなたのコラムを読んでいます。

「フロリダ座礁船」さんがこの手紙を読んでくれればいいが、と思っています。実は三十八歳の時、私も同じようなことで傷ついたからです。唯一の違いは、二十回目の同窓会に出席するために故郷に帰ったのは妻の方で、彼女はその週末の間に昔付き合っていた彼氏が好きになった、と思い込んだのです。彼女が帰宅して離婚をしてくれるようにと言い出した時は、耳を疑いました。

三週間拝み倒されて、二人の子供の単独養育権をくれるなら離婚に同意してもいいと言いましたら、彼女はオーケーしました。ところが、七カ月後に彼女は戻って来て、ひざまづいて元の鞘に収めてくれるように頼んだのです。その相手の男は妻と子供たちのところに戻ることにしてしまったのだそうです。しかし私はその七カ月の間に、子供たちを可愛がり、私を敬愛してくれる美しい若い女性に出会っていました。私たちは十月に結婚するつもりです。

——心からのファン

アン・ランダース様　私の家族に起こったことをお話しして「フロリダ座礁船」さんをお助けしたいと思います。この話は彼女に力と希望を与えるはずです。私の父は四回目の離婚調停中です。父は母を捨てて秘書の元に走りました。それからその秘書を捨てて、二人にマンションを売った女性に乗り換えました。その結婚が三週間も続かないうちに、父は植毛をしてくれた医者の助手と恋に落ちました。今はエアロビックスのインストラクターと結婚するために、その助手と離婚調停中です。父の前の妻たちは〝支援グループ〟を結成して助け合っています。彼女たちの方が父より精神的な面でずっと健康だと私は心から言えます。人生の見通しをつけるには、時にはいくつか本当にひどい目に遭う必要があります。「フロリダ」さんも、その座礁から以前より強く、賢く立ち直ってこられるのではないでしょうか。

——トロント

今日では私たちは、恋愛事件を起こすのに、直接会う必要はありません——機械を通じてロマンスができます。

アン・ランダース様　アメリカ人に襲いかかろうとしている狡猾なモンスターがいると、読者の皆さんに警告してください。それは今まで存在した何よりも、多くの結婚や人生を破壊するのではないでしょうか。

ものすごくたくさんの寂しい人たちが、男も女も、なかには子供たちさえ、コンピューター経由で話し合ったり友達探しをしています。妻と私は春にモデムを買いました。有能なタイピストである妻〝エレン〟は頻繁にコンピューターを立ち上げて、それに熱中していましたが、私の方はあまり興味がありませんでした。

エレンは電子掲示板に載っているあるグループの人たちと仲良くなり、電子メールを交換し始めたのです。彼女は特にある男と親しくなり、電話番号を交換し、朝の四時から電話し合い始めたのです。

そのコンピューター中毒者たちがネバダに旅行する計画を立てたので、エレンと二人で出掛けました。私がカジノでお金をすっているうちに、エレンはそのオンラインロメオと彼のモーテルで事に及んでいました。

帰宅すると、妻は服とラップトップコンピューターを荷造りし、私を捨てて彼の元に走りました。以来、彼女に帰って来てくれるように何度も頼んでいるのですが、拒否されています。十七年間も結婚していたのにですよ。

モデム付きコンピューターを買うつもりのご夫婦の皆さんに次のことを警告してください。購入前も購入中も購入後も、配偶者の肉体的要求に必ずきちんと応えてください、と。

――アリゾナでついていけない男

アリゾナ様　コンピューターが教会の祭壇に通じるロマンスを育んでいるというのは、私も確かだと思います。しかし、あなた方の関係は以前からかなり脆《もろ》かったのではありませんか。結婚が壊れたのを電子機器のせいにするのは、いささか行き過ぎでしょう。

あなたの手紙の最後のところが真犯人を言い当てています。エレンが戻って来てやり直せるといいですね。あなたはこの経験から原因が分かったようですから。

アン・ランダース様　奥さんがコンピューターで出会った恋人に走った「アリゾナでついていけない」方からの手紙を読んで凍りついてしまいました。実は私の息子の妻がサイバーセックスの愛人のところに出て行ってしまったばかりだからです。恐らく彼女はあまり幸せではなかったのでしょうが、妻が夫と三人の子供を置いて、見ず知らずの人のところに行ってしまうなんて悲

さい。

――ミネソタ州ロチェスター

劇です。こういうことがますます多くなるでしょうね、アン。少し待って、どうなるか見てください。

ミネソタ様　待つ必要はありません。たった今目撃していますよ。悲しいことです。ちょっとのぞいてごらんになりますか？

サクラメント　「主人は（ロメオと呼ぶことにしますが）チャット上でジュリエットに出会いました。私が気づいた時は、主人はその新しいオンラインフレンドと遊ぶためにラスベガスへ向かっている途中でした。出掛ける前に、彼はいいところを見せようと、なんと新しいムスタングを借金して買ったんですよ！」。

カリフォルニア州チコ　「インターネットは中毒になります。また、危険で破壊的にもなりかねません。人は電子機器の後ろに隠れて、突然、自分のなりたい人間になるのです。インターネットで三人の男性に出会いましたが、どいつもこいつも詐欺師だとあとで分かりました」。

オクラホマ州タルサ　「妻はコンピューター経由でイーストコーストの男性と知り合いました。初めは単に〝面白半分〟だったようですが、妻がメッセージを送ったり受け取ったりして、朝の三時まで起きているようになって、数年続いていた私たちの結婚生活がおかしくなっているのに気づきました」。

シカゴ　「夫のインターネットの請求書に書かれている明細項目をいくつか調べることにした時、彼の秘密の生活を見つけてしまいました。異常で、過熱した今のハイテクの世の中では、多分私は古臭くてローテクな女にすぎないのかもしれませんが、サイバースペースで知らない人たちとそんなお遊びをするのをやめるようにと言い、やめなければ出て行くと宣告しました。彼はオンライン浮気はやめると約束しましたが、私は依然として耳をそばだて、目をこらし続けています」。

ジューノー「コンピューターチャットはどの点から見てもコカインと同様に中毒になりやすい。僕は両方にはまったことがあるので分かるが、コカインの方が抜け出しやすかった。僕は妻と子供を捨てサイバー妖婦に走ったが、三カ月も経たないうちに、その女は、僕の結婚を破滅同様にする前にも、三つの結婚を壊してきたとんでもない女だと分かったのだ。今は家に戻って、カウンセリングを受けているが、僕を許してくれた妻に感謝している」。

コンピューターの達人たちはモンスターになるかもしれない卵を孵化しているようです。目下インターネットで戯れの恋をしている人たちは、その行為が重大で長期にわたるトラブルを惹き起こすことになるかもしれない、と気づくべきでしょう。

セックスはあまり時間はかからないけれど、ほかのどんな行為よりトラブルを惹き起こす、と言われています。私のところにくる郵便はこの言葉を証明しています。

この話題に関しての人々の好奇心は旺盛ですが、無知も蔓延しています。毎日少なくとも十人ほどの読者の方が「寝室での正常な行為とはどんなものか」と知りたがっています。

私はその質問にさらに次のような質問で答えなければなりません。つまり、「誰が何をもって〝正常〟だと判断できるのか」と。心を開いて読み続けてみてください。

アン・ランダース様　私の悩みをお読みになれば、私がほかの人には相談できないのがお分かりいただけるでしょう。

私は二十七歳の非の打ち所のない愛らしい女性と付き合っています。彼女は高校で英語を教え、教会の聖歌隊で歌ってもいます。数カ月間交際してから、私たちはセックスすることにしました。すると彼女は「私が完全に満足できるように、あなたはベッドでバイクのヘルメットをかぶらなきゃ駄目」と言ったのです。

彼女の言う通りにしましたが、かなり窮屈な思いをしたと言わざるを得ません。しかし、彼女は大満足でした。

しかし何かとんでもなく変ではありませんか。この女性と結婚したいと思っていますが、ずっとこんな格好を続けたくはありません。助けていただけませんか。

――ネバダ州、Mr・D

Mr・D様　ちょっと奇妙ですが、毎日届く手紙で暴露されるものから比べればひどく変という訳ではありません。そのやり方で彼女が喜ぶなら、しばらく続けてみて、しばらくしたら**彼女**にもバイク用ヘルメットをかぶってくれるように言ってごらんなさい。それがどんなに不愉快か分かったら、彼女もそんな考えは捨てますよ、多分。

アン・ランダース様　確かにあなたのコラムは大変有益で、長年にわたって多くの読者の助け舟になっていますが、世の人に変てこな考えを植え付ける手紙を掲載して、害毒を流してもいると気がついていらっしゃいますか。例えば、〝興奮を昂める〟ために恋人にベッドでバイクのヘルメットをかぶってくれるように頼まれた男性からの例の手紙ですよ。

主人はその手紙を見て、昨晩床に就く前に、私がアイススケート靴をはいたらものすごく刺激的だろう、と思いついたのです（私たちが会った二十年前、私はプロのスケーターでした）。「頭がおかしいんじゃないの」と言ったのですが、しつこく頼まれて渋々承諾しました。しかし、スケート靴がシーツやマットレスを切り裂いただけでなく、アン、主人の脚に二十三センチの深手を負わせてしまいました。そんな訳で、夜の十一時三〇分に病院の急患室に彼を車で連れて行き、縫い合わせてもらわなければなりませんでした。しかもどうしてそうなったか医者に話さなければならず、ひどく恥ずかしい思いをしました。

ですから、このような手紙を掲載する時は、世の中にはおかしな人が恐ろしくたくさんいるということを、頭に入れておいてください。主人がそういう人たちの一人だったと残念ながら認めざるを得ませんが。

――パームスプリングス、偲ぶだけでは飽き足らず

パームスプリングス様　脚の傷はお気の毒です。でも、私のコラムが害を与えるより善を施し

ているのは間違いありません。さもなければこんなに長続きはしなかったでしょうから。

アン・ランダース様　あなたや読者の方々が、一緒にシャワーを浴びるカップルについてどう思っていらっしゃるのか知りたいと思います。皆さんそうしているんですか。

二十年間、かなり良好な結婚生活を続けてきた私たちですが、今、一緒にシャワーを浴びるべきかどうかが夫婦喧嘩の種になっています。主人はテレビを私よりよく見ていて、「シャワーを一緒に浴びる夫婦がたくさんいるぞ。みんなとても楽しんでいるようだよ」と言うのです。何度か一緒にシャワーを浴びてみた時、私が全然気に入らなかったので、主人〝ヘンリー〟は、私のことをひどく時代遅れな女だ、と考えています。

我が家にはシャワー付きの標準サイズのバスタブがあります。もっと大型のものを入れる余裕は全くありません。私たち二人とも体格は普通です。しかしヘンリーと私が一緒にシャワーを浴びると、ヘンリーにはお湯が当たりますが、私の方には湯気しかきません。率直に言って、こんなふうに一緒に浴びたって、何もその気にさせてくれるものはないと思います。

私はいつも温かいお風呂に入るのを楽しみにしていて、それは忙しくて、てんてこ舞いしてきた一日の終わりにリラックスできる素晴しい時間なのです。お風呂に入っている時の独りきりの静けさが好きで、仲間などいりません。それに、シャワーは髪の毛を台なしにしてしまいます。こんな考え方をするのは私だけでしょうか。もう一つお願いがあります。主人の名前に仮名を使っていますので、ほかの名前に変えないでください。変えてあなたが彼の本名を言い当てたら、私、殺されてしまいます。　――ニューヨーク州ビンガムトン、じっとり濡れて

じっとり様　私もお風呂派です。実際、お風呂は皆様からのお手紙を読むのに気に入っている場所の一つです。

ヘンリーがシャワーをあなたと一緒に浴びるのを楽しみたいなら、思い切って調子を合わせてごらんなさい。あとでお風呂に入ればいいじゃないですか。でも、少なくともヘンリーとたまには場所を代わって、あなたがお湯を浴びて、彼の方は湯気だけというふうにすればいいと思いますよ。

皆様、いかがですか。お二人一緒のシャワーをなさって、楽しかったですか。一緒のシャワーを試してみる気になれないとしたら、その理由は何ですか。

アン・ランダース様　シャワーを夫婦で一緒に浴びるのをどう思うか読者の皆さんにお尋ねなので、私も書かなければと思いました。

妻と私は（結婚して二十七年）ハネムーン（その時初めて試したのですが）以来一緒のシャワーを楽しんでいます。しかし、セッティングはきちんとしておかなければならない、と読者の皆さんにお伝えください。二人で決めて電話や呼び鈴には出ないことにし、明かりは消して、洗面台の上に置いたキャンドルだけとする、などです。

シャワーを一緒に浴びるのは、エロティックで、しかも心をウキウキさせてくれるし、緊張をほぐし、どんな言い争いも治め、怒りを溶かしてくれること間違いなしです。バスタブの中ではこういうことは決して起こらないでしょう。私の手紙を掲載する時は名前は出さないでください。この町では私はよく知られていますので。

——シアトル

シアトル様　お二人一緒のシャワータイムがあなたと奥様の間でとてもうまくいっているのは嬉しく思います。でも、誰もがあなた方のように楽しんでいる訳ではありません。続けてお読みください。

カナダ、ブリティッシュコロンビア州バンクーバー　「あなたは面倒の起こし方をよくご存知ですね、アン。あなたのコラムをいつも読んでいる夫は、シャワーを一緒に浴びているご夫婦についての手紙を見て、『今晩やってみないかい、君』と言い出したのです。私が自分だけになれる時間はと言えば、熱いお風呂に入って、心ゆくまでお湯に浸り、子供たちから逃れられる時だけです。ところが、我が家の身体の大きいヒヒが一緒にシャワーを浴びようと言い張りましたので、仕方なく入りました。私には何ということもなかったのですが、夫はキャッキャッと夢中になっています。お蔭で、リラックスできなくなって困っています」。

ミシガン州ポートヒューロン　「主人の体重は一三六キロ以上あり、私もたっぷり一〇〇キロ以上あります。二人が一緒に湯船に入れる訳がありません。ですから、一緒にお湯に浸りたいという欲望が高じてくると、二人でシャワーを浴びます。主人は私より楽しんでいます。実を言うと、私はお湯が出なくなるとホッとするのです。ところが、昨晩主人は私の誕生日にもっと大きな湯沸かし器を買ってあげる、と言い出しました。言わずもがなですが、私はワクワクしています。(なんちゃって!)」。

フォートローンダーデール　「シャワーを一緒に浴びるご夫婦についてのコラムはぞっとするような出来事を思い出させてくれました。主人が私と初めてシャワーを浴びたのは、私が新婚の花嫁の時でした。私は背中をドアに向けてシャワーを浴びていましたので、主人がお風呂場に入って来る音が聞こえませんでした。それで、彼を強盗だと勘違いし、金切り声をあげ、彼の腕の中で気絶してしまいました。それ以来シャワーは大嫌いです」。

ニュージャージー州モリスタウン　「主人は一九〇センチ、私は一七八センチです。二人の脚が長すぎて、一緒にお風呂には入れません。旅行してホテルに泊まる時は、いつも大きいバスタブ付きの部屋を頼みます。ホテルの人は私たちのことを頭がおかしいのでは、というような目で見ます。皆様の中に、合衆国とカナダで一番大きなバスタブがどこにあるのかお知りになりたい方がいらしたら、私たち、お教えできますよ」。

ウィスコンシン州ウォーソー　「ご主人がお湯を全部浴びてしまって、湯気だけしかこないと文句を言っていた奥様に少しいいことをお教えします。手で持てるシャワーノズルをお買いなさい。うちでは自分で取り付けました。もし器用でなければ、配管屋さんが一〇分で付けてくれます。髪の毛が心配なら、シャワーキャップを買ったらいかがですか、奥様」。

シャワーやお風呂に一緒に入るカップルについての手紙を新聞に載せたあとは、まるで誰もほかのことは書きたくないかのようでした。次々にきた手紙をお読みください。

シカゴ「奥さんに一緒にシャワーに入ってもらいたがっているあの変態のお馬鹿さんは、私たちの社会がどうかしているのを如実に語っている好例です。つまり、女たちからプライバシーがことごとく奪われているということです。私はセックスに取り憑かれている病んだ人たちには、もううんざりしています。世の中が下水のようによどんでしまっているのも、むべなるかなです」。

ワシントン州ロングビュー「私の祖父母は日系です。故郷《ふるさと》の家族風呂についてよく話をしてくれたものです。お風呂の中で、ありとあらゆる話題が話し合われ、また、三世代が一緒に入って楽しんだそうです。そのようなことは今は不可能でしょう。多分それで世の中がおかしくなっているんですね」。

ミシガン州カラマズー「私は、私を大事にしてくれ、要求を叶えてくれ、本当に愛せる素晴しい人と結婚しました。でも彼は少々お母さん子で、会ったその日からそれは分かっていました。ハネムーンの時、彼は『一緒にお風呂に入ろう』と言いました。面白い考えだと思いましたので、〝オーケー〟して、先に入って泡を立てていました。するとなんてことでしょう、彼はゴムのアヒルを持って入って来たのです！　笑いをこらえるために、ずっと唇を噛み締めていなければなりませんでした。私たちの結婚は長く続いていて、とても幸せです。主人は大きな会社の重役で仕事でよく出張しますが、そのゴムのアヒルはどこにでもついて行きます。でも、私はそれについてひとことも言っていません。何はともあれ、そのおもちゃは彼の子供時代に結びついていて、彼に安心感を与えているのですから。アヒルちゃんのことは、私、ちっとも構いません」。

ニュージャージー州モリスタウン「六年前、私たち夫婦が家を建てた時、主人は何でも私の好きなようにしていいけれど、風呂場だけは自分でデザインしたい、と言いました。彼は建築屋さんにどう言ったと思いますか？『夫婦用の風呂場に大きいシャワー室が欲しい――大人二人が入れるほどの大きさでシャワーヘッドを六個付けてくれ！』です。初め、彼は頭がおかしくなったのかな、と思いましたが、あとで、それに隠された意味が分かり始めました。ちょっとしたいさかいがある時はいつも、シャワー室でそれを丸く治めてしまいます。マリッジカウンセリングよりずっと効き目がありますよ」。

あなたの性生活が初めは「ワアーすごい」だったのに、いつの間にか「エェー何これ」になっていませんか。もしそうでも、落ち込んではいけません。あなた一人だけがそうなっているのではありませんから。

一九八八年十一月に読者の皆様に、「あなたの性生活は結婚後下り坂ですか。もしそうなどうしてですか」と伺いました。

調査の結果は皆様が多分お知りになりたい以上に結婚の実情について語ってくれました。一四万一、二一〇通の返事を受け取りました。合衆国の全州、カナダの全州からきました。その他、東京、バンコク、韓国、メキシコ、ドイツ、バミューダ、バージン諸島、プエルトリコ、パナマ、南アフリカ、グアム、台湾からもきました。これはほとんど世界中、至る所でよくある話なのですね。

女性より男性の方（五二％）が多く答えてくれました。年齢は十七歳から九十三歳にわたりました。同性愛の人たちからも二七通の回答を受け取りました。フランス語やスペイン語で書かれた手紙もありました。ブルックリンのある読者はイディシュ語で書いてきました。どうも私は皆様のむき出しの神経を刺激してしまったようです。

評決は明白でした。八二パーセントが結婚後のセックスは前より刺激的ではなくなった、と言っています。最も頻繁に顔を出した形容詞は、「うんざりした」「退屈だ」「単調だ」「日課のよう」でした。それは男性女性共通の意見です。幻滅を感じている女性の割合も男性のそれとほぼ同じでした。

私は葉書で答えてくださるようにお願いしたのですが、忠実な皆様の半分以上は手紙を書いてくださいました。メイン州バンガーからきた手紙は二十三ページにもわたっていました。カンザス州エルドラドのある女性は、「葉書をご希望なのは分かっていますが、アン、この町は小さくて、私の筆跡を知っている人がたくさんいるので手紙にしました」と断っていました。

結婚後セックスの楽しみが下火になるのはなぜか。理由はカフェテリアの料理のようにいろいろありました。どうぞ、お好きなものをお取りください。たくさんの男性がミネアポリスの四十二歳の男性の憤《いきどお》りと同じことをこだまのように繰り返していました。つまりその男性は「うまいセックスは女が男を釣るために使う餌だ。いったん釣り上げてしまったら、煩《わずら》わされたくないのさ。急に、男は野獣ということになる」と書いていたのです。

スポーケンの男性は、結婚してベッドでセックスするようになってから、〝下り坂になった〟そうで、「車の中の方がずっと良かった」と言っています。

性生活が結婚前の方が良かったと言っているたくさんの女性たちは、次にご紹介するシカゴの三十七歳の女性と同じ理由を挙げていました。つまり「エネルギーの問題ね。二人の就学前の子供と異常に活発な七歳児を一日中追いかけまわしたあとで、雑誌に出てくる〝今月のプレイガール〟のようにはとてもなれないわ。子供のせいにしたくはないけれど、事実ですもの、アン」というものです。

ミシガン州スーセントマリーの女性が、ご主人の結婚前と結婚後の写真を同封してきました。彼がものすごく太ってしまっているのは一目瞭然でした。そして、「主人の毛が薄くなるのはどうしようもないけれど、一晩にビールを六本は多すぎるし、食べ物を片っぱしからお代わりする必要もないじゃありませんか。彼のビア樽のような大きなお腹が、私たちの性生活を台無しにしたのです」と書いてありました。

不潔さもたくさんの結婚が下火になっている原因として述べられていました。ニューオルリンズの四十四歳の女性は、「主人は一年に二回、春と秋にしか入浴しません。主人から石鹸の匂いがしたら本当に身体に火が点《つ》くでしょうに」と書いてきています。

アイダホ州ボイズの男性は、「僕たちの性生活は夢物語のようですよ。結婚はしていませんが、二十五年間一緒に暮らしています。僕は、結婚がセックスを駄目にする、と確信していますが、僕の恋人もそう思っています。どうしてそう思うか、ですか？　欲しいものを手に入れたあとは、それを手に入れたいという挑戦も興奮もなくなってしまうからですよ。僕たちはそんな危険は冒していません」と、勝ち誇ったように書いていました。

この調査の結果は穏やかなものではありません。お答えをくださった方々はご自分たちが気づいている以上に、多くのことを物語っていました。結婚生活がうまくいっていない人たちは閨房以外にも大きな問題があることを訴えているのです。つまり結婚生活のあり方について語っているのです。

アン・ランダース様　シャワーを浴び、髪を整え、きれいなネグリジェを身にまとい、香水を体中に振りかけて、ご主人が言い寄ってくるのを待っていたけれど、結局は無駄だった、と嘆く女性からの手紙を載せていらっしゃいましたね。ご主人が何もしなかったので、その方は、「自分の方から主人に『お願い』と頼むのは屈辱だったけれど、言ってみました。すると彼は、『疲れているんだ』と言って寝返りを打って、寝てしまいました」とも言っていましたね。

その女性や同じ悩みを抱えているほかの方々に、一ついいことをお教えしましょう。男の人が「疲れ切っているんだ」と言ったら、思いやりを見せてごらんなさい。「そうよねえ。じゃあ、腹ばいになってみて。ものすごく気持ちいいマッサージをしてあげるわ……」と言ってごらんなさい。クリームかローション（種類はお好み）を少し手にとって、優しく背中をこすって、背骨の脇の上下、肩も首も、円を描くように指を使って上手にマッサージしてあげるのです。マッサージのやり方はあなたの工夫次第です。背中をこすってもらうと、思っていたほどは疲れてはいないと気づくのはよくあることです。

愛されたい女性は、時には積極的になる必要があります。ご主人が動くまで待っていては駄目なんです。そこで、世の奥様方に申し上げます。そろそろご自分から作戦に取りかかり、自分が欲しいもの、必要としているもの、当然あなたのものであるものを手に入れる努力をしてもいいのではありませんか。

——オレゴン州、やり遂げた女

オレゴン様　配偶者から肉体的に愛してもらうのは特別の施しではなく、当然そうしてもらっていい権利なのだと、既婚の女性たちによくぞ教えてくださいました。心からあなた流の接近法をご推奨致します。

かつてある女性から、「すぐ背を向けて寝てしまう夫をどうしたらいいでしょうか」とのご質問をいただきました。私は彼女に、「起こしなさい。もし『寝ているのが分からないのか』と怒鳴ったら、『分かっているわよ。でもあなたは愛し方がとても上手じゃない。だから、私、あなたがどうしても必要なのよ』と答えなさい。どんな男もたいてい、あなたの方から火を点《つ》ければ、応えるものよ」とお答えしました。

一九六六年に、疲れ過ぎてセックスできないビジネスマンたちからの二通の手紙を掲載しました。その手紙はスズメ蜂の巣を引っ掻きまわしたような大騒ぎを本当に起こしてしまったのです。

アン・ランダース様　私は、夫たちが性的に枯れてしまった（または死にかけている）とか、自分が女という気がしないし愛されていない、とブツブツ言っている奥さんたちの声にうんざりしています。こういう泣き言ばかり言う女性たちは、**自分たち**のことばかり考えていて、どうしてご主人たちがどう感じているかに思いを巡らせないのでしょうか。

いわゆる〝放ったらかしにされた〟妻の問題は、比較的高所得層にはびこっています。なぜだとお思いですか？　経済的プレッシャーが大きくなればなるほど、男性にはロマンスに向けるエネルギーが残らないからです。

八時から五時まで働く一般の人は、会社や車庫や店に心配事を置いてこれます。しかし、人を掻き分けてでも出世したいと思う積極的な若者なら話は違います。頭の後ろに目を付けて、誰が自分の寝首を掻こうとしているかに常に注意していなければなりません。たった一度の失策で仕事を失うかもしれないので、決断はすべて正しくなければならないのです。仕事のスピードについていけず、ドブに捨てられるように完全に切り捨てられるかもしれない、ということも心配しているのです。

そこでどうなると思いますか。夫は疲れ切って帰宅しているのに、妻の方は、夫が台所のレンジの上にかがみこんだ彼女の姿を見てすぐ奮い立たないなら、それは自分に対する侮辱であると考える訳ですよ。

もし妻が万が一何かを提案して、夫が「疲れ切っているんだ」とでも言おうものなら、寝室に閉じこもって、何時間も泣くんですから。彼女がこんなふうに思っているのは間違いありません――(イ)夫はもう私を愛していない、(ロ)女としての私の人生は終わった、(ハ)どこかに女がいる、と。前から不思議なのは、女には疲れ切る権利が生まれつきあり、男には――**全くない**！　ということです。

そこで、出世しようと頑張っているけれど、うまくいっているかどうか自信がもてない夫に何が起こると思いますか。妻が、家庭でも俺はうまくやっていない、と夫に知らしめるのです。だから夫は二重に落ち込んでしまう。さらなる軋轢、さらなる罪の意識、さらなる不安――そして最終的には彼は完全に能力を発揮できなくなる、という訳です。

あなたはいつも女性の味方をしているのでこの手紙を新聞に載せてくれないでしょうが、書いただけで気分がすっきりしました。さあ、床に投げ捨てていいですよ、お嬢ちゃん。以上。

――ウォールストリートの戦士

戦士様　あなたの手紙はもったいなくてとても床に捨てる訳にはいきませんでした。あなたのおっしゃることは、理にかなっていますよ、坊や。さあ、続けて読んでください。

アン・ランダース様　夫から肉体的に十分に構ってもらえないと不平を言っている女性がどうしてそんなにたくさんいるのか、理由をご存知ですか。私がお教えします。それは奥さんたちのタイミングがひどく悪いからなのですよ。

つまり、ほとんどの男性は六時頃帰宅しますが、実は従業員、同僚、上司や、なかでも最悪に扱いづらい変人である顧客との戦いで疲れ切っているのです。それなのに、ドアを叩いた途端に、子供たちが押し寄せて来る。グロリアはパーティー用の新しいドレスを欲しがるし、ジュニアはエレキを欲しがる。夕食中、子供たちはさまざまなアピールを繰り広げ、奥さんは子供たちの肩をもつという訳です。

夕食が終われば、今度はその奥さんが**自分の**欲しいものについて話し始める。「洗濯機が今日壊れちゃったのよ。直してもらっても、すごくお金がかかるから、新しいのを買う方がいいと思うわ」「母は手術が必要なの。誰が費用を払わなければならないか、分かってるでしょう」「リビングのカーペットがぼろぼろよ。お客様が来たら恥ずかしいわ。ものすごいバーゲンが新聞に出ているのを見たんだけど……」。こんなおしゃべりがずっと、明かりが消えるまで延々と続く。それから――うわぁ、なんてことだ！　二秒もしないうちに、その夫は絶倫男に変身することになっている、って訳ですよ。

このようなことが私の家ではたびたび起こっているんですから、きっとよそのご家庭でも同じことが起こっているのではありませんか。ですから、アン、悩める人を医者に送るのはやめて、奥さん方に、タイミングをよく考えるように言ってください。そうすれば彼女たちはそれほど欲求不満を感じなくなるでしょうから。

――家庭内戦争退役軍人

退役軍人様　あなたも「戦士」の方もそれぞれの手紙を読んでいらしゃることでしょう。私の郵便に対する今日のお二人の貢献に感謝しています。

アン様　あなたはアメリカの愛に飢えている妻たちに対して、なんて汚い手を使っているんでしょう。あなたがどれくらいの面倒を惹き起こしているか、ご存知なのですか。私のラッキンバーはいつものお決まりのせりふを繰り返しているんですよ。「君と子供たちの暮らしを立てるのに脳味噌を絞ってくたくたなんだ」——とか、ああだこうだと戯言《ざれごと》を並べ立てています。私はまだ三十八歳の男が、どんなに仕事で一生懸命に働いたとしても、疲れ過ぎていて妻と愛を交わせないなんて正常じゃあないわ、とずっと言ってきました。そうしたらあなたがとんでもないコラムを載せて、**彼の**肩をもっているではありませんか。主人はこの二日間、その話しかしません。もうあなたは引退したらいかがですか。

——怒り心頭

アン様　私は「ウォールストリートの戦士」の奥様と代われたらいいのにと思っています。その奥様はどんなに運がいいか分かっていないんですよ。私の主人は、ストレス、不眠、心配、頭痛などあらゆることをセックスで解決できると考えているのです。どこで、こんなとんでもない考えを仕入れたのか分かりません。でも、夫のその考え方が十五年間も私にとって堪えがたい苦痛になっています。こんな変態と結婚しているのは世界中で私一人だけなのかどうか、知りたいと思っています。皆様に聞いていただけませんか。

——ケンタッキー州パドゥーカのダンスクイーン

アン様　「戦士」さんに、あなたは物知らずなお人好しの坊やだ、と言ってやってください。セックスと愛は同じものではないことに、男というものは一向に気づかないのですね。自然な〝愛してるよ〟という言葉や温かい抱擁や頬への甘いキッスが、働き者で、床を磨いたり、赤ちゃんの面倒を見ている妻たちを、丸まる一週間、幸せにするのだということが分からないのでしょうか。実際女には、セックスに**つながらない**ちょっとした愛情表現が大歓迎されるのに。全く、女だって疲れるんですから。

——マドレーヌ

アン様　「退役軍人」さんが女性についてがやがや言っていますが、ほとんどは愚にもつきませんね。仕事となると、とっても抜け目がなくできる男の人も、女性心理ということになると、どうしてこうも無神経なのかと、おかしくなってしまいます。「退役軍人」さんは、奥さんのタイミングが悪いと文句を言っていましたね。でも、どんな間抜けな妻だって、夫から何か特別な物を手に入れるには、夫がその気になっている時にその首根っこを押えるのが一番、ということくらい分かっていますよ。新しい掃除機やカーペットを**必要だから**と説明して夫に買ってもらいたがる奥さんなんて、頭がどうかしているんじゃないんですか。

——体験者

アン様　どうして男というものは気がつかないのでしょうかねえ。女性たちがセックスをとても大切に考えているのは、それが女性に残された唯一のコミュニケーションの方法だからですよ。男たちはもう会話をしません。テレビをつけるか、新聞に鼻を埋めているか、ただ眠り込んでいるかでしょう。妻が夫の関心を勝ち取る闘いに勝つには、強力な武器を使わなければならないんですよ。

——チッカディー

アン・ランダース様　疲れた男たちというのはみんな、どこからやって来たんでしょうか。独身時代は、疲れ切った男には出会ったことなどありませんでした。こんな疲労困憊を作り出す結婚という儀式に、何があるのですか。ご存知なら教えていただけませんか。

——ペロペロキャンディー

次にご紹介するのは一番的を射ていてしかも一番辛辣な手紙です。それはすべてのウォールストリート戦士たちに向けられたものです。

アン・ランダース様　ウォールストリート戦士と結婚して二十年以上経ちます。ですから、私は成功したビジネスマンや専門職の男性について語る資格があると感じています。その連中は市場の興奮や報酬と引き換えに、喜んで（多分、積極的に）父親と夫の役割を犠牲にしているのです。

この男性たちは、ほかの生き方を認めませんし、知りません。プロの最前線、金融最前線での日々の戦いの興奮が、十分に彼らの自尊心を煽り刺激的なので、自分たちの生活を満たすものはほかに何もいらないのです。

この人たちの価値規準は歪められているので（こういうことは結婚のずっと前に起こっていたのですが）、夫婦の関係がどんなものであるべきかについての本当の理解ができていないのです。

妻の気持ちが夫を長いこと待っていたせいで冷え切っていても、また、寂しさからパートタイムの夫の代役に助けを求めても、彼はまったく気にかけません。むしろ、妻に邪魔される必要がないので、ホッとするのです。それは、すでに職場や、訪れる町で（もちろん出張で）もっと若くて魅力的な妻代わりの女性たちを見つけているからです。

彼にとってセックスは、愛とは全く関係ないのです。女たちがよくするように、自分の欲望を偽ろうともしないのです。結婚外で女性と親しくなることは、責任が全くないから楽しいのです。さらに、それは、精力が減退しているのでは、と気にしている中年男にとって、強力な行け行け気分促進剤なのです。

その戦士たちは仕事の世界に生きていて、それを崇《あが》めています。遊びでさえ何かしらで仕事に関係しているに違いないのです。妻や子供たちはその世界の人間ではありません。彼の戦利品に貢献できない者は枠外に追放されるという訳です。

結婚の寝室に興味がないのは働き過ぎだからだなんてことを、絶対誰も私に納得させられませんよ。そんなお伽話はずるい男たちによって創られたものでしょ。それに、これを金持ちだけの問題だと考えている人がいたら考え直すべきでしょう。どの階層にもある話じゃないですか。どこか外で体力を消耗してきて、家に帰ってきた時疲れているような男は、自分から望んでそうなったんです。

長いこと寂しくて、自己分析（「どこで私は失敗したのかしら?」）を続けてきて今私は、別の人と結婚していれば良かったのにと思っている、と正直に打ち明けます。大きな家や、ガレージの中の何台もの車、素晴しい毛皮や宝石、クラブの会員権などを、家族と教会にいつも出掛けて行き、子供に興味を示し、結婚を神が意図した特別な関係にできると自信を少しもっている男性と交換できるなら、喜んで手放します。私の署名を次のようにしてください。

——失った物＝家庭戦線一つ、得た物＝洞察力をたくさん

夫たちはこのように腹を立てている妻たちの主張からいろいろ学べるのではありませんか。彼女たちは、〝お金に飢え〟た権力志向の自己中心的なウォールストリート戦士たちを、金融や専門分野での戦場でエネルギーを使い果たし、家庭という戦場には何のエネルギーも残していないという理由で、煮たり、焼いたり、焦がしたりしていますよ。

奥様方、たまには、皆様よくご存知のアン・ランダースの次の質問をご自分に聞いてみてください。「あなたの人生はご主人といる方がいいですか、ご主人と一緒にいない方がましですか？」と。

アン・ランダース様　数週間前、主人も私も一緒に寝るダブルベッドではよく眠れなかったので、私の方が客間に移りました。それ以来、主人はベットに戻って来て欲しいと匂わしていますが、私は無視しています。三十五年も結婚していて、セックスにうんざりで、一人で眠る方がず

っといいのです。

先週主人は、もしすべての意味で俺の妻の務めをする気がないなら、俺は別れるぞ、と言ったのです。数年前にも、私が彼のペットに入ると、覚悟はできているのだな、と言ったような人だったんです。

もう私は五十回も、私たちの関係は無意味で空しいし、もうあなたを愛していないから、セックスには興味がないのよ、と説明しました。彼の答えは、「ばかばかしい。それ相当の理由がなければ、妻には〝ノー〟という権利はないんだ。単に気が向かないというのは、理由にならない」でした。

主人は、誰かが〝分からせてくれる〟ように、私にカウンセリングを受けに行かせたがっています。彼は、私が二回行けば、三回目には一緒に行くと言っています。アン、私は自分の身体は自分で管理したいし、本当に欲しいのか分らない男をつなぎ止めるために、身体を切り札として使うのを拒否したりしては、いけないのですか。夫だからというだけでその男とセックスしなければならないのは嫌だ、と言ったら、分からず屋なのですか。どうかコメントしてください。

——ペンシルバニア、逃げ場なし

逃げ場のない方へ　単にご主人の性欲だけではない難題がありますね。お二人の間の本当の問題は何か別にあって、それが長いこと続いているのではありませんか。
ご主人は人を支配しなければ気が済まない方のようですね。あなたはご自分がご主人を必要としていかどうかはっきりしないとおっしゃっていますが、もし必要なら、何のためなのか教えてください。あなたの結婚は悪夢のようです。ご自分に、「あなたの人生は彼と一緒にいる方がいいですか、一緒にいない方がましですか」と聞いてみてください。もし答えが、〝一緒にいる方がいい〟なら、カウンセリングを受けて、三度目は一緒に行くという約束を守らせなさい。

アン・ランダース様　この手紙はご主人と同じベッドで寝たくなかったので客間に移ったペンシルバニアの女性「逃げ場なし」さんへの手紙です（ご主人は、奥さんが彼のベッドに入ると〝覚悟はできているのだな〟と言っていたそうですね）。

主人と私は性の相性に関しては全く問題はありませんが、私たちはお互いに満足できる睡眠協定を結んでいます。ペンシルバニアさんもそういうのをお考えになってもよろしいのではないでしょうか。

結婚して最初の数年間、私は一二〇センチのダブルベッドのうち三〇センチほどのスペースに掛け布団もなく寝ていました。主人は寝相が悪く、しかもベッドに大の字になって寝て、毛布を独り占めしていたのです。

私が実行した解決法は模様替えでした。ツインベッドを二つ買ってシーツを別々に敷いて、二つをくっつけました。大きなベッドスプレッドを一枚掛ければ、キングサイズのベッドに見えます。

今は結婚してほぼ五十年になりますが、二人ともこの協定が気に入っていて、相手の気持ちを無視しているとは思っていません。ペンシルバニアさんとご主人は、セックスと睡眠、夜とベッドに関して徹底的に混乱しているようですね。これらは必ずしも関連してはいないのですよ。性行為はキッチンの床とかダイニングルームのテーブルの下でもできます。もちろん、家の中のどこでもできます。夜でも昼でもあり得ます。でも、睡眠は一般にベッドで、普通、夜です。カウンセリングを受けるようにというあなたのアドバイスは、的を射ていると思います。

——眠れるカリフォルニアの美女

眠れる美女様　結婚の睡眠協定に不満があると手紙をくださった女性たち全員が、つながって寝たら、ずっと快適でしょうね。

あなたがおっしゃった、ツインベッドをくっつけて並べる方法は、〝近くにいたいけれど、一晩中はいや〟というご夫婦には理想的な解決法ですね。

アン・ランダース様　是非ご助言をいただきたく、お力になっていただければと願っております。主人は私のことをもう性的に魅力がないと思っています。過去数年間は、私が求めた時だけ愛してくれました。

私も、昔ほど綺麗ではないのは認めていますが、目を背けるほどではないと思うのです。手術でできた傷がいくつかありますが、素敵なナイトガウンやソフトなライトで隠す努力をしています。主人は傷は苦にならないと言ってはいます。

　この問題を話し合ってみようとしましたが、彼は何も問題はないと言い張っています。今までと同じように愛してるし、魅力的だと思っている、と言います。私はその間、「ねえ、お願い」と頼んでみたり、黙りこくってみたり、泣いたりしてみました。しかし彼はこの間、女は積極的にならない方がいいよ、と言ったのです。そこで、私は彼の方が先に行動を起こしてくるのを待つことにしたのです。私はずっと待っています。最後に愛を交わしてから、来月で二年になります。

　セラピストのところに行きましたら、ご主人は気分が落ち込んでいるか、何か身体の具合が悪いのかもしれない、という診断でした。そこで主人に病院で身体を調べてもらうように頼んだのですが、拒否されました。そのうえ、主人はセラピストからの請求書を見ると、私的な問題を〝知らない人間〟に話したと腹を立てて、三日間口を利いてくれませんでした。

　鏡を見ると、恐らくもう二度と男の人と親密な関係になれないに違いない四十八歳の女が映っています。それで私はどうしようもなく悲しくなります。このこと以外では主人はいい夫で、私は主人をとても愛していますので、いい面だけ見ていようとしています。でもそれ以上を望んだら私の我がままですか。禁欲に私が耐えられるとお思いですか。どうしたらいいでしょうか。

——シカゴ、自尊心ゼロ

シカゴ様　まず、問題があるのはご主人であって、あなたではないという事実を認めてください。あなたが、ご主人が自分勝手で思いやりがないとお思いになる理由は理解できますが、ご主人は臨床的に鬱状態なのかもしれないのです。お気づきですか?

明らかにあなたは別れたくないようですので、猛烈な批判を覚悟で一つ提案します。四十八歳の女性は、セックスをきれいさっぱり忘れるには若すぎます。ですから、もしご主人があなたを満足させるのを嫌がるなら、ご自分をご自分で満足させてごらんなさい。エイズがこの世に登場して以来、私はこちらを選ぶようお勧めしています。何もないよりずっといいでしょうから。それは罪ではないか、という聖職者からの抗議は受け付けません。自慰はほとんどすべての人が自分の性的な自己を発見する方法です。何も罪深いことはありません。

アン・ランダース様　ご主人が二年も触ってくれないという四十八歳の女性に自慰を勧める勇気をおもちのあなたに、神の祝福がありますように。私はもうそろそろ八十歳ですが、「それは罪だ」という牧師たちから抗議は受け取りたくない、というあなたの言葉を読んだ時、若い頃のことが目の前にさっと思い浮かびました。

十三歳の時、私たちの伝導師が本をくれました。それには、マスターベーションをする子は、いずれ禿げや病気や狂気になり、犯罪者として人生を送り、結局は地獄へ堕ちてしまうと書かれていました。性の衝動がどうすることもできなくなると、私は当時〝自虐〟と呼ばれていたものに実際に耽ってしまい、ひどい不安と、罪を犯したという惨めな意識に悩まされていました。毎朝、夜のうちに自分の気がおかしくなっているのではないかとか、自分の〝許されない罪〟を世間に知らせる兆候が顔や身体に出ているのではないかと心配しながら目を覚ましたものです。

その恐ろしい間違った情報は私の大人になってからの生活にまで影響を与え、愛情ある夫になるのに時間がかかりました。今は私も年を取り前よりは賢くなっているので、自分たちだって若い頃にはみんなと同じような性の衝動を経験したに違いない偽善的な牧師たちによって、我々の時代の若者たちにどれほど恐ろしい害毒が与えられたかが、よく分ります。

このことを活字にして、老いも若きも、大勢の健康で正常な人たちが苦しんでいる罪の重荷を取り除く勇気のあるアン・ランダース、万歳！　――ノースカロライナ州ローリー

ローリー様　私が例の回答を書いた時は、それが特に勇気のある発言だとは思っていませんでした。ただ言っておかなければならないごく当たり前の真実に思えたからです。しかしながら、かなり異なった見方をする人も随分たくさんいます。次をお読みください。

シアトル「ブラボー！　旦那さんが二年も性的に近寄ってくれないというご婦人へのあなたの助言を非難する手紙を、牧師どもが勢力をもっている南部のバイブル地帯から、きっと一トンほども受け取っていることでしょうね。どうかそんなのは無視してください。あなたの勇気に喝采する人がものすごくたくさんいるはずですから。この頃は、いろいろの性感染症、特にエイズがあるので、あなたの助言は理想的な解決法です。心から尊敬しています」。

デンバー「私は四十三歳で、六年間妻とセックスをしていません。一九八二年以来、妻は三回流産し、子宮摘出手術も受けています。セックスは彼女には重荷で、しかも、自分を一人前の女

ではないと感じさせるようです。妻〝メアリー〟は素晴しい女性で、私は彼女を心から愛しています。私たちの関係は申し分なく、非常にうまくいっていますので、私は結婚外にセックスパートナーを探すつもりは全くありません。妻はカウンセリングを受けるのは絶対に嫌だと言っています。そこで私の対処法は自慰です。これはほかの多くの男性の対処法でもあると確信しています。たとえその人たちが決して認めようとしなくても」。

アイオワ州フォートダッジ　『マヨクリニック家庭医学書』（一九九〇）があなたの意見を全面的に裏書きしています。その部分を引用します。［マスターベーションは正常で健康的である。それは性的緊張を解放し、喜びを与え、性的空想を味わわせてくれ、不適切な性行動に走る衝動を抑制する方法である。成人期では、定期的な性のはけ口が奪われると、男女ともマスタベーションの増加につながる。時たま行う性行為の変形として、それは結婚後も精神的に健康な大人たちにはよくあることで、セックスパートナーがいなかったり、パートナーが病気の間はさらに頻繁になる。ただ成人期では、マスターベーションの方が恒常的に性交より好きだったり、パートナーとのセックスに満足できなくなるほど頻繁に行なわれるようになると、異常と考えられる］。

アン・ランダース様　〝ケイ〟と私は結婚して四十年になります。私たちは半引退生活をしていて、成人して自立している子供が五人います。私たちは経済的に余裕があり、地域で活発に活動していて、どこから見ても幸せそうな夫婦です。

私の悩みは私たちの関係には何の親密さもないこと――つまり、セックスが全くないことです。四年ほど前、二人でカウンセリングを受けに行きました。ケイは問題は自分の方にあると認め、何回か通ったあと、事態は良くなりしました。しかし、今はまた、振り出しに戻っています。

私たちにはここ十八カ月間夫婦関係は一度もありません。ケイに近づいてみましたが、ことごとくはねつけられました。私たちの信仰は結婚外のセックスを許してはいませんので、私はひどく欲求不満になっています。浮気をして、その責任を負っても構わないという誘惑に駆られてはいますが、そういう方向には行かないことにしました。罪の意識には耐えられないだろうと思うからです。

正常な関係に戻るための最後手段として、「軽い抱擁一回」「軽いキス一回」「甘いキス一回」「好きなところでの夕食」「暖炉の前のロマンティックな夕べ」「好きなところへの日帰り旅行」などと書いたクーポン券を作って、その券をクリスマスプレゼントとしてほかのプレセントと一緒に彼女にあげました。ユニークな思いつきだと思ったのですが、今までのところ、妻はそれには少しも触手を動かしていません。

ほかにどうしていいか分かりません、アン。私は妻が何の反応もしないのにがっかりしています。何かご提案をいただけますか。

――ウィスコンシン、寂しい既婚者

寂婚様　あなたは、たくさんの女性があなたのためなら死んでもいいと思うような方のようですね。それなのに、ご家庭で万策尽きているのはとても残念なことです。ケイに、このままでは欲求不満で不幸だ、もっと一緒にカウンセリングを受けに行きたい、とおっしゃい。もし彼女が拒否したら、試しに別居を考えてみてはいかがですか。荒療治じゃないか、ですって？　そうですよ、あなた方の結婚には本気のショックが必要なようですし、これが功を奏するかもしれません。うまくいきますように。

以前に、「モントリオールで満ち足りて」と名乗った女性からの手紙を掲載したことがありました。彼女とご主人は五十代後半、ゴルフをし、休暇も頻繁に取っていて、幸せな夫婦を自認していました。でも二人は、十二年前から、セックスをやめていたのでした。「満ち足り」さんは、このことが知れたら、きっと、異常とは言わないまでも、変な夫婦だと見られてしまうだろう、と言っていました。彼女はまた、どれくらいの既婚者がたとえセックスなしでも充実した人生を謳歌しているのか、知りたがっていました。私は皆様に聞いて見ましょうと答え、実際に紙上でお尋ねしました。

この件に関してきた郵便の山でオフィスはてんてこ舞いでした。三万五千人以上の人が答えてくれましたが、結果はどうだったとお思いですか？　六十歳以上のカップルの六五パーセント以上、七十歳以上のカップルの七五パーセントが、ほとんどセックスをしないか、全くしない、それでも困らない、と答えています。あらゆる世代で、男性が女性よりセックスに興味があり、どの世代でも驚くほどの数の女性がセックスを義務と考えているか、面倒だと考えています。そういう女性たちはご主人を幸せな気分にさせておくために、楽しんでいるふりをするか、オーガズムに達したふりをしています。三十代の前半でセックスをやめてしまったカップルもいれば、八十代でも依然として楽しんでいる人たちもいます。私の話はこれくらいにして、そんな手紙をごらんいただきましょう。

ダラス「妻と私は両方とも六十二歳です。十五年間セックスをしていませんが、寂しいとは思っていません。セックスの代わりに、抱き合ったり、キスしたり、軽く愛撫し合ったり、ギュッと抱き締めたり、ウインクしたり、冗談を言い合ったりしています。私たちは愛し合っていますし、セックス中毒の私たちの既婚の子供たちよりずっとうまくいっています。子供たちは、セックスを邪魔されたくないから週末には電話をしないで、と私たち親に頼んでいるというのに、四六時中言い争ったり喧嘩したりしていて、お互いを少しも大切に思っていません」。

ロサンゼルス「私は八十九歳、妻は九十一歳で、結婚して六十五年になります。最後のセックスはいつだったか思い出せませんし、妻もそうです。私の八十五回目の誕生日に、妻に〝お祝い〟したいかどうか聞きましたら、「妊娠したらどうなるの。あなたはどうするの?」と妻は言ったのです。それで、『ギネスブック』に報告するよ、と答えてやりましたが、妻は少しも面白がらなかったので、それ以来その話題は持ち出していません」。

ミシガン州ヒルスデール「私は六十歳、夫は七十歳です。私は今まで一度もセックスをしたいと思いませんでした。でも主人は少なくともここ五年間、峠は越えているのに、やってみよう、としつこく迫ってきます。時には彼の努力は一時間も続くことがあり、私は疲れ果てます。主人は、アン、あなたのことをとても賢いと思っています。あなたがこのことについてコラムで取り上げてくださって、老いた山羊どもに、電池が切れているのならもうセックスはおやめなさい、と言っていただけたらと思っています」。

ニューヨーク「主人は、五十歳になった時、『俺、インポになったよ、だから君、恋人を見つけたらどう?』と言いました。私は、興味ないわ、と答えました。ところが二年後、主人は実父確定訴訟を突き付けられたんです。家庭でセックスがないからと言って、必ずしも、全くセックスをしていないという意味ではありませんよ」。

メイン州ポートランド「主人と私は共に三十三歳です。三番目の子供が生まれたあと、私たちはこれ以上性生活はしないと二人で決めました。それで、エアロバイクをベッドルーム用に買い、一緒にヘルスクラブに入って、今とても幸せです」。

ミシガン州グランドラピッズ「妻と私は共に五十歳で、二十二歳だった時よりずっと愛し合っています。私たちの快活な性生活は私たちの結婚生活に不思議な次元を加えてくれています。深い身体の関係こそが人生を豊かにしてくれます。セックスのない人生など、花の咲かない春のようなものでしょう」。

ヒューストン「主人と私は結婚して二十六年になります。子供が三人いて、初めの五年でベッドのマットレスを何枚かぼろぼろにしてから、もうたくさんだ、と思いました。現在私たちは、聖書研究、メーソンロッジや女性メーソン会《イースタンスター》での交流、それにクロスワードパズルをして満足しています。もしこの手紙をコラムに載せてくださるなら、私たちの名前は伏せてください。両親がまだ生きていますし、恥ずかしがるでしょうから。よろしく」。

アンランダース様　いろいろ面白いコメントが寄せられている例の〝結婚後セックスなし〟騒動にひとこと付け加えさせてください。

一人の頭のおかしな読者が言っていたクロスワードパズルや、寝室に置いたエアロバイクやその他のくだらないセックス代用品に鞍替えしてセックスをやめる前に、二人の暖炉の火が本当に消えているのかどうか確かめたらいいかがですか。私はそれをしないで失敗しました。主人は私の親友である未亡人に夢中になったのです。賢者にはひとことで十分です。

――カリフォルニア州コンコルド

コンコルド様　証言をありがとうございます。あなたのことですから、すぐに野球場に戻って、ピンチヒッターを追い出したのでしょうね。

セックスは結婚を壊すことがありますが、絆を強めることもあります。

アン・ランダース様　「タルサで途方に暮れて」さんは、ご主人に『お前と一緒に暮らしてきたのはセックスがすごく良かったからだ』と言われた、と嘆いていらっしゃいましたね。きっと、ご主人は中年期の危機を身に染みて感じている最中で、奥さんはその言葉が褒め言葉とは分からなかったのではないか、と推察しています。

結婚が暗礁に乗り上げた時、その暗礁はたいてい、ベッドの中にあります。大多数の夫は今手に入れている以上のセックスを望んでいます。複数の研究によると、男性は一時間に平均六回、または一週間に七五〇回セックスについて考えていて、性夢はそれには入っていないということです。その数字と次に挙げる数字、つまり、平均的な既婚のカップルのセックスの回数、週一・五回と比べてみてください。

男性が妻や家族を捨てて別の女性に走った理由が、その女性が料理が上手だからとか、素晴しく家事が上手だからというのを聞いたことがありますか。男たちはもっとたくさんの、もっと良いセックスを求めて妻を捨てるのです。事実を直視しましょう。

「タルサ」さんはベッドでお上手だったのでご主人を引き留めたのです。ご自分を誇りに思い、ご主人の率直で正直な賛辞をありがたいと思うべきだと思いますよ。

結婚では性生活はそれほど重要ではないと考えていた女性を探し出し、別居や離婚して独り暮らしになってどれほど幸せか、その女性に聞いてみるといいかもしれません。それから、「タルサ」さんはセックス以外のご自分が頑張っていることがどれほど重要か、自問なさってみたらいいかがでしょう。

　　　　　　　　　　　　　　　　――サウスベンドで途方に暮れて

途方に暮れている方へ　詩よりもずっと真実を言い当てている手紙をありがとうございます。私ではあなたほど上手に言えなかったでしょう。

アン・ランダース様　脂肪の壁が私たちの結婚を壊しかけています。Dと私が教会のバージンロードを歩いた時は、Dは一～二キロ体重オーバーしていただけでした。彼が痩せると約束するなら、私は禁煙すると誓いました。私は結婚した日からタバコには触ってもいませんが、Dは二七キロ太りました。彼はとてもいい人で、私たちは一緒にいて楽しいし、子供たちや生活にも満足しています。しかし、脂肪の盛り上がりが、私たちの間に立ちはだかり始めました。彼は性生活がどうして昔と違うのかが分かっていません。私は頑張っているのですが、彼のお腹のまわりのでっぷりとした脂肪のせいで、気分が殺がれるのです。彼のキスでさえ、頬がでれーっとたるんでいるので、白けます。彼を傷つけたくないので、だいぶ前からがみがみ文句を言うのはやめることにしました。私はきちんとした食事を作っていますし、家には油っぽいスナックは置かないようにしています。でもドアを一歩出たあとの彼の口に南京錠を掛けることはできません。どうか助けてください、アン。

　　　　　　　　　　　　　　　　――いい人なのに、もう我慢できません

我慢できない方へ　がみがみ小言を言わないのは賢明ですね。そんなことをしても何もなりませんもの。ご主人は体重を減らす必要があるのは分かっていて、自分を自分でこんなにしてしまったことを恐らく嫌悪していると思いますが、ご主人には問題があります。医者に見せるのが最善策です。ご主人は前回いつ検査を受けましたか。このことに関してはうるさく言ってください。そうしても彼の虚栄心を傷つけることにはならないでしょう。予約をお取りになって、その医師の協力を取り付けてください。それはおできになるでしょう。肥満は心臓に悪く、高血圧になる主原因の一つです。そのお医者さんにダイエットを助けてくれる「ウェート・ウォッチャー」か「過食者自力治療会」を勧めてくれるように、内々に頼んでごらんなさい。両方とも素晴しい団体で、電話帳に載っています。うまくいきますように。

アン・ランダース様　二年前結婚した女性はルーベンスの絵の中の女性のようでした。あるいは、〝太め〟と言ったらいいでしょうか。私は昔から〝太め〟の女性に興味があります。要するにこの国にたくさんいる「デブ好き」で知られている男性の一人です。

〝イザベル〟は女友達にそそのかされて、去年厳しいダイエットを始めて、今はレールのように細くなっています。で、もう彼女に性的に興味が湧きません。

彼女は結婚した時、私が太った女性が好きなのを知っていましたから、彼女は私より女友達を喜ばすことに興味があるのだ、と私は結論を下しています。イザベルは結婚した時は八二キロあり信じられないほど素敵でした。

現在の彼女は四八キロで結核患者のようです。少なくともあと二五キロは太らなければ俺は別れる、と最後通告をしました。彼女はショックを受けて怒っています。まるまる太った女性をすごくいいと思っている男性もいるのだということと、女性は結婚した時太っていたならそのままでいるべきだ、と言ってください。

——フィラデルフィアの摑めるほどの三段腹《ラブハンドル》を愛する者

フィラデルフィア様　あなたの手紙で愛について触れているのは署名の中だけでですね。しかもその言葉は愛情よりセックスの方に重きを置いていますよね。

太めの女性はあなたの書いてきたことを読んで喜ぶでしょうが、〝重さ〟だけに基づいた関係というのはいかがなものでしょうか。私にはかなり〝軽く〟感じられますが。

以下は、私がよく聞かれるセックスについての質問です。

オーラルセックスは間違っているのですか・・・それとも変態ですか？

いいえ。オーラルセックスをしたいという気持ちは本能的な衝動です。それをポルノ映画や雑誌から学んだ常軌を逸した行為だと信じている人がいますが、そうではありません。結婚した大人の間の性行為はどれも、苦痛を伴わなければ異常ではありません。率直に話し合ったり試したりすれば、何が一番エロティックな快感を与えてくれるか分かるでしょう。一人がオーラルセックスを望んでいて一方が嫌だったら、意見が合わない原因を性問題専門のセラピストと話し合ってください。真剣に努力したあと、それでも一方がオーラルセックスに不快感があるなら、夫──ことによったら、妻──は、相手の望みを尊重すべきです。

自分はしてもらいたくて、相手にしてあげるのが嫌な人は、自分勝手で、相手の気持ちを全く汲んでいません。

どの程度まで相手と一緒に性的な空想を楽しんでいいのでしょうか？

こうでなければいけないという厳密な規則は全くありません。それは、二人の趣味、ユーモアのセンス、感情の抑制度、感性の度合いなどにより違います。

一緒に空想に耽るかどうかは、自由に選べばいいことで、義務ではありません。何を共有するべきか、あるいはどのようにかなどに万能の処方箋はありません。

ほとんどの人が自分たちのエロティックな空想生活を恥ずかしくて罪深いと思っているという事実からして、一緒に性的な空想をするカップルはとても少ないようです。

白昼夢を、ゆっくり、徐々に、趣味良く、機知に富んだやり方で一緒に楽しむなら、それは恐らく健康的な関係が進展している証拠でしょう。

〝いったふり〟をしてもいいですか。

ある読者の方が、何年もこれまで〝いったふり〟をしていたけれど、実は嘘だったとご主人に告白すべきかどうか悩んでいる、と手紙をくださいました。二人の性生活は悪くないので、〝騙した〟とは感じてはいないが、後ろめたい気持ちはある、とも書いてありました。私の回答は至極簡単なもの、つまり、「壊れていなければ、直しなさんな」です。

女性が、セックスは楽しんでいるのにめったにオーガズムに達しないのはどういうことですか。その女《ひと》に何か悪いところがあるのですか。

いいえ。性的に積極的な女性でも、クライマックスに達しないのはよくあることです。全く達しない人もいます。性交が楽しくて心を満たしてくれるものだと思うなら、オーガズムはさして重要ではありません。私からの助言は、「数えるのはやめて、楽しみなさい」です。

女性を妊娠させるためには男はオーガズムに達しなければなりませんか。

そんなことはありません。オーガズムがなくても、精液が数滴、膣の中に漏れる可能性があります。そうすれば相手の女性が排卵期ならば、妊娠は可能です。

妊娠中に性交すると危険ですか。

出産二週間前までのセックスは、何か医学的な支障がなければ、ほとんどの産婦人科医が、問題なし、としています。もし妊婦の体重が増え過ぎていたら、夫婦双方に満足のいくような体位について、医師に聞いてみるといいでしょう。

もし医師が出産前後のある期間、性生活を控えるように進言したら、それはどのような状況ゆえなのか夫婦双方に説明されるはずで、そうすれば二人の関係に不必要な軋轢が生じるのを避けることができます。また、医者はその夫婦が性的な感情や欲望についてお互いに率直に意志を伝え合うように言い、またおそらく手助けもするはずです。別の形で性的満足を得る方法も勧めるかもしれません。オーラルセックスや手による刺激は、生理的な悪影響なしに満足でき、そうして良かったと思うかもしれません。

しかし、もし身体の具合が悪ければ、夫の誘いを断っても全く構いません。

授乳中の母親が妊娠することがありますか。

授乳中はホルモンレベルが低くなっていて、時には妊娠を防ぐことがありますが、それを当てにしてはいけません。避妊法としてそれは危険です。上の子と十一カ月か十二カ月しか離れていないで生まれた子供たちが**います**。往々にしてそれは、おっぱいをやっている母親は妊娠しない、という例のおばあさん伝承の迷信を信じた結果です。

子宮摘出後、性生活は可能でしょうか。

この心配をしている女性がたくさんいます。ある女性が、「複数の医者が子宮摘出が必要だと言っていますが、女友達から、そんな手術をすれば性欲がなくなってしまうわよ、と注意されています。私まだ四十一歳でセックスのない人生など考えたくもありません。どうかこの話が本当かどうか教えてください」と質問してきました。

私が相談した婦人科医も産科医もみな、そんなことが起こる医学的理由はない、と言っています。確かに、卵巣が二つとも取られるとホルモンの分泌が減って性的興奮レベルが下がる女性がいますが、これは女性ホルモン、エストロゲンの摂取で治ります（ただし癌に罹っているか、その危険性がある女性はエストロゲンを摂取してはいけません）。

一方、子宮摘出手術後、「あの昔の気持ち」がなくなったと医者に訴えても、医者は取り合ってくれない、と多くの女性たちが言っていますし、医者が事前に手術後どうなるか話してくれなかった、とものすごく怒っています。そこで、私は精神科医と心理学者に話を聞きに行きました。そこで教えてもらったことは、「子宮摘出によって性生活がうまくいかなくなっている女性は、快感を感じられない心理的問題があるかもしれない。これはまだ子供が産める年代の女性には特によくあることで、生殖器を失って女性ではなくなったと、半ば無意識に思っているからかもしれないからだ。またセックスとはただ子供を産むためのものと信じるように育てられた女性は、もう子供が産めないのだから性的快感を楽しんではいけないのだ、と感じているのかもしれない」ということです。そこで、子宮摘出（または、卵巣結紮）で性生活は終わった、と強く思っている女性に、私はカウンセリングをお勧めします。

女性の性生活は更年期以降終わるのですか？

ある読者の方がこんな手紙をくれました。「前はセックスを楽しんでいましたが、今五十四歳になり、それが実は痛いのです。何か治療法はありますか」というものです。

メンフィスの産婦人科医、ジョージ・M・ライアン博士は、その苦痛はエストロゲン分泌減少による膣部の潤い不足が原因かもしれない、と言っています。これはあなたの年齢の女性には普通のことです。掛かりつけの婦人科医にエストロゲンの錠剤と膣用クリームを処方してもらってください。しかし、一つご注意があります。エストロゲンを摂取する女性には、子宮内膜癌になる可能性が少し見られます。癌に罹っている女性はどういう形にせよ、エストロゲンを使ってはいけないのは言うまでもありません。同じことは妊婦にも当てはまります。そういう方は潤滑剤を使ってください。

早漏にはどんな治療法がありますか？

ご主人がこの問題を抱えている女性が、「早漏のせいで主人は挫折感を覚え、私は腹が立ちます。彼がどうすることもできないのは分かっているのですが、宙ぶらりんにされたままなのは地獄です」と訴えていました。随分前に、婦人科医W・H・マスターズと夫人で心理学者のV・E・ジョンソンが、夫が長持ちできるように妻が手助けできるテクニックを開発しました。掛かりつけの婦人科医が教えてくれるはずです。もし医者がそのテクニックを知らないならば、医者を替えるか、セックスセラピストに相談するかした方がいいかもしれません。

この問題について次の手紙をお読みください。


アン・ランダース様　私たちは結婚して一年二カ月になります。私は、どの結婚も完璧ではないことぐらいはわきまえています。で、私たちの悩みはセックスです。

結婚の寸前、トラブルの兆しはありました。彼は愛し合うことに興味をなくしていたようでした。私は、ストレスが多すぎるからだわ、と自分に言い聞かせていました。彼は当時新しい職に就く予定で、別の州に引っ越す必要がありました。しばらくして、私の方が彼のために自分で自分に言い訳ばかりしていたのに気づきました。

私たちは率直に話し合い、単刀直入に、彼に「もう私のことを魅力的だと思わないの？」と聞いてみました。すると彼は、「問題は**君じゃなくて、僕の**方さ。その気にならないんだ」と答えましたが、そう聞いたからといってどうなるものではありませんでした。

愛を交わす時、彼は私が気がつかないうちに終わってしまいます。当然少しも満足できません。彼はいつも申し訳なさそうに、「ごめん。今度はもっとうまくやるよ」と言います。〝今度〟といっても四、五週間あとのことで、しかも同じことになってしまいます。

私は頭にきています。今、私は二十代半ばでセックスに飢えています。一生こんなふうに過ごさなければならないなんて考えたくありません。

お返事を我が家で受け取るのは彼に見つかるかもしれないので危険です。ですから、是非、新聞に載せてください。お願いします。

——東部の欲求不満

欲求不満様　あなたのお悩みに関して、ウイリアム・シンプソン博士と話をしました。博士はカンザス州トピーカのメニンガークリニックの性健康センター所長です。シンプソン博士は、「あなたの手紙の鍵となる部分は『愛を交わす時、気がつかないうちに終わってしまう』というところです。ご主人はご自分で性欲がないと言っていますが、一番の問題は早漏です。それが起こるたびに彼は、不能だと感じます。ご主人は屈辱感を避けるために、できるだけたまにしかしないのです。でも、これは比較的簡単に治療可能な機能不全です」と言っていました。

あなたのご主人は公認のセックスセラピストやセックスカウンセラーに見てもらうといいでしょう。

アン・ランダース様　シャイアンで中学三年の時からずっとあなたのコラムを読んでいます。いろいろなことで僕の目を開かせてもらいましたし、あなたが書いてくれた言葉は全部ずっと信じていました。今もそうです。それで今、助けていただきたいのです。

この悩みをあなたが活字にできる言葉でどう表現したらいいか分かりませんが、切羽詰まっていてほかに誰にも相談できませんので、精いっぱい頑張って書いてみます。

僕は二十一歳で、背は一八〇センチ、体重七十七キロです。自分ではかなり格好いいと思っていますし、すべての面でごく普通です。僕が言わんとしていることは、ほかの男性と同様、性欲はあるのですが、ロッカールームで見まわしてみると、どうも僕のは大きさが人並みではないようだ、ということです。

何人か素晴しい女性とデートしたことはあるのですが、肉体関係をもつのが怖かったので僕の方から別れてしまいました。正直言って、アン、僕は女性を喜ばせられないのではないかと、死ぬほど心配なのです。そうなったら僕の自尊心はずたずたになってしまうから、試してみない方がましだ、と思っています。

この悩みで僕の人生はお先真っ暗です。どうしていいか分からないのです。この手の悩みを抱えている男性用の広告をいかがわしい雑誌で見たことがあります――トナカイの角の粉末とか、サモア産の種を潰したものとか、インドの軟膏などです――でもその効能は疑っています。良く効く合法的なものが何かありませんか。例えば、ホルモン注射とかシリコン注入とか。よろしくお願いします。次のように署名します。

――ワイオミングの矮小

ワイオミング様　絶好のタイミングで手紙を書いてくださいました。ニューハンプシャー州ポーツマスの女性からあなたの悩みにぴったりの手紙を受け取ったばかりです。さあ、お読みください。

アン・ランダース様　あまり立派なモノをお持ちでない男性を讃えたり、そういう人がいかに最高に満足できる恋人たり得るか、という手紙をあなたが受け取っていないのは信じられません。

そのような投書が紙面に出ないのなら、私のを載せてくださいませんか。

二十五年以上もの間に私には八人（うち三人は夫でしたが）のパートナーがいました。この男性たちは、世の男性のうちのかなりいい例だったと思います。私の経験からして、特に小さなものを持つ男性とのセックスは本当に素晴しかった、と言えます。その人はとても興奮させてもくれました。理由ですか？　彼は、反応が良くて、感じやすくて、やさしく気遣ってくれて、ロマンティックで、こちらの要求に察しが良かったからです。

性的快感は頭の中で惹き起こされるということを理解できていない男性が多すぎます。脳は一番重要な性的な器官なのです。そこですべてが起こります――あるいは起こらないのです。

あなたがいつかこの問題を紙上で話題にしてくださることを望んでいます。最近はサイズばかりが強調され過ぎているようです。この傾向は女性のサイズにしてもそうです。あなたは〝ありのままに語る〟ことで有名ですので、私の手紙を掲載する勇気をおもちでしょう。載せてくだされば、皆さんのお役に立つと思います。

――もちろん匿名

匿名様　「小さいことはいいことだ」という挑発的な言葉を根拠があると証明してくださってありがとうございます。あなたのお蔭で、目を開かれた人がたくさんいるでしょうし、同じように不安を抱えた男性たちが慰められ激励されたと思います。
おかしな〝神話〟を鎮め、多くの人々の自信を高める助けとなる手紙を書いてくださったあなたに、神様のお恵みがありますように。

アン・ランダース様　よいモノを持っていないので気にしていた例の男性に、素晴しい回答をどうもどうもありがとう。あなたは、「小さいことはいいことだ」と言ってくださいましたが、それはなかなかの答えですよ。いわゆる〝大きい〟かどうかで決まるロッカールーム型序列が、男性の自尊心をずたずたにして、人間性を失わせかねないのです。この種の劣等感は、不幸なことに一生続く可能性があります。

あなたの分別ある、自信を取り戻させてくれる言葉に、俺も捨てたものではないぞ、と感じた男性がたくさんいたと思いますよ。そんな我々みんなからお礼を言います。

――オレゴン州セイラム

セイラム様　書いてくださってありがとう。ほかにもたくさんの人がお手紙をくれました。ところで、男性からよりも女性からの手紙の方が多いのですが、信じられますか。読み続けてください。

アン・ランダース様　私は八年間、誠実な種馬のような男と結婚していました。彼は自分の〝大きさ〟をものすごく自慢に思っていて、自分を〝天下の逸品〟とも考えていました。この男は、「俺みたいな男と結婚できて、お前は運がいいんだぞ」と言い続けていました。でも、性生活は地獄でした。私は夜、ベッドに行くのがひどく怖くてたまりませんでした。それなのに、いつも夫は私を追いかけてきました。事態はだんだん悪くなってゆき、結局離婚しました。その後で、〝アンディ〟に会いましたが、彼は驚くほど優しくて、察しが良く、思いやりがあります。それに、彼の大きさが控えめなのでほっとしました。この人はどの点から見ても驚くほどいいんです。今まで、これほど幸せなことは一度もありませんでした。

――ニューオルリンズ

クリーブランド「『ワイオミングの矮小』さん、大きさは、愛とか愛情深さには何の関係もない、ということを分かってください。私は結婚前も結婚している時も含めて、数人の男性と付き合ってきましたが、巨大なモノを持つ人は愛人としては最悪で、最小な人こそが最高、という事実を立証できます。〝大きな〟男は、ほとんど例外なく、自分たちが女性にとっては〝神からの賜物〟だから、そこにいるだけでいい、と考えていました。こういう男は例外なく最悪に自己中心的で、独りよがりで、さらに付け加えるなら、全然良くありませんでした」。

イリノイ州エルジン「『矮小』さんは、とりわけ度胸が小さいようですね。僕のモノもどちらかと言えば小さい方ですが、女性が文句を言ったり、ベッドから笑いながら逃げ出したことはありません。たいていの女性は初めのうちは自分の方が駄目なのではないか、ということばかり気にしています。エイズのお蔭で、貞節の方がいいという考えがまた巻き返してきています。それを考えると、いろいろな比較をするための風潮を作り出していたはっきりしたサンプリングなどは、もうなくなるのではないでしょうか。この傾向は男性にも女性にも大変なプラスで、これからは以前よりずっと理性的にお互いの相性を見極められます」。

シアトル「私は少なくとも二十人の男性と性的関係をもってきました。アン、読者の皆さんに、付き合っている男性が本当に好きならば、大きさなど何の意味もない、とお伝えください。大事なのは、優しさ、心の寛さ、思いやりと、何よりもきちんとしていることです。例外なしに、非常に控えめなものを持っている男性たちが一番満足させてくれました。私はそういう人の一人と結婚しました」。

ソルトレイクシティ　「『ソルトレイク・トリビューン』紙のあなたの最近のコラムが、『短小男性は愛するのが上手かも』という見出しになっていました。〝大き過ぎるモノ〟持ちの男性としての個人的な経験から、我々は愛し方が最悪なのかもしれない、と言わせてください。

自惚れていると思われたくはありませんが、普通の人よりたくさん愛人がいます。しかし、ほとんど例外なくその女性たちは、セックスが気持ち良くないとか、非常に苦痛だと文句を言いました。もしペニスを小さくする外科的な処置が可能なら、喜んで受けます。あなたがコラムの中で言っていたように、アン、『小さいことはいいこと』です」。

☕ ☕ ☕ ☕ ☕

アン・ランダース様　私は夫と死別してから九年になります。主人は体格が大きくがっしりして均整のとれた人で、恋人としても素晴しい人でした。主人が亡くなったあと最初にした恋愛は、相手の選び方に失敗して、すぐに付き合いを終わらせました。でも、その彼との愛の生活は非常に満足のいくものでした。

次の、今一年以上付き合っている男性は、私を上手に扱ってくれ、共通の趣味がたくさんあります。これからの人生を彼〝バート〟と本当に満足して暮らしていけると思います、ある一点以外は。つまり、私は彼とのセックスを楽しめないのです。

初めての時、ひどくがっかりして、真剣に彼と別れることを考えましたが、彼の魅力の数々が思いとどまらせました。彼の人間的魅力やたくさんある素晴しい長所の方がベッドでの彼のまずさより大事だと自分に言い聞かせていますが、あまりうまくいっていません。そうは言っても、彼のが大きくないのは、彼のせいではないのですが……。

最近、バートは結婚を口にしています。私の家族も友達も、彼を驚くほどいい人だと思っていて、本当に運がいいわね、と言っています。私の方も、人生が彼の人生とますます絡み合ってきているのに気づいています。まわりの人たちも、私たちを〝カップル〟と考え始めています。

私はバートを愛していますし、万一別れたら本当に寂しいと思うでしょうが、このセックスの問題だけはどうしたらいいか分かりません。彼は私の気持ちにあまり気づいていませんので、何か言って彼を傷つけたくありません。きっと彼は、自分はセックスが上手だと思い込んでいると思います。実を言うと、私は彼の自尊心を鼓舞するために、セックスに夢中になっているふりをずっとしているのです。彼はあらゆるバリエーションを試して、私を喜ばせることがすごく大事なんだ、なんて言っているんですが、どれもうまくいってはいないのです。彼の身体の構造は彼がどうこうできません。どうしたらいいでしょうか。

――ウィスコンシンの一女性

一女性様　バートについての悩みは、〝大きさ〟と言っていらっしゃいますね。その点では、現実は現実ですと答えるしかありません――でも、きちんと教えてあげれば、あなたが重大な欠陥だと感じていることを、彼は埋め合わせていけるのではありませんか。あなたがおっしゃった理由でこの男性と結婚する機会をパスしたら、本当に狂気の沙汰ですよ。

セックスのこととなると、読者の皆様は、何が刺激的で、何が変態で、何がどうなのかなど、知りたがっていらっしゃいます。次の手紙をお読みになって、ご自分で判断してください。

アン・ランダース様　結婚して二十年になります。二人の可愛い子供がいて、私たちは大変運がいいと思っています。私たちの悩みは、牧師さんには相談できない類いのことなのです。大変重要なので解決策が必要で、アン・ランダースより適任の人は考えつきません。

妻はベッド以外の場所でのセックスは、聖書に照らして罰当たりだ、と信じています。私は、場所を変えた方がもっと快感が湧くかもしれないし、誰にも見られなければ少しもモラルに反していない、と主張しています。

私の考えている場所は、車です。うちには、ドアに頑丈な鍵の掛かる車庫があります。誰も入って来る恐れはありません。

私は敬虔なクリスチャンなので、このことに関して聖書はどう言っているか知りたいのです。

宗教学者に聞いていただけませんか。

――ケンタッキーでマル秘

マル秘様　聖書は自動車に先立つこと数千年ほど前に書かれているので、キリスト教の学者を煩わす必要は全くありません。

私の意見でいいとおっしゃるなら、申し上げましょう。「結婚している夫婦はどこででも、ご自分たちの選んだところでセックスしても全く問題ありません、それが人目につかず、安全で、そこそこ快適、という条件付きなら」です。

アン・ランダース様　自動車の中でセックスしたいという男性からの手紙に興味をもちました。奥さんはそれを後ろめたく感じていて、それがいいことなのかどうか知りたがっていらっしゃいましたね。あなたは、人目につかず、危険がなく、そこそこ快適ならば、他人の出る幕ではないとおっしゃっていました。

私は稀にみる素晴しい女性と結婚しました。彼女は、いつでもどんなところでもセックスすることに全くこだわりがなく、いそいそと、しかも意欲的でもありました。実際、私たちは非常に扇情的な状況を考え出しました。かなりたくさん旅行もしました。そして、森のあるところ、砂浜、静かな湖や心誘われるモーテルなどに出くわすと、昼日中でも、私たちは道を外れることがよくありました。時折、気分が乗ってきて、今言ったようなものがない時は、車を使いました。

このようなことが、私たちが六十代になるまで続きました。その頃に、最愛の妻は他界してしまいましたが、私たちは知り合いの誰よりも健康的な性生活をしていたようにずっと思っていました。私たちはいつでもその気になれたからです。セックスはいつも予測不能で空想に耽けれて、楽しみを与えてくれました。私たちのセックスの相性は生活のあらゆる場に溢れていて、天国にいるように幸せでした。次のように私を呼んでください。

――素晴しい数々の思い出をもつ者、と。

思い出様　ぴったり合う人をお互いに見つけられて、本当に運の良い方ですね。完璧な組み合わせでしたね。羨ましく思っている方がたくさんいることでしょう、特に次の手紙を書いてきた男性などは……

アン・ランダース様　結婚して十四年になります。〝ジョアン〟と結婚した時、彼女が処女だったので、ご褒美をもらった、と思いました。しかし今は、本当にそうだったのかな、と思っています。

私たちは毎週土曜日の朝、きっかり同じ時間に、同じベッドで、同じやり方で、愛を交わします。バリエーションを少し試してみよう、という私からの提案はことごとく、妻からひどく非難されます。「そんなの下品よ！　不道徳よ！　あなた頭がおかしいんじゃないの？」てな具合です。

アン、私は気が触れてはいませんし、極端なことにも興味がありません。いつもと同じの機械的な決まり切ったセックスに飽きているだけです。何か役に立ちそうなことを教えてくださいませんか。

――ウィスコンシン州ミルウォーキー

ミルウォーキー様　あなたのおっしゃる〝バリエーション〟がどんな意味か分かりません。その言葉は広い範囲の活動を意味しますよ。

本屋に行って、奥様にあげるのに一番ふさわしい本をお探しなさい。それを読んで、奥様が見る必要のあるところにアンダーラインをお引きなさい。ハードコアポルノグラフィーは避けて、出来のいいセックスマニュアルを選んでください。両者は全然違うので気をつけて。

アン・ランダース様　しばらく前、ご主人がセックスにスパイスを効かせたいと思っている奥さんからの手紙を載せていらっしゃいましたね。ご主人は奥さんの手足を絹のスカーフで縛ると言って聞かず、奥さんの方はそれは〝サディスティック〟だと言って、拒否していて、あなたはその男性の方を〝頭がおかしい〟と言っていましたね。

緊縛というのは楽しいものですよ。ガールフレンドと私は、何年もそれを楽しんでいます。時には役割を交代します。彼女が縛る人、私が縛られる方という具合です。叩いたり、殴ったり、乳首を洗濯ばさみで挟むようなことはありません。キーワードは「合意」です。

〝ロールプレイ〟という遊びもします。交代で演じる状況を創り上げるものです。例えば、バーで彼女を引っかけて、彼女の方は娼婦のふりをする、という具合です。私たちは決めた役割を演じますが、とても刺激的です。別のシナリオでは、彼女は寂しいＯＬで、どうして私は恋愛に縁がないの、と思いながら、また独りぼっちの夜を過ごしている。すると、魅力的な男性が暖炉を直しにやってくる、などです。それから先は勝手に想像してください。当然ながら、このゲームは万人向きではありませんが、信じられないほど、セックスを官能的なものにしてくれます。

――カリフォルニア州ウッドランドヒルズの快楽主義者

ウッディ様　この話題について投書してきた郵便の多さには度肝を抜かれました。合衆国やカナダでこれほど多くの人々が、お互いを縛り合っているなどとは考えてもみませんでした。こちらからの結論は、たとえ何があなた方を興奮させようともオーケーです、合意があり、鞭も、クサリも使わず、相手にひどい苦痛を与えない限りは、です。

アン・ランダース様　私たちは結婚して一年ちょっとで、赤ちゃんも生まれていてとても幸せです。

〝メル〟には小さい時に始めた趣味があります。結婚する前から私は知っていましたので、文句を言っている訳ではありません。彼は女性の服を着るのが好きなのです。私の目の前でそうしないならいいわよ、と彼に言ってあります。

赤ちゃんが生まれてからは私は家にいることが多くなっていますが、それが悩みになっています。メルが変装できないのです。それで彼はいらいらして、短気になっています。どうしてそんなことをしたいのか聞きましたら、分からないと言います。昨晩はメルが女装できるように赤ちゃんを母のところに連れて行きました。帰宅すると、彼がブロンドのかつらをかぶり、綺麗なスパンコールを散りばめたガウンを着て、ハイヒールをはき、羽根の襟巻きを巻いていました。知り合いの女性たちよりずっと綺麗でした。化粧もとても上手です。子供がまだ幼くて、自分の父親がそんな格好をしていることを多分覚えていられなくて、良かった、と思っています。

どうして男性にはこんなことをしたがる人がいるのでしょうか。主人は絶対に同性愛者ではありませんし、私の知っている人のうちで一番男っぽい男性なのですが。

——アメリカ合衆国、メルの家内

メルの奥様　異性の服を着る趣味に関してのこの国の第一人者の一人に照会しました。数年前私が彼の名を出したせいで手紙が殺到して大変な目に会ったので、今回は名前を出さない条件で答えてくれました。X博士によれば、服装倒錯者にはいろいろなタイプがあり、大部分の人は結婚していて子供もいるそうです。また、同性愛者の人もいますが、多くは異性愛者だそうです。

初めて女性の服を着た時の経験を質問されると、ほとんどの人は、彼らに女の子の服を着せたのは女性で、たいていは、からかうのが目的だった、と答えています。また、女装する人たちはほとんど例外なく、父親のことを冷たくて、子供と距離があって、強圧的で、口を利こうともしない人だと思っています。父親に受け入れられたいという気持ちが強烈になって、それがエロティックな欲求不満感を創り出すのです。彼らはドレスアップすると精神的に解放されるのだそうです。

服装倒錯者の中には、姉妹が〝パパのお気に入り〟だったので女の子の服を着始め、女の子になれば特別扱いしてもらえるのではないかと思った、と言っている人もいます。

この倒錯行為は根が深く、ほとんど一生変えられない、という事実を受け入れてください。ご主人は結婚前にあなたに打ち明けているのですから、善悪の判断をしないようにしてみてごらんなさい。

アン・ランダース様　男性が女装することについて、問題点をよく把握した回答を、非常に興味をもって読みました。

私も長年そういうことをしていますので、この件については本当に世間に知られていない、と申し上げられます。正しい情報に耳を貸したがらない人たちも少なからずいます。そういう人たちはどちらかと言えば、先入観をもち続けていたいと思っているようです。

私はずっとこのことと闘っていますが、絶対にやめられないのですよ、アン。

どの点でも私はごく普通です。ただ女性のように装うのが大好きで、何があってもそれを変えられないだろうという点を除いては。

私は牧師の息子で、大卒で、ヴェトナム戦帰還兵で、ボーイスカウトの指導者で、十二年間幸せな結婚してもいます。子供は二人いますが、二人とも出来の良い学生で、私は立派な市民だと考えられています。

妻は、女装するなんて気味が悪い、と考えていて、目の前でされたら耐えられないと言っています。私は、彼女をとても尊敬しているので、彼女の願いを無視する訳にはいきません。

結婚の初期には妻は精神科医に診てもらうように言い張りましたが、その医者は、プライベートでそういうことをしている限り、あなたのしていることには、良くないとか、気持ち悪いとか、人に危害を加えるようなところは何も見つからない、と言ってくれました。アン、私や私以外の女装をする人たちが、後ろめたかったり、少しおかしいのではないかとあまり悩まないように手助けしてくださって感謝しています。

——カリフォルニア州、アンの永遠のファン

永遠様　異性の服を着たがる人たちについては驚くほど誤解がたくさんあり、その主なものは、彼らが全員同性愛者である、というものです。このコラムの目的は皆様にいろいろお教えすることです。ですから、それをしようとしているだけです。気づかせてくださってありがとうございます。

アン・ランダース様　私は二十三歳の魅力的な女性で、とてもいい仕事を持ち、銀行に預金もあり、素晴しいフィアンセがいます。ですから、私にはこの世で悩むものは何もないとお思いでしょうが、私のフェチについてフィアンセにどう打ち明けたらいいか分からなくて、神経がすっかり参っています。

ひどくストレスを感じていたり疲れていたりすると、私は赤ちゃんのような服を着て、赤ちゃんぽく振る舞います。大人用のおむつを持っていますし、オムツカバー、幼児用パジャマなども、持っています。そういうのを身につけ、ビンからベイビーフードを自分に食べさせ、哺乳瓶でジュースを飲みます。それから、おしゃぶりを持ち、〝毛布ちゃん〟を抱えて眠ります。

こうすると、優しいお父さんに世話をしてもらっているように思えるので、心が和《な》ごむのです。そして、朝、気分爽やかに目を覚まし、進んで自分のすべきことをきちんとできるのです。

このフェチは子供の頃から続いています。私は一人っ子で、とても幼い時母が亡くなりました。そこで、父が一人で育ててくれました。彼は長時間働いていましたので、私たちが会話を交わせる時間は夜だけでした。父は仕事から帰ってきたらまず、私がおねしょをしていたので、おむつを替えてくれました。十二歳になっておねしょをしなくなってからは、父からいろいろ世話をされることはなくなりました。時々、パジャマの下におむつをしましたが、父に見つかっておむつを捨てられてからやめました。この倒錯を除けば、私は全く正常ですが、フィアンセに隠し通せないのは分かっています。ただ、彼に告白する勇気を奮い起こせないのです。それで、是非助けていただきたいのです。ご助言をお願いします。　――オハイオ州、二十三歳の赤ちゃん

オハイオ様　まず、あなたはお一人ではないと知ってください。女性にも男性にも赤ちゃんフェチの人がいます。実際、数年前、トークショーで、五人の成人男性がおむつを交《か》い、赤ちゃん用の帽子をかぶり、ガラガラを鳴らし、哺乳瓶からミルクを飲んでいるのを見ました。その人た

ちはみな、赤ちゃんの服を着ると緊張がほぐれ、満足感と幸福感を感じる、とはっきり言っていましたよ。

私が話を聞いた精神科医たちによると、幼稚症には害はないが、配偶者がびっくりしないように、結婚前にこのフェチについて知らせておいた方がいいだろう、ということです。

追伸　十二歳まで娘におむつを交う父親というのはどうかしていますが、今回の話題ではないので触れないでおきます。

アン・ランダース様　ポルノは中毒になることはありますか。私のボーイフレンドは世界で一番品行方正そうに見えますので、まさかそんなくだらないものの中毒だとは誰も思わないでしょう。

〝ジェフ〟は見たところ少年聖歌隊員のように真面目そうですが、思春期の頃から（今は二十五歳）そういった雑誌を買い続けています。彼はそのコレクションを隠していましたが、最近になってひょんなことから見つけてしまいました。その雑誌類を突き付けますと、怒るわ、弁解がましくなるわで、そのうえ浮気するよりはましなはけ口じゃないか、と開き直る始末でした。あとで、彼は、恥ずかしい、でもどうしようもないんだ、と言いはしましたが。

ジェフが私に満足していないらしいのには、傷つきました。私たちのセックスは大変相性がいいのですが、私は彼の雑誌に載っている女性たちほど綺麗な身体はしていません。彼は否定しているのですが、彼がその女性たちと私を比べていると思わざるを得ません。

私はジェフと別れたくありませんし、そんなくだらないものを買うのをやめさせることもできません。セラピーを受けるように言っていますが、彼は考えようともしません。私は彼を心底愛していますし、別れたら失うものは多いと感じています。どうなっているのか、どうしたらいいのか、教えていただけませんか。

——オハイオで板挟み

板挟み様　ジェフの問題は、未熟だ、ということです。〝禁じられた写真〟だと分かっているもので興奮するなら、彼は思春期の段階から全く抜け出していないのです。

それをあなたの問題にしてはいけません。彼の問題です。ご自分を雑誌の〝ヌード嬢〟と比べるのはおやめなさい（彼女たちの多くは、豊胸手術を受けていますし、ポルノ写真用照明は実際よりずっと綺麗に見せる効果があります）。ジェフには空想に耽らせなさい。いつか彼がもっと大人になって、そんな紙人形に興味をなくして、現実の生活に落ち着くのを待ちましょう。

アン・ランダース様　十五年間、私は主人とポルノ戦争をしています。ひと戦さ終わって、私は勝ったと思いましたが、数カ月後、もっといやらしい雑誌を見つけました。『プレイボーイ』や『ペントハウス』のことを言っているのではありません。本当に吐き気を催させるほどひどく卑猥なエロ本です。それから彼は八ミリ映画、ビデオ、スワッピングカタログにも手を出し始めました。しかし、何より動揺したのは、カタログにペンと便箋が挟んであり、下劣な風俗系の女性の名前のわきに小さな星印を見つけた時でした。

〝ジャック〟と対決したら、男がこういう物に興味があるのは普通のことで、そんな女性たちに手紙を書くつもりはない、と答えたのです。

アン、この問題をどう扱っていいか分かりません。こんなとんでもない物を見つけて、ものすごく傷つき腹も立っています。彼が何を企んでいるのか、前はよく密かに探しまわっていましたが、結果があまりにも不快なので、もうしていません。でも、そういう物はどこにでもあるのです、車の中にも、地下室にも、どこにもかしこにも、です。

私たちの性生活は私にとっても彼にとっても素晴しいものと思っていましたが、どうも私は間違っていたようです。私は、過剰反応しているのでしょうか。三十代後半の既婚の男性には、このような行動は普通のことですか。

——下劣な世界で迷子

迷子様　ジャックがそんなゴミみたいな物に興奮しているからといって、ご自分があまり魅力的ではないのではと悩むのはおやめなさい。私たちはもう、ポルノ愛好者は中毒だと分かっているではありませんか。

彼の〝おもちゃ〟を嗅ぎまわっても捨ててみても、どうにもなりません。この奇癖を、あなたの手に負えないもの、と受け入れてごらんなさい、だってそうなんですから。ポルノ中毒者にはカウンセリングが必要なのです。

絶対に浮気したことのないカップルが陰部ヘルペスに罹ることがあるのでしょうか。実はあるのです。次をお読みください。

アン・ランダース様　私は四十五歳で、結婚して二十六年になります。私たちは三人の可愛い孫たちに恵まれています。私たちの人生は、おいしい桃やクリームのように甘く素晴しいものではありませんでしたが、ここ十三年間はかなりいいと思っていました。

〝ハンク〟は州兵軍に入っています。三十歳の時に参加して、今四十四歳です。彼は、一九九〇年十二月湾岸戦争の「砂漠の嵐」作戦に配属され、六カ月間従軍していました。六月に帰って来て、翌年の二月まではすべてうまくいっていました。その頃ハンクは陰部に痛みが出てきて、一緒に医者に診てもらいに行きましたら、診断は真性の陰部ヘルペスでした。戦争に行っている間に誰かと関係があったのではないかと責めましたが、彼は猛烈に否定しました。今私は、ヘルペスの最初の発症は、普通、セックスをしてから二日から二十六日経ってから出る、ということが分かっています。ということはハンクは国内で誰かと関係をもったということになりますよね。

私たちはその医者に行ってからずっと、生き地獄を味わっています。私は何人かの別の医者に会い、ヘルペスホットラインに電話もしました。私が集めることができた情報は、全部同じことを指摘していました。つまり、ハンクは誰かとセックスをしたに違いない、というものでした。

当然、私も検査を受けました。結果は陰性で、そのことは私には驚きでも何でもありません。誰ともそんなことをしたことはないからです。ハンクの妹（正看護婦）もどうして彼が素直に認めようとしないのか知りたがっています。私は真実を知らなければならないのです。たとえそれがどんなにひどいものであってもです。今の私を参らせているのは、彼の**嘘**そのものなのですから。

今、私は彼のあらゆる行動を疑っていますが、私はハンクをとても愛していて、離婚したくはありません。助けてください。

——トレドでトラブル

トレド様　私の医療顧問たちは、性的ではない肌と肌の接触でヘルペスに罹る可能性は、確率はそう高くはないが皆無ではない、と言っています。あなたは結婚を必死に守りたいと思っていらっしゃるのですから、そのあまり信頼できそうもないご主人と折り合って、彼の言葉を信じることですね。

感染しない方法を婦人科の先生と話し合っていらっしゃると思いますが、まだなら、**直ちに**そうしてください。

アン・ランダース様　この手紙は「トレドでトラブル」さん、二十六年連れ添ったご主人が陰部ヘルペスに罹った方の質問に応えたものです。

私は二十四歳で、結婚して一年目です。もし主人にこれほど理解がなかったら、おそらく今は結婚してはいないでしょう。婚約して三カ月後、私はヘルペスに罹っていると診断されました。〝ボブ〟は私に会う前は、安全なセックスをしていましたが、私はどちらかというと不注意で、いろいろな人と関係していました。私たちは長いこと友達でしたので、彼は私の過去を知っていましたが、それにもかかわらず私を受け入れてくれました。ボブに対してだけは、私はずっと貞淑にしています。

遊びまわっていたからだと彼が思うのではないか、と私は内心びくびくしていました。人生がやっとまともになってきたら、昔の悪行が将来を台無しにしてしまうかもしれないということが、私を叩きのめしたのです。

医者に、フィアンセに対して貞淑にしているのに、どうしてヘルペスに罹ったのか聞きましたら、おそらく以前にヘルペスのウィルスに感染していて、何かのストレスが、それを再発させる引き金になったのではないか、と説明してくれました。

普通の人ならそんなことは信じなかったでしょうが、ボブは私を信じてくれました。私たちは時々症状の突発に耐えて生きてゆかなければなりませんが、何とかやっていく知恵を授かっています。もちろん、私たちは彼が感染しないように非常に注意しています。

主人はめったにいない貴重な人です。私は一生彼にすがりついていくつもりです。

——カリフォルニア州サクラメント

アン・ランダース様　二年前、私は高熱と悪寒とひどい陰部の痛みで身体の具合が悪くなりました。診断は陰部ヘルペスでした。その当時、私たちは結婚して十五年経っていて、主人は私の人生でのたった一人のセックスパートナーでした。彼には何の兆候もありませんでしたので、家庭生活は地獄でした。数人の医者の助力のお蔭で、私たちは陰部ヘルペスについて知識をたくさん得ることができました。

一、主人には結婚前にほかにセックスパートナーがいたので、彼がその時に感染した可能性があります。症状が穏やかなので罹っていると気がつきもしない人たちもいます。しかし、その人たちはキャリアになります。数年後、もう一度穏やかな（気がつかない）発症がありウィルスを移すかもしれません。

二、コンドームはヘルペスに対しては無力です。そのウィルスは陰部全体に巣くっているからです。

三、単純疱疹のあるセックスパートナーがオーラルセックスをすると、相手に移す可能性があります。

四、私は看護婦ですから患者を看護している間に感染してしまったのかもしれません。潔癖なほどよく手を洗いますが、そんなことは全く当てになりません。

どうして私が陰部ヘルペスに罹ったのか依然として分かりませんが、最初の発症以来二度再発しました。主人には全く何の兆候もありません。私は主人以外のセックスパートナーは**絶対にい**

ません。

「トレドでトラブル」さんへ、私はご主人を全面的に信じているとお伝えください。ご主人は浮気をせずにヘルペスに罹った可能性があると思います。だって、そういうことが私にも起こったのですから。

――ルイジアナ州ニューオルリンズ

ニューオルリンズ様　援護射撃をありがとうございます。「トレド」さんのご主人様の言葉を弁護したい読者の方からたくさん手紙をもらっています。その方々も同じ経験をしているからです。読者の皆様（神様の祝福がありますように）は、私にだけでなく、読者の皆様同士でも誠意を見せ合ってくださっているのです。

アン・ランダース様　二十六年間連れ添ったご主人が陰部ヘルペスに罹っている「トレドでトラブル」さんからの手紙を載せていただいてありがとうございます。彼女は、ご主人が浮気をしなかったのにヘルペスに罹る可能性があるのかどうか、知りたがっていらっしゃいましたね。あなたの答えは、確率は小さいが可能性はある、でしたね。

アメリカ社会保健協会としては、この女性の状況にもうすこし情報を加えて考察してみたいと思います。ヘルペスの症状は普通ウィルスに感染してから二日から二十日以内に出てきます。もっと長くかかることもありますが。なかには、ヘルペスのウィルスが初期には非常に穏やかな症状しか起こさないので、気づかずに見過ごしてしまう人がいます。言い換えれば、「トラブル」さんのご主人の場合、初期の発症が軽かったので知らずに数年間そのウィルスが潜伏感染していた可能性があります。そして、「砂漠の嵐」作戦に従軍していたストレスがそのウィルスを再活性化させたのかもしれません。

時には、オーラルセックス中に単純疱疹接触から陰部ヘルペスに感染する人がいます（普通の人は、単純疱疹をヘルペス単純ウィルスと結び付けて考えませんから、それが陰部ヘルペスの原因だとは決して考えません）。あなたが「トラブル」さんに説明なさったことも含めて、いろいろの説があります。問題は、何が本当の原因か分からない場合が多いということです。

読者の方々の中にも陰部ヘルペスに罹っている方がたくさんいらっしゃいますよ、アン。その人たちにとって、この感染にまつわって出てくる問題は深刻で複雑です。どうか、適切な援助が受けられます、と皆さんにお伝えください。アメリカ社会保健協会は、ヘルペスに関心のある方にパンフレット、テープ、本、電話相談や医者への紹介サービスなどをしています。

無料で詳しい情報をご希望の場合は、左記の住所に一ドル（郵便料金と手数料）をお送りください。

——アメリカ社会保健協会専務理事、ペギー・クラーク

ASHA, Department HRC, P.O. Box 133827, Research Triangle Park, NC 27709

ペギー様　あなたのお手紙は、どうしたらいいか、どこに相談したらいいか、全く分からなかった読者の皆様には大変ありがたいものです。今日あなたがしてくださったご厚意に、感謝申し上げます。

アン・ランダース様　最近、ご主人が陰部ヘルペスに罹っているという「ウィスコンシンの女」と名乗る方からの手紙を載せていらっしゃいましたね。その方は、ご主人が発症している間は性的接触は避けているので、感染せずにいる、とおっしゃっていました。

実は重要なことですが、陰部ヘルペスに感染している人は感染の身体的症状が全くない間も、相当量のウィルスを放出している、と現在科学者たちは考えています。これは〝無症候性漏出〟と言います。つまり、ヘルペスに感染している人は全く兆候が出ていなくてもウィルスを移す可能性がある、ということです。

研究者の中には、ヘルペスの新しい患者のうち六〇から七〇パーセントもの人たちが無症候性漏出中の感染者との性的接触で感染したのではないか、と考えている人もいます。どうかこのことを読者の方々にはっきりお知らせください。そうすれば、ヘルペスの症状が身体に出ていないから絶対に感染しない、と安心できないとお分かりになるでしょう。

一九九四年十月、フロリダのオーランダーで開かれた第三四回抗菌薬品と化学療法に関する科学間学会で発表されたデータによると、無症候性漏出はヘルペス治療に現在使われている抗ウィルス剤アシクロビルによる治療を毎日続ければ、九五パーセント減らせるそうです。しかしながら、学者たちにもまだこの薬が感染も防ぐかどうかははっきり分かっていない、そうです。

アン、あなたは陰部ヘルペスについて読者の方々にいろいろお教えすることに好成績を上げていらっしゃいますが、このウィルスに感染しているアメリカ人は三千万人以上もいるのですから、まだ感染してない人たちが、「ウィスコンシン」さんのように、知らずに身を危険にさらし続けているかもしれないのです。どうぞ私たちに信頼できる情報を送り続けてください。

――ノースカロライナの読者

ノースカロライナ様　読者の皆様にご教示する機会をもう一度与えてくださってありがとうございます。ヘルペスに感染している人も二、三の簡単な医学的な指導に従えば、ほとんど普通の生活が送れるということを頭に入れておいてください。鍵はもちろん、何百万人もの人々の人生を変えている、真の奇跡の薬アシクロビルです。

アン・ランダース様　私は二十歳の大学二年生で、男女共同の学生寮で三百人の学生と生活しています。去年パーティーで、別の大学のなかなかきちんとした男性に会いました。しかし、私は初めてのデートで彼と寝るという馬鹿なことをしてしまいました。彼は私がとても気に入っていて、もう一度デートに誘ってくれるだろう、と思ったのですが、間違っていました。彼は私のことを、簡単に落ちる女だ、と考えていただけなのでしょうね。

いい経験だった、ということにしてこのことを忘れられたらいいのですが、できません。陰部のウィルス性イボを移されたのです。

アン、以前陰部イボなど聞いたこともありませんでしたが、今やその筋の専門家になっています。それはどこにもある最もありふれた性感染症の一つです。非常に感染力が強いのに、エイズのように新聞で大見出しで報じられないのは残念なことです。コンドームを使っても陰部イボになります。このウィルスに感染すると、何年も身体の中に留まっていて、治療しないとそのイボが細胞変化を起こし、子宮頸部癌に進行することもあります。妊娠すれば胎児にそのウィルスを移す可能性があります。

アン、私は怖くて死にそうです。学校に集中できません。もう一度健康体に戻れるなら、何をあげてもいいです。今、家族が支えになってくれていますので、感謝しています。

さて、私が付き合ったあの男はどうなっているか、ですか？　彼は相変わらずあちこちに出没していて、依然として女の子をモノにしています。彼に何が起こっても私の知ったことではありません、もちろんそういう考え方はいいことではありませんが。でも、今週の週末に彼が多分うまいことを言ってパンツを脱がせる女の子が気の毒です。

どうぞ読者の皆さんにこの病気は深刻なものだと伝えてください。命にかかわるかもしれません。セックスなど、私が払っている代償に比べたら全くつまらないものです。

——独りぼっちで傷ついて

独りぼっち様　あなたのつらさは分かりますが、あなたの態度は陰部イボと同じくらい破滅的です。こんなことで人生を駄目にしてはいけません。HPV（人乳頭腫ウィルス）、つまり陰部イボの原因となるウィルスは治療でき、簡単に抑えることができるのです。どうぞ有能な婦人科医に診てもらってください。治療してもその厄介なものを根絶はできないかもしれませんが、気分はずっと良くなるでしょう。いろいろ情報を手に入れて賢くなってください。お手紙ありがとうございました。幸運をお祈りします。

年を取り過ぎるとセックスができなくなるということがそもそもあるのでしょうか？　健康なら、そんなことはありません。性機能は八十代、九十代になっても持続する可能性があります。

アン・ランダース様　年配の方々が、セックスを楽しんでいるけれど若い頃ほど頻繁ではない、と言っている手紙を何通か載せていらっしゃいましたね。でも、そんな手紙は私とは関係のないことだとあなたにお伝えできて、嬉しく思っています。

妻は数年前に亡くなりました。その時私は六十七歳でしたが、数カ月後、素晴しい容姿の非常に知的な離婚女性に出会いました。年齢はほぼ同じです。

数カ月間彼女に言い寄って、私たちは恋人になりました。一九八二年の大晦日に、結ばれるたびに封筒に一ドル入れよう、と一人が提案しました。そして一九八三年に何かばかばかしいほど贅沢なことにそのお金を使おう、ということにしました（一月五日にはもう封筒に三ドル入っていました）。

八三年の大晦日には、封筒に一七四ドルありました。パートナーは、少なくとも三〇ドルごまかしているのではないか、と私に文句を言いました。その非難を褒め言葉と考えて、彼女にそのお金を全部あげて、何か馬鹿げたことに使ったら、と言いました。この話はあなたの統計に何か役立ちますか、アニーおばあちゃん？

——サクラメント、ピンピン元気

元気様　上方修正が必要ですね。情報提供をありがとうございます、ロメオ様。

アン・ランダース様　私には大事な友達がいますが、頭がおかしくなりそうなことを言っています。彼女を〝ティリー〟と呼ぶことにしますが、彼女とご主人は結婚五十七周年を祝ったばかりで、二人とも七十九歳です。

ティリーはご主人の性衝動が最近弱くなってきていると気を揉んでいます。彼女によると、彼は目の前からいなくなったことはないから、絶対浮気をしている訳ではない、そうです。年を取ったのだから仕方がないじゃないの、と説明してみましたが、彼女は、私はそっちの方では弱っていない、と言い張って、どうしてご主人が弱っているのかを知りたがっています。ご意見をいただけませんか。

——ニューイングランドで内緒話

内緒様　七十九歳の男性が、二十二歳の時のようにできると期待されては気の毒です。ティリーがご自分がそっちの方では衰えていないと思っていらっしゃるのは、素晴しいことですが、私は、彼女の記憶が昔ほど良くないのではないか、と思いますよ。

アン・ランダース様　婚前交渉や婚外交渉についてはあなたのコラムではよく扱われていて、いろいろと助言がありますが、婚後交渉はどうでしょうか。晩年の性生活をどう計画したらいいのか、どなたも大人たちには忠告したがらないように思えます。アン・ランダース、あなたならこの問題にどうご助言くださいますか。

幸せな結婚を三十年続けてきて、妻を失いました。同じように幸せな結婚を三十二年続けてぃた女友達が、ご主人を亡くしました。私たちは二人とも六十代前半で、彼女の方は出産可能年齢はとうに過ぎていますので、妊娠の心配はありません。ええ、お察しの通り、性関係があるのですが、道徳的には姦通していることになります。

私たちはまだホルモンが溢れ出ていて、そちらの方を大いに楽しみたいと思いますので、禁欲するのは論外です。人間が配偶者として、また親としての義務を終えたあとは、愛したり生きたりするのをやめるように創造主が意図していたとは、どうもしても信じられません。私は、人生の黄金時代にどうして性生活を十分に楽しむのをやめてしまわなければならないのか、理解に苦しみます。説明していただけませんか。

――サウスダコタ州スーフォールズ、したくていつもむらむら

むらむら様　あなた方の関係は、両方ともお連れ合いが亡くなっているのですから、姦通ではありません。

厳格な原理主義者なら、あなた方が結婚外でセックスしているので、姦淫の罪を犯していると

断罪するでしょうけれど。お二人のどちらかに罪の意識があるならば、牧師さんにご相談なさい。そうでなければ、他人の出る幕ではありません。

アン・ランダース様　健康なのに不能の中年男性が増えている問題に、真剣に取り組んでいただけませんか。

私は四十代前半で離婚経験者ですが、最近二年間に三人のバッテリー切れに出会いました。ワクワクするような経験を期待して気持ちを昂めていったのに、相手の男性が「ごめん、駄目なんだ」と恥ずかしそうに言うのを聞いたら、どんなにがっかりするか、想像できますか。

いとこから悲痛な電話をもらったばかりですが、彼女も最近、同じような悪夢を経験しているそうです。数カ月付き合っている彼女の男性の友人は、非常に優しくしてくれ、精神的に安定していて、健康そうに見えたそうです。ですが、長いこと楽しみにしていたバーミューダでのロマンティックであるはずの週末が、惨憺たるものだったそうです。彼は〝できなかった〟のです。

こういう男性たちは、自分が不能だと分かっていながら、どうして女性にそんなばつの悪さや欲求不満を経験させるのですか。蔓延しているかに見えるこの現象の原因を、どう説明してくださいますか。この男性たちが助けてもらえる術《すべ》が何かありますか。

——ワシントンで満たされず

満たされていない方へ　インポの男性の中には、その悩みは一時的なもので、一瞬の魔法の力か、新しい相手ができて興奮すればなんとかどんでん返しがあるかもしれない、と期待している人が多いのです。

シカゴのロヨーラ大学の精神科医で性的不能の権威、ドミーナ・レンショー博士によれば、男性の性的不能は今始まったばかりの問題ではなく、昔からあったのに、最近になってようやく、比較的オープンに口にされ始めたにすぎない、ということです。

不能の男性は、身体的な問題が全くないか確かめるために、泌尿器科の医師に診てもらうといいでしょう。もしその面の問題が何もなければ、心理学者やセックスセラピストの助けを借りる必要があります。また、アルコール消費量について少し考えた方がいいかもしれません。不能はお酒の飲み過ぎに起因する可能性があります。一、二杯のお酒は心を解きほぐしてくれますが、それ以上飲むと、不能になることがあります。

処方箋なしで買える睡眠薬も、性衝動を失わせることがあります。高血圧を下げる薬が疑わしければ、別の薬に替えると問題が解決することがよくあります。また、時間をかけて協力をいとわない親切な医者ならば奇跡を起こしてくれるかもしれません。

アン・ランダース様　私は七十歳の女性で、コロラドに一人（七十二歳）、オレゴンにもう一人（六十九歳）の二人の男友達がいます。彼らは魅力的で面白くて成功しているのですが、二人ともインポだという事実を私は嘆かわしく思っています。残念なことに、二人ともそれを認めて治療を受ける代わりに、弁解がましくなっているのです。この人たちは、私と同様、長く幸せな結婚をしていました。今私は、精神的にも肉体的にも夫になれそうな男性を見つけたいと思っています。この二人の男性はどうにかならないものでしょうか。

よろしくお願いします、アン。私はずっとあなたのナンバーワンのファンでいます。

――バージニアで苦悩中

バージニア様　ボストン大学医学部泌尿器学の教授、アービン・ゴールドシュタイン博士と話をしました。彼は、四十歳から七十歳までの約三千万人のアメリカ男性が性的不能に悩んでいる、と言っていました。まず不能の身体面を治療し、そのあとは心理的な問題を解決する必要があるそうです。

性的不能治療には四つの有効な治療法があります――薬物療法、真空吸引器、バイパス手術、陰茎副木《プロステーシス》挿入手術です。

薬物療法では性交直前にペニスに薬を注入します。八〇パーセントの全面的成功率で、十分な訓練のあとに行われれば一般に危険はありません。

ミネソタ州の性的不能情報センターのウィリアム・フィッチ博士が真空吸引器について教えてくれました。それは外部につけるもので、ほとんどの男性に効き目があります。三〇〇ドルぐらいですが、半永久的に使えます。

バイパスは、不能の原因がペニスに血液を送る動脈損傷の場合の四十歳以下の男性には、最善の手術的処置です。成功率は約七〇から七五パーセントです。

副木挿入は九〇パーセント成功しますが、埋め込み手術を必要としますのでほかの治療法がすべて失敗した時にのみ、お勧めします。

そのお二人の紳士が以上の治療法のどれにも興味がないなら、抱き合ったり、愛撫し合ったり、ただ触れ合うだけでも十分に満足できるものだ、ということを理解なさっていただきたいと思います。それに対する名前が実際にあるのですよ。性交《インターコース》に対して、〝接交《アウターコース》〟と言います。

アン・ランダース様　私は中年（私もそう）の男性に恋をしていて、かれこれ一年ぐらい付き合っています。彼は愛情深い人ですが、私と結婚したいと結構はっきり匂わせているのに、その先に進む努力は何もしていません。

最初、清々しいほど古風な人だなと思い、彼を尊敬しました。あとで、とっても恥ずかしがりやなのだわ、と判断しました、今は、この人はインポテンツにほぼ間違いないと思っています。性的機能障害があっても、私は一向に構わないと、どのように彼に知らせたらいいか教えてくださいませんか。私は、本当に愛しているなら、その人をありのままに受け入れるものだと強く思っています。

セックスはたっぷりあるけれど、愛も信頼も優しさも心遣いもないために壊れてしまう結婚がたくさんありますが、この人の人生を一緒に生き、毎晩彼の腕の中で眠れれば、私には十分です。

心のこもった愛撫、優しい言葉で創り上げられた絆の方が、お互いを気遣うこともない人たちの間でのおぞましい行為よりずっと意味があります。彼が自尊心を失わないように、私の気持ちをどのように伝えたらいいでしょうか。

——サラソタの理解者

サラソタ様　私に書いてくださったように、思っていることをそのまま彼におっしゃい。彼があなたがおっしゃるような面がある人なら、喜びでワクワクなさるのではありませんか。そうすれば、お二人の関係を今よりずっと安定した正直な基盤の上に作り上げられるのではないでしょうか。

アン・ランダース様　「ワシントンで満たされず」さんのためにこの手紙を活字にしてくださるようお願いします。彼女は、〝満たされていない〟と同時に、思いやりはないし、相手の苦しみを気にもかけていませんね。「満たされず」さんは三人のバッテリーの上がった男性に会ったとだけ言って、二年間に何人の充電したバッテリーに出会ったかは、何も言っていませんよね。もしかしたら、彼女の方の充電器が壊れているのではありませんか？

「満たされず」さんへの私の忠告は次の通りです——もし〝満たされた〟関係をお望みなら、辛抱強く、親身になって気遣って、力になってあげてください。そうすれば、一度は切れたバッテリーが非常に敏感に反応することがあるのを知って、びっくりしますよ。

——電池ビンビン

アン・ランダース様　主人のバッテリーは悪性前立腺の手術をした十二年前に切れました。私たちにはもう性交渉はありませんが、愛の生活は前と同じように良好です。前よりいいかもしれません。抱擁やキスや優しさがたっぷりあります。私はそれで十分に満足で、性の交わりなどなくても少しも寂しくはありません。

——順応して幸せ

アン・ランダース様　主人（三十七歳）はインポテンツになっていますが、どこかがおかしいことを認めようとせず、「気が乗らないだけさ」と言っています。

夫が問題を抱えているのを認めたがらない時、妻としてはどうしたらいいでしょうか。私たちの性生活は前はとても良かったので、今の彼の状態のせいで、私はどうしようもなく不幸になっています。彼は今はよそよそしく、ふて腐れてもいます。泌尿器科医は主人には身体に悪いところは全くないと言っています。

助けてください。ほかにどこに相談していいか分からないのです。

——デンバーで絶望的

デンバー様　性的不能についての情報はここ八年の間に雪崩のようにどっと出てきています。専門家たちは昔は、この問題は九〇パーセント、ストレスに関係していると考えていました。現在では、四〇パーセントほどが心配事や精神的な問題が原因になっていると言っています。つまり今では、主な容疑者はアルコール中毒、糖尿病、血管や神経系の異常、前立腺と泌尿器の異常、高血圧と心臓病の薬物治療である、と考えられているのです。

性的不能を大惨事だと考える必要はありません。愛情を込め、創意工夫を豊かにすれば、大いに喜びを経験できます。さらに、しなければ、というプレッシャーがなくなれば、症状が改善することもよくあります。

カンザス州トピーカにあるメニンガー財団の性健康センター長、ウィリアム・シンプソン博士によると、多分ご主人は性欲減退に苦しんでいて、よそよそしくしているのは屈辱を受けないように身構えているためではないか、ということです。博士は、ご主人に有資格のセックスカウンセラーかセックスセラピストに相談するように、と提案しています。


アン・ランダース様　七十歳以上の人たちの活発な性生活についての手紙をたくさん載せていらっしゃいますね。でもその話は嘘だらけで、気分が悪くなって死んでしまうのではないかと思うほどです。

正直に事実を見つめてみましょう。七十歳にもなると、関節炎、膝痛、腰痛になります。男性ホルモンのテストステロンの濃度が四十五歳以降は減少し始めますから当然のことで、何でそう大騒ぎをしているのでしょう。宣伝にはもう少し真実を入れましょうよ、お願いですから。

——カリフォルニア州ディビス

ディビス様　できないと嘆いていても何も始まりません。ブリティッシュコロンビアからのもう一つの意見を読んでください。

アン・ランダース様　アラバマ州ハンツビルの女性読者の一人が、男性のバッテリーが上がる場合、原因はたいていどの場合も〝心理的〟なもの、とその道の権威らしい調子で言って、それから皮肉っぽく、「それは何年もかけてアンが少しづつ広めているせりふですよ。いい加減にしてください」とも付け加えていましたね。

最近、インポのパートナーを捨てる女性がたくさんいますが、それは男性たちのバッテリーが上がったからではなく、彼らが頑張って充電する努力をしようとしないからです。多分、大多数の〝いたしていない〟男性が、治療法は何もないのだ、と考えているのだと思います。でも間違っています。

欲望があるのにする能力を失った場合、原因がすべて頭の中にある訳ではありません。それはある種の機能不全です。年齢だけが不能を引き起こしているのでもありません。

その他の点で健康なら、不能はいろいろな方法で治療可能です。アン、その男性たちに、最新情報に詳しい、有能な泌尿器科の医者に診察してもらうように言ってください。助けは望めば得られるのです。

追伸　奥さんが亡くなってしばらく禁欲していた男性は、別の女性と関係しようとすると、最初はほとんど確実に失敗してしまいます。この状況は一時的なもので、忍耐と激励が必要なのです。

——バンクーバー

バンクーバー様　私は、ずっと、性的不能は治療可能だと言っています。もう一回言っても害にはならないでしょう。機会を与えてくださってありがとう。

アン・ランダース様　数週間前、主人はひどい消化不良の発作を起こしました。彼はそれを軽い心臓発作だと思い込んでいて、それ以来セックスをするのを怖がっています。

私は、何も心配することはない、と一生懸命説明しています。あなたのコラムで、心臓発作を起こしてもセックスは大丈夫だと読んだ記憶があるからです。実際、そのコラムが手元にあれば証拠として役に立つのですが、主人は私を信用しません。

何を言っても、私はお馬鹿さんで、あなたが最高だ、と主人は考えているんです！　助けてください。

——ネバダで自信なし

ネバダ様　あなたの記憶力は確かです。そのコラムを取っておかなかったのは残念ですね。さらに、ハーバード大学医学部の健康レター（一九八六年三月）によると、広く引用された日本の研究が、この問題に関してさらに貴重な情報を提供しているそうです。

日本の研究者たちは急死した五千人の解剖記録を分析しています。このうち、三十四人が性交中に死亡していました。その三十四人のうち、三十人は配偶者以外の人と一緒で、その相手の女性は平均して十八歳年下でした。さらに、全員の血液中のアルコール濃度が酩酊状態の範囲に入っていました。

そこで、私が出した結論は、大酒を飲んだあと、自分よりずっと若い女性との結婚外の情事は致命的になり得る、ということです。

ご主人の掛かりつけのお医者さんに連絡を取ってください。ご主人は、性の営みは心臓発作のあとでも、心理的に有益であるばかりでなく身体にもいいのだ、と専門家から言ってもらう必要がありますから。

一九八四年十一月にある女性からの手紙を載せました。それは、「一〇〇人の女性にセックスをどう思っているか尋ねたら、九八パーセントが『しっかり抱いて優しくしてくれればいいの。行為なんてどうでもいいわ』と答えますよ。賭けてもいいです。信じてくださらないのなら、世論調査をなさったらいかがですか」というものでした。

私は「いいでしょう」と答え、それで、「しっかり抱いてもらい、優しくしてもらえば満足で、行為などどうでもいいですか。イエスかノーかで答えて、『四十歳以上（以下）』と一行添えてください。署名は必要ありません」という質問を出し、それに対する答えを、葉書か手紙に書いて送ってくれるように女性の読者の方々にお願いしました。

皆様、まあ驚いたことに、九万通以上の返事を受け取りました。郵便仕分け室は被災地のようでした。臨時の人を雇わなければなりませんでした。職員は二交替制で週末も働いて、それでも、郵便袋が多産のウサギのように倍々に増えていきました。しかも郵便は至る所から来たのです。

この調査の非常に興味深いところは、世界中の寝室の閉じられたドアの後ろで何が起こっているかについて、一つの見解を出していることだと信じています。性的関係のあるカップル（既婚者も未婚者も）の間での心の通じ合いや充足感（あるいはその欠如）について大切なことを明らかにしています。

答えてくださった女性の七二パーセントが優しく抱かれるだけで満足していて、行為などどうでもいい、と言っていました。その調査の結果に驚いたと思いますか。ええ驚きましたが、ひどく、という訳ではありません。結果がどうなるかの推察はできていたのです。でも私は、九万人以上の女性が、このように非常に個人的な問題についてご自分の気持ちを明かす気になるとは、夢にも思いませんでした。また、それほどたくさんの女性が自分の性生活について語るその割合と情熱は、予想もつかなかったことです。

思いがけなくも暴露された最大の事実は、少なくとも私にとってはですが、その調査が、愛人である相手の男性についても語っていることです。ある三十二歳のアトランタの女性が、それをこんなふうに語っています。つまり、「彼は自分が満足することにだけこだわっています。だったら、どうして私も満足してはいけないのですか」と。

明らかに、楽園では問題が起こっています。

オハイオ州コロンバス　「四十歳以下ですが、私は優しい言葉と心のこもった愛撫で十分です。それ以外は、退屈で、しかも疲れるだけです。性行為というのは、きっと、男性だけが快感を得るように考え出されたものですね」。

アンカレッジ　「四十歳以下（正確には二十六歳）。私は子供が三人欲しいので、今は当然、会話以上のものが必要です。しかし家族ができたあとは、別々の部屋で眠れたらいいと思います。セックスなど私には何の意味もありません」。

コネティカット州ウェストポート　「**イエス**に票を投じます。主人は糖尿病で十年間できないでいます。二十年前でも**イエス**と答えたと思います。健康な時だって、彼は私を喜ばせようなどと、一度も気を遣ったことがありませんでした。主人の病気は神様のお恵みでした」。

カンザスシティー　「私は五十五歳で、答えは**イエス**です。一番いいのは、心遣いのある抱擁、愛撫、優しい言葉です。最初の夫は一週間に五回ほど私を強姦し続けました。知らない人が私をそんなふうに扱ったら、逮捕してもらっていましたよ」。

シカゴ　「優しい言葉も行為もいりません。主人は十年前アルコール中毒のせいでインポになりました。彼から聞きたい言葉は、グッドバイですが、奴は出て行こうとしません」。

モンタナ州ヘレナ　「**ノー**。三十二歳。触ってもらったり、優しい言葉だけで満足だと言うのは、焼き立てのパンの匂いだけで満足して、そのおいしさと栄養を無視するようなものでしょう。そんなことを言う人は頭がおかしいのではないですか」。

テクサカーナ　「**イエス**。優しい抱擁がなければ、その行為は野獣と同じです。長いこと私はセックスが大嫌いで、道具にされていると感じていました。主人が死んでほっとしました。現在の連れ合いは心臓薬を使っていて、それでインポになっています。でも、彼に愛情を込めて抱いてもらうのは、天国にいるような気分です」。

ワシントン　「**イエス**、**イエス**、百万遍も**イエス**！　私は優しく話しかけられたいのです。それで十分です。恋人はひとことも言ってくれません。私が何か言えば、『静かにしろよ。集中できないじゃないか』と言います」。

カリフォルニア州ユーレカ　「六十二歳ですが**ノー**とお答えします。主人が峠を越えていたら、高校生がするようなネッキングだけで我慢するでしょうが、彼が壁をガタガタ言わせ、階下の隣人の目を覚ます元気がある限り、私は行為をしたいと思います。それに、できるならいつでもアンコールに応えます」。

ある男性が、妻がもうセックスには興味をなくしている、と手紙をくださいました。一九八四年の調査のせいで、〝そんなのは全く普通のこと〟と妻が考えている、とその人は嘆いていました。その調査によると、七二パーセントの女性が、〝行為〟よりしっかり抱き締められたり優しく扱われる方がいい、と考えていました。その男性は、「道理で、たくさんの男性が残りの二八パーセントを外で探している訳ですよね」と付け加えてもいました。

彼は「どのくらいの男性が優しく抱かれるだけで満足し、〝行為〟などしなくても構わないと思っているか」を男性読者の皆様に質問してくれるように頼んでいました。
その反応は圧倒されるほどのものでした。六万七、五八八通の返事を受け取りました。そのうちの五千六百人の男性が、ほとんどは六十歳以上の方でしたが、抱き締められるだけで満足し、〝行為〟は忘れても構わない、と言っていました。双方の例をいくつか抜き出してごらんにいれましょう。

ダラス　「年を取れば取るほど時間は長くかかりますが、抱き締めること**しかできなくなる**までは、それだけで満足したくありません」。
インディアナ州ラファイエット　「奥さんを優しく抱き締めるだけで満足している男はどこかほかの所でやっているんですよ」。
ダラス　「優しく抱き締められることは〝行為〟よりずっとロマンティックです。動物でも行為はできますが、愛情のある人間だけがしっかり抱き締め合う快感を経験できます。言葉よりずっと物を言いますよ」。
デモイン　「優しく抱き締められるだけで満足するかだって？　ふざけてませんか。そんなのはとんでもないことだ。私は七十四歳、妻は七十歳。可愛い彼女は五十五歳だよ」
シカゴ　「四人子供ができたあと、妻は私との関係を断ちました。その後三年間、僧侶のように生きましたが、私と同じように満たされていなかった美しい女性に出会いました。今や、毎日が独立記念日のようです」。

ミシガン州ブルームフィールドヒルズ　「最高の快感は、快感を**与える**ことです。この事実を知らない男性を気の毒に思います」。

マサチューセッツ州スプリングフィールド　「どの医者も、活発な性生活が男性の健康を保つと教えてくれます。私は七十六歳で、いつでもセックスできるほど元気です」。

オマハ　「関節炎を抱えている男やもめです。私の掛かっている医師は活発にすべきだと言っています。セックスは室内クロスカントリーよりはいいですよ」。

セントルイス　「〝行為〟なんてやめてしまえ！　二時間の抱擁対たった三〇秒の汗だろう？　よく考えてみる必要などなかったね」。

タルサ　「抱き締められたいだけ、なんて言う人はどうなっているんだろう？　死んでいるのかな？　私の妻は子供が一人生まれたあと、『もういや』と宣《のたま》った。それで、俺をものすごく幸せにしてくれる信じられないほど素晴しい〝友人〟を見つけちゃった」。

マイアミ　「妻は、しっかり抱き締めるのは、〝下部侵攻のための上部説得〟以外の何物でもない、と主張しています」。

サンフランシスコ　「私は尼と結婚しました――『これもあんまり、あれもあんまり』と言っています――それで、昔の恋人を捜し出しました」。

カリフォルニア州ポータービル　「お馬鹿さんたちは優しく抱き締め合えば〝行為〟につながることが分からないんですかね。うちではいつもそうなるんだけど」。

カンザスシティー　「主人に代わってお答えしましょう。主人はどちらもしません。そのせいで私をどこに追い詰めたと思いますか。瀬戸際です」。

マサチューセッツ州ウスター　「昔、あなたは『使え、さもなくば失え』と書いていましたね。使っていますよ。素晴しいですよ。ところで私は八十二歳の男やもめです（名前は明かさないでください。肩書がいろいろありますから）」。

ワシントン　「時間が大打撃になっています。オリバー・ウェンデル・ホームズ判事のあの素晴しい詩の一節、『あぁ、もう一度七十になれたら』を思い出します（私は八十三歳です）」。

モントリオール　「我慢しています、好きでそうしている訳ではありませんが。私の『起《た》て、而して行け』は、起って行ってしまいました」。

アンカレッジ、アーカンサス州スプリングディル、アラバマ州フローレス、ユタ州ミッドベイル、フェニクス、フォートウェイン、ニューヨーク、ボストンから同じ返事　「**絶対ノー**」。

バージニア州ニューポートニューズ　「結婚して四十七年になります。どちらも道を外したことはありません。私たちの愛情は完璧です」。

サウスカロライナ州チャールストン　「この世はみんなが狂ったように盛りがついています。悪いのはテレビです。セックスは生殖のためにあるべきで、リクレーションのためではありません。

聖書は抱擁については何も言っていません。私は五十二歳で結婚していません」。

ロサンゼルス　「最後まで行くつもりがなければ、抱擁などしない方がいいです。予想もしないことが起きますから。うちの学校の女の子たちはみんな懲りてます（十七歳）」。

イリノイ州スプリングフィールド　「私は依然として合流したい衝動はありますが、高血圧の薬のせいで急速に減速しています。妻がとても理解してくれ、私の必要を満足させてくれています」。

メイン州ポートランド　「セックスは今や微罪行為だ、とお聞きになったことがありますか。犯さないと頭がおかしくなるから、ついついしてしまう訳です」。

イリノイ州カーボンデール　「セックスのない抱擁なんて、どのゲームも六回まで見たら帰るようになっている野球のシーズンチケットを持っているようなものですよ。私はノーを選びます」。

フロリダ州オデッサ　「家庭でのセックスが足りていないので、ソープのような店やデートクラブ、コールガールやトップレスバーや売春があるのです。男というものは優しく抱き締め合うだけじゃ、嫌なんですよ。皆さん目を覚ましてください」。

オーストラリア、ブリスベーン　「優しく抱き締められて満足するような奴は、友達付き合い以外何も求めていない訳だ。それだったら犬でも買った方がいい」。

カリフォルニア州ヘメット　「八十歳の妻は、予後療養所でもう先がないほど弱っています。毎日見舞って手を握ってあげます。イエス、彼女をうちの大きくて清潔なベッドに寝かせて、もう一度だけでも抱き締められたら、一緒に死んでもいいほど幸せでしょうに」。

モービル　「妻は五十九歳、私は六十歳です。結婚して四十一年になります。私たちの性生活は昔は満足のいくものでしたが、もういけません。今は、毎週月曜日の朝六時から六時十五分の間だけ時計通りに〝接近〟が許されています。こんなふうですから、どうして驚くほどたくさんのお年寄りが若い女性に興味があるのかが理解できようというものです」

ニューヨーク　「結婚一年後、妻は、『抱き合うだけにしましょうね』と言いました。翌日、私は、彼女のお気に入りのレストランに行こうと誘いました。そこに着くと、席には座るつもりはない、キッチンのそばに立って匂いを嗅ぐだけだ、と彼女に言ってやりましたよ（二人とも四十歳です）」。

オンタリオ州ディープリバー　「妻にセックスさせようとするのは、歯を抜くように苦痛です。真剣に売春宿に行こうかと考えましたが、ここは小さな町です。ここにそのような場所があるかどうか分かりません」。

友へ　これはアンが答えています。ディープリバーの市役所に照会しました（商工会議所が電話帳に載っていませんでしたので）。あなたのおっしゃる通りです。「ここには売春宿などありません、私たちの知る限りでは」という答えをもらいました。

インポテンツ及び性的機能不全に関してさらに情報をご希望の方は、左記にお問い合せください。American Association of Sex Educators, Counselors and Therapists, P.O. Box 238, Mount Vernon,

IA 52314-0238
性感染症に関しては、
American Social Health Association, P.O. Box 13827, Research Triangle Park, NC 27709
(800) 230-6039
National STD Hotline　(800)227-8922

親御さん一人一人と個人的にお話しして、「お宅のお嬢さんや息子さんが初夜まで純潔を守らなくても、あなたが悪いのではありませんよ。決断するのは、彼らなのですから」と言えたら、どんなにかいいのに、と思います。

親の指導や親が手本となるという役割は役に立ちますが、ピルがすべてを変えました。それに、友達からのプレッシャー、広告、映画、テレビの影響や非常に扇情的な音楽があります。肉体的な成熟度という点から見れば、今の十三歳は、四十年前の十六歳ぐらいです。栄養が良くなり医学が進歩したことが早熟の原因になっています。セックスをしたいという衝動が昔より三年早く十代を襲っています。ジュースは溢れ、回線ははち切れんばかりです。しかし身体は準備できているけれど、情緒面はまだ性的関係を扱うには脆すぎることがよくあります。それで、いったん性的に活発になったら最後、止まりません。

どうしたらあなたのお子さんが同じ轍《てつ》を踏まないようにできるでしょうか。できません。

ただ、正直な親子関係を作って、性病、エイズ、妊娠の防ぎ方について教えてやることだけです。また、セックスと愛の違いを説明し、結婚のために自分を大事にすることの大切さを強調してください。

親たるもの、子供たちが自ら選んで親の望まない方向に進んで行ったからといって、見限ってはいけません。また、子供たちが良い忠告を無視して事を起こしても、後ろめたく感じてもいけません。

私の意見では、若者がこのように誰とでも寝てしまう傾向は悲しいことです。それは愛情や心遣いとはほど遠いのです。昔のつつましやかな関係の方がどんなに良かったでしょう。でも、時計を元に戻すことはできません。親には最終責任はありません。結局は、個人一人一人が自分に責任があるのです。

アン・ランダース様　知恵が詰まった貴重な作品だと私が考えているものをあなたにご紹介したいと思います。それはナンシー・カーティス作『十代の嘆き』です。

新しい道徳――つまり自由。
授業――なんて退屈な！
パパやママ――いつも喧嘩ばかり。

宿題——無意味な時間。
しつけ——無駄。
教会——うんざり。
順応——つまらない。
私はもう一人前の女だから。
決心して、そうしたわ。
一時間の愛と快楽。
今、チアーリーダーのセーターが洋服ダンスに掛かっているのを見る自由がある。
棚に置いてある教科書やバスケットボールの予定表も。
仕立てられることのなかったダンスパーティー用のフォーマルドレスの生地も、
私の妊婦服の余り布《きれ》の真ん中にあるので。
ごちゃごちゃの宝石箱の中に見捨てられたバンドや合唱隊でもらったメダルも、
私の窓のそばを通り過ぎる友達も。
学校新聞のゴシップ欄を読んで笑っている
そして次は誰かしらとくすくす笑っている
新しい道徳——自由を経験するのは、と。
掃除——なんて退屈な！
彼——いつも喧嘩ばかり。
アイロン掛け——無意味な時間。
皿洗い——無駄。
料理——うんざり。

セックス――つまらない。
あぁ、神様、そこにいらっしゃるなら、
どうか誰かが、私の手からこの泣いている赤ちゃんを連れて行って
私の足がもう一度踊れるようにしてください。
とても年を取りました。一度も若い時なんてなかったんじゃないかしら。

友へ　この感動的な詩をありがとうございます。(学生の皆さん、聴いていますか? 黙っているところをみると、聞く耳がないんですね)。

ずっと前の一九五九年に、私はある若い女の子に結婚してはいけないと忠告しました。彼女は妊娠していて、親たちは彼女に全く乗り気でない相手の男の子と結婚するように迫っていたのでした。次の読者の方々のご意見をお読みください。

アン・ランダース様　運命を信じますか。ええ、私は信じます――今は。若者が結婚を無理強《じ》いされていいものかどうかについての例の手紙が、私たちが抜き差しならない問題を解決しなければならないちょうどその時、タイミング良くあなたのコラムに出ました。お蔭様で今、私たちはうまく事を運んでいると思っています。

〝嫌々の花婿はひどい亭主になる〟というあなたの言葉は、ドンピシャリでした。それを娘に見せましたら、「アンの言っていることは正しいわ。心の底では、ニックが私と結婚したがっていないのは分かっているわ。これで決まりね」と言いました。

あなたは私たちにどれほど貢献してくださったかご存知ないでしょうね、アン・ランダース様。数カ月悩みましたが、お蔭でやっと家庭に心の平和が戻りました。娘の赤ちゃんは機関を通じて養子に出されることになっていますし、娘は別の町でもう一度人生をやり直します。

――感謝している家族

アン・ランダース様　頭がおかしくなったのですか、それともどうかしたのですか。どうしたら、女の子に結婚もしないで赤ちゃんを産むようになどと忠告できるのですか？

赤ちゃんの親たちが猛烈に愛し合っているかどうかなどは、赤ちゃんが生まれる予定ならば、たいした問題ではありません。この件に関してのあなたの助言は全く我慢なりません。

――アラバマの読者

アン様　よくぞ言ってくださいました。私はショットガンで追い立てられるように無理矢理結婚させられました。その銃が彼にでなく私に向けられていて、誰かが引き金を引いてくれていたらどんなにか良かったのに、とその日以来百万遍も思っています。

ジャックが結婚したがっていないのは分かっていましたが、両親がしつこく結婚を勧めました。母は「子供には名前が必要よ。ほかのことは今はどうでもいいの」と、くどくど言い続けました。私はまだほんの十七歳で、世間知らずの神経質な女の子で、びくびくしていました。だから、ママが一番良く分かっている、と思いました。そのうえ私には家族に大恥をかかせてしまったという後ろめたさもありましたし。誇り高く振る舞えず、ましてや両親と議論することもできませんでした。

十年もの長い間、私はずっと惨めです。あの状況に一人で立ち向かった方がずっと良かったのに、と今は思います。ジャックは夫としても父親としても失格ですが、とにかく私は一人で何とかやっていきます。

——アンナ

アン・ランダース様　あなたは厳罰に処せられるべきです。妊婦に結婚しないように忠告しているあの考え方は何ですか！　その忠告を読んだあと、私は自分の目が悪戯《わるさ》をしているのではないかと確かめるために老眼鏡を取り出して、もう一度よく見ましたよ。

恋愛はとにかく、全くくだらない。何のために結婚しようと、恋愛感情はせいぜい数カ月以上は続きはしないんですよ。才人が言っているように〝結婚は恋というのぼせた精神状態を治すもの〟なのです。だから、子供に合法的な名前をつけるために結婚する方がましでしょう。なによりいい理由じゃないですか。

——超生意気なサル

アン・ランダース様　私は、十七歳で妊娠して、そのため家族に無理矢理結婚させられた馬鹿な女の子の一人です。彼氏は結婚を嫌がり、もし無理矢理結婚させられたら、お前を後悔させてやるぞ、と言っていました。彼は今もその言葉を守っています。

彼は、息子（九歳）に、「俺はお前の母親と無理に結婚させられたんだ」と言い、「お前の母親のような女とかかわり合いになるなよ」と警告しています。可哀想にその子はまだ幼くて、父親が何の話をしているのか分かりませんが、そのうちに分かるでしょう。主人は、俺が稼いだ金は俺のものだ、と言っていますので、私はこの子が生後五週間の時から働かざるを得ませんでした。離婚は私たちの宗教ではできません。私の人生は散々ですが、まだ二十六歳です。

あなたの忠告は最高ですが、私には遅すぎました。

――みじめ

この問題に関して投書して下さった皆様にひとこと　皆様からの手紙では、結婚を強制しないことに賛成が三十五対一の割合になっています。投書してくださった方のほとんどは、直接同様の経験がありました。内側からはどのように見えるか教えてくださってありがとうございます。皆様のお手紙に深く感謝致します。

☕　☕　☕　☕　☕

アン・ランダース様　日曜学校で話し合っている問題があります。そのテーマは「性教育は学校で行われるべきか否か」です。

私が話をしている子供たちのほとんどは賛成ですが、私は反対です。セックスのような個人的な問題は家庭で親から教えられる方がいい、と思っています。賛成してくださいますか。

——反対に一票

反対な方へ　性教育は本来、家で親からされる**べきです**。しかし、救いようのないほど何も知らない親が、多すぎます。

子供たちとセックスについて話し合えない親も中にはいます。彼らは**そのまた**親から植え付けられた昔からのタブーにがんじがらめにされているからです。

学校での性教育に反対の方々に、次のことを申し上げます。

十代の子供たちにセックスについて考えるのはやめるように言うのは、愚かしいことです、非現実的です。彼らはいつもセックスについて**考えています**し、考え続けるでしょう。彼らに必要なのは、それについて**どう**考えたらいいか分かるような正しい情報です。性の問題に関して投書してきた十人の十代の人たちのうち九人が、親とは話し合えない、と言っています。嘆かわしい実態です、本当に。

そういう情報が家庭で手に入らないなら、学校が次善の場所です。

アン・ランダース様　もう心がずたずたです。十六歳の娘がひどいヘルペスに罹っていると診断されたばかりです。

私は取り乱していますし、本当にショックです。〝メリッサ〟は性教育を十分受けていますし、私たちは安全なセックスやコンドームについてよく話し合っていました。どうしてこんなことになったのかと娘に聞きましたら、全然分からない、と答えました。もちろん、メリッサは誰からその病気をもらったか言うつもりはないでしょう。しかし、私は、相手の男の子に伝染病に罹っているとすぐに知らせるべきだ、としつこくしつこく言いました。娘が相手が誰か分かっていて、その相手が何人もいるうちの一人でないことを望んで祈っています。

この悪夢をどう処理したらいいか何か助言をくださいませ。メリッサはセラピストにこのことを話したがっていませんし、私は主人にはとても言えません。怒り狂うのは火を見るより明らかですから。

心の中はむかむかしています、娘のせいだけではなく、この災難の成り行きがどうなるか思い悩んで、です。娘は一生この病気を引きずっていかなければならないでしょうから。また自分にも腹を立てています。娘に分からせられなかった原因が何かあるに違いないからです。

——パサデナ、心配と苦悩

パサデナ様　ご自分を責めるのはおやめなさい、お母さん。これはあなたの落ち度では**ありません**。ヘルペスは死刑の宣告ではありませんよ。世の中にはヘルペスに罹っている人がたくさん、普通の生活をしています。この感染症をうまく抑えていてくれるとても良く効く薬があります。

メリッサはいろいろ学ぶ必要がありますね。お嬢さんが知っておいた方がいい機関の住所を最近載せましたが、もう一度お知らせします。ヘルペスについて無料で詳しい情報が必要な場合は、アメリカ社会保健協会、ヘルペス救援センター*にお問い合せください。

* American Social Health Association/Herpes Resource Center (800) 230-6039

☕ ☕ ☕ ☕ ☕

アン・ランダース様 しばらく前、男の子がガードの固い女の子を落としたい時に言うせりふをいろいろ載せたコラムを書いていらっしゃいましたね。そのせりふのうちの五つが私にも言われたことがあるので非常に印象に残っています。

妹がいますが、彼女に是非そのコラムを見てもらいたいと思っています。切り抜いておけばよかったのですが。そういう訳で、もう一度、載せていただけませんか。

——ニューブランズウイックのモリー

モーリー様 例のコラムは、十代の少女たちに、男の子から言われたせりふを教えてくれるようにお願いした結果出来上がったものです。一万八千通の回答を受け取りました。さあどうぞお読みください——再掲載を頼んでくださってありがとう。

ペンシルバニア州シャロン「何を怖がっているんだい？　もう赤ちゃんはやめなよ。大人になるには必要なことなんだよ」。

ケンタッキー州ルイビル「ほんとに俺を好きなら、するさ。本当の気持ちを表す方法だからな。

この世が始まってからずっと続いているんだよ」。

ホノルル　「男がこんな状態でいて、しないのはつらいんだよ。お前がこんなに燃えさせてるんだぜ。一人前の女だったら、始末はつけてくれるよな」。

アイオワ州マーシャルタウン　「顔の色艶が良くなるんだよ。前に俺がした時の俺の顔色を見せたかったよ。マジで、どんな薬よりいいよ」。

イリノイ州カーボンデール　「お前は、俺が今まで会った女のうちで一番刺激的な女だよ。今までに誰もこんな気持ちにさせてくれなかったよ」。

フロリダ州フォートローダーデール　「人生ってのは実に不確かでさぁ。あした生きているかどうか誰にも分かんないんだよ。最高の快感を経験しないで事故にでも会って死んだら、つまんないだろう?」

メキシコシティー　「ずいぶん堅いんだね。セックスは緊張を思いっきり解放してくれるんだ。とてもリラックスした気分にしてくれるよ」。

ケベック州ガティーノ　「君といつか結婚したいと思っているんだ。だからセックスの相性がいいかどうか確かめた方がいいと思うんだ」。

ニューヨーク州ロチェスター　「君はレスビアンだという噂を聞いてるよ。そうじゃなければ、証明してよ」。

バハマ諸島ナッソー　「君が嫌なら、最後までは行かないって約束するよ。いつでも言ってくれればすぐやめるからさぁ」。

ペンシルバニア州ハリスバーグ　「何も心配しなくてもいいよ。俺、種なしだから」。

トロント　「君だって俺と同じくらいやりたいんじゃないの、分かってるよ。でも、評判を落としたくないんだろう。誓って誰にも言わないからさ。二人だけの秘密にするよ」。

ニュージャージー州シュルースベリー　「僕が欲しいのはセックスじゃないんだよ。君を本当に愛しているからだよ。妊娠したら結婚するよ」。

ノースカロライナ州ダーラム　「君、大人の女の身体してるね。母なる自然が君がセックスできるように作ったんだ。もう準備ができているじゃないか」。

男の子たちからも手紙を何通か受け取っています。次は女の子が使うせりふです。

ニューヨーク州ガーデンシティー　「精神科のお医者さんに診てもらっているの。抑圧され過ぎているって言ってたわ。セックスするといいんですって」。

コネティカット州グリニッチ　「生理痛がひどいのよ。お医者さんはセックスするといいと言ってたわ。知ってる男の子はたくさんいるけど、あなたにこの病気を治してもらいたいのよ」。

（追伸　こう迫られた男の子は「ノー」と言ったそうです。）

アン・ランダース様　僕は馬鹿げた悩みを抱えていて、自分が嫌でたまりません。あんまり恥ずかしくて親には相談できません。アン・ランダース様、あなたが唯一相談できる人です。

僕は十六歳です。すぐにお分かりになると思いますが、僕はとんでもない奴です。マスターベーションが原因でヘルニアをダブルで抱えています。家であなたからの返事を受け取るのは危険ですから、どうかコラムを通じてアドバイスをください。
――役立たず

友へ　一体全体どこでヘルニアがマスターベーションが原因で起こるという考えを吹き込まれたのですか。自慰は成長過程として普通のことです。

普通の少年の約九九パーセント、少女の九〇パーセントがその実体験を通して初めて自分たちの性欲に気がつくのです。

鼠径部に不快感があるなら、すぐに医者の診察を受けてください。驚くほど何も知らないのね、坊や。もっとずっと恐ろしいのは、君と同じくらいほとんど何も知らない子供たちが大勢、世の中で野放しになっていることです。

私が活字にした一番面白い投書の中にメンフィスの十代の人たちから送られた「汝を知るアンケート」があります。それは察するまでもなく町中の話の種となっていたようです。それ以来、〝最新〟版をたくさん受け取っています。しかし、一九六七年に活字になったオリジナルが、当時の状況がどのようなものだったかを物語ってくれています。

アン・ランダース様　ここメンフィスのティーンエイジャーは、あなたはほかの大人とは違って、僕たちの世界に波長を合わせられる人だと考えています。あなたはティーンエイジャーから山のように手紙をもらっているに違いありません。また、あなたは本当に話せるので、たくさんの子供たちと話をしているに違いありません。あなたに知って欲しいので、うちの学校中に広まっているアンケートのコピーをお送りします。これがどこで始まったか誰にもはっきり分かっていませんが、僕の仲間うちでは、男子も女子も、なかなかいいじゃないか、と思っています。

このアンケートについてのあなたのご意見をいただきたいと思います。正直に答えてくださると分かっていますから。家に持って帰って母親の意見を聞きなさいなどと言わないでください。母が見たら気絶して、医者を呼ばなければならなくなります。さあどうぞお読みください。

汝を知るアンケート

（「はい」と答えた人は下の数字を足してください）

一、異性と二人きりで外出したことがある	4
二、キスされたことがある	4
三、ディープキスされたことがある	4
四、椅子にもたれた姿勢でキスされたことがある	5
五、キスマークをつけたこと、または、つけられたことがある	3
六、パジャマ姿でキスされたことがある	2

七、意志に反してキスされたことがある	2
八、一時間以上駐車した車の中にいたことがある	5
九、「愛してる」と言ったことがある	3
十、一人以上の人に「愛してる」と言ったことがある	3
十一、決まった人とデートしたことがある	4
十二、知らない人にナンパされたことがある	7
十三、異性とストリップポーカーをしたことがある	5
十四、最後の一線を越えたことがある	10
十五、最後の一線を越えたい欲望はあったが、なんとか抑えた	2
十六、異性を泣かせたことがある	4
十七、異性に泣かされたことがある	4
十八、タバコを吸う	2
十九、酒を飲む	2
二十、飲んで意識を失ったことがある	6
二一、家族に、どこに行ったか、誰と行ったか、嘘をついたことがある	8
二二、マリワナを吸ったことがある	7
二三、ＬＳＤでラリったことがある	10
二四、家族が結婚させざるを得ないように妊娠しようと考えたことがある	10

得点表

9以下　ひどい変わり者か何か

10から15　吹雪のあとの雪のように清らか
15から25　情熱的だが、お澄まし屋
25から35　普通で慎みがある
35から45　慎みがない
45から55　このままだとヤバイ
55から60　ひどい状態
60以上　大悪党

——普通で慎みがある者

普通で慎みのある方へ　各々のアンケートは各人の得点に基づいて評価されるべきなので、私がこのアンケートを評価することはできません。まあ非常に面白い（少しきわどいですが）と言わせてください。そして、送ってくださってありがとう。

私はずっと同性愛には寛容であるように読者の皆様に助言しています。しかし、私が六十年代前半に初めて同性愛について書き始めた頃は、同性愛は倒錯的精神障害であるというアメリカ精神医学協会の見解に従っていた、と認めます。長い時間をかけて、私は考えを改めました。今は、同性愛は生まれつきのもので、後天的なものではない、遺伝子の構造上の何かが人の性癖を決定している、と信じています。これからの課題は、社会が同性愛者にほかの人たちに対するのと同じような敬意と寛容を示すことです。

次にこの問題について受け取った手紙のうちのいくつかを紹介します。

アン・ランダース様　同性愛についてきちんとした情報を活字にしてくださっているのを見て、嬉しく思います。また、同性愛者からの良識ある手紙を公表してくださって喜んでもいます。私たちレスビアンの間にも、ほかの社会と同様に、おかしな人が一杯いるのは知っています。人をグループに分ける時はいつでも、おかしな人間が混ざるものです。これは、弁護士、医者、教師、同性愛者、スパイ、詩人、ウーマンリブ推進者にも当てはまります――そう、新聞のコラムニストも忘れてはいけませんね。

レスビアンの主な希望は、人間として受け入れてもらうこと、仕事に就くことを許してもらうこと、能力に見合った給料をもらうこと、レスビアンを異常と見なしている異性愛の人たちにおせっかいを焼かないでもらいたいこと、などです。知的だということになっている人たちから私がどんな質問をされたかお知りになったら、びっくりなさいますよ。例えば、同僚の男性は（ある女性――うちの会社に雇われている――との私の関係を知っているのですが）、最近、「どっちが男役かね？」と聞いたのです。こんな誤解が私の血を煮えたぎらせます。あなたは無知のベールを剥ぐ立派な仕事をなさっています、アン、ですからどうぞ、是非続けてください。

――梯子段

梯子段様　続けてやってみます。書いてくださってありがとう。

アン・ランダース様　同性愛者を軽蔑する人たちからの手紙を数通あなたのコラムで読んだことがあります。その人たちは我々から何を望んでいるのでしょうか。我々が監禁され、社会から隔離されれば、満足なんでしょうか。それとも、我々が日の出とともにあっさり射殺された方がいいと思っているのでしょうか。

同性愛者と異性愛者のただ一つの違いは、閉じたドアの後ろですることだけだ、とどうして分からないのでしょうか。我々は彼らを気にしていないのに、どうして彼らは我々のことを気にするのでしょうか。ルームメイトと私はよく異性愛、同性愛両方のカップルをもてなし、たくさん面白い友達がいます。我々は高潔な人間です。異性愛者のふりをして女性と一緒に出歩き、いろいろなパーティーに引きずりまわしたりして、隠れ簑にしたりしません。そんなことをするのは卑しいし、不誠実だと思っているからです。

ゲイの男がみんな女々しくて、なよなよしていているという考え方も馬鹿げています。私の親しい同性愛の男性たちは、容貌も服装も行儀作法も非常に男らしい人が多いですよ。露見しないように男らしくしようと頑張っているのです。

私の知り合いには、社会的に認められた医者、弁護士、教師、牧師や、政治家になっている同性愛者がいます。どんな職業にだっているんです。しかし、政治家が恐喝に気をつけなければならないと同様、専門職の同性愛者も何をされるか分らないので、用心深く正体を隠さなければならないのですよ。情けないことじゃありませんか。

私は、一年間の精神治療のお蔭でありのままの自分を受け入れるようになっています。今は、私を異常だと見ている人との友情は必要ないと考えています。いつか、**すべて**の人が人類にどう貢献しているか、仲間の人間をどう扱っているかによって、評価される日がくるのを望んで祈っています。そうなったら、素晴しいと思いませんか。

——ボーモントで書いて、ニューオルリンズで投函

友へ　おっしゃる通り、素晴しいでしょうね。私はいつか実現すると予言します。

アン・ランダース様　両性愛の女性は、その夫たちだけでなく、ほかの女性も恐慌に陥れます。そんな女性が存在するなど、数年前まで知りもしませんでした。長いこと知り合いの女性から急に私を愛している——しかも前からずっと——と告白された時は、晴天の霹靂でした。どうしていいか分かりませんでした。ショックで唖然として、そんな告白に立ち向かう心の余裕など全くありませんでした。どうやら、私は彼女が送っていたサインを見分けられないほど無邪気すぎたらしいのです。さらには、その出来事すべてが吐き気を催すようでした。言うまでもなく、二人の友情はその時その場で終わりました。

こんな不愉快な話は思い出したくもありませんが、でもどうしたら忘れられるでしょうか。私

は三十五歳で、結婚経験はありません。十代の時から内気で、あまりデートをしたことはありません。男性の魅きつけ方を習ったことはありませんし、これからもないでしょう。仕事で忙しくそこそこ幸せです。彼氏がいたらいいと思いますが、誰も現れなくても死ぬことはないでしょう。どうしたら将来、このような誘いを避けられますか。あんな経験は人生に一回でたくさんです、本当に。

――オールドミスだけれど、しっかり異性愛

異性愛様　その誘いはあなたが招いた訳ではありませんが、もう一回あっても不思議ではありません。最善の防御策は、理由もないのに贈り物を買ってくれたり、一緒に旅行しようと言い出したり、レスビアンを話題にする女性には、警戒することです。

異性愛の女性の間でキスしたり抱き合ったりするのは、私たちの文化ではごくありふれたことなので、過剰だとあなたが思うならばともかく、これはあまり手掛かりにはなりません。行き過ぎだと思ったら、もちろん、おやめなさい。何かがおかしいと思ったらすぐ、その人から離れなさい。嫌悪や反感を見せて醜いいざこざを起こしても、何の役にも立ちませんから。

アン・ランダース様　姉に同性愛かどうか聞く権利はありますか。彼女がそうだと信じる隠しおおせぬ証拠がたくさんあります。

〝リサ〟は選ばれた人だけが入れる女子学生クラブ《ソロリティ》のメンバーで、とても男性的な容貌の女子学生数人とそのクラブ会館に四年間住んでいました。そのクラブの女子学生たちで男性と出掛ける

人はほとんどいませんでした。でも彼女たちが一度も誘われたことがないとは信じられません。私の推察では、彼女たち同士で一緒にいる方が男性といるより楽しかったのではないでしょうか。姉は全くデートしません。現在は、ある女性の友達と非常に親しくしています。二人はお互いの家で夜を過ごしたり、絶えず電話し合ったりしています。お互い相手がいなければ行動しません。

弟と私は、何かおかしいと思っています。〝リサ〟に単刀直入にそのことを質問してもいいですか。

――ニューヨーク郊外で怪しんでいる妹

怪しんでいる妹様　お姉さんが同性愛であるかないかで、あなたの人生がどう変わるのですか。リサがレスビアンでそれを公けにしたかったら、自分からそうするのではありませんか。あなたの手紙の調子では、非難するか、裁くかのような気持ちでお姉さんを叱りつけるおつもりのようですね。そんなことをすれば、取り返しのつかないほど後悔したり、永久に疎遠になる場合もあります――特に、お姉さんが異性愛だった場合は。私からのアドバイスは、ご自分の頭の上の蠅だけを追っていなさい、です。

一九八九年九月に、自ら「シカゴで正義の審判を待ちながら」と名乗る同性愛の人から手紙を受け取りました。彼は、「現在のところ、どの州も同性の二人に結婚許可証の取得を許すつもりはないようです。そろそろ同性愛者が異性愛のカップルが享受しているのと同じ選択権を与えられてもいい時期ではありませんか。これは、自由、平等、独立を信奉していると主張しているこの国で最も露骨な差別です」と書いていました。

私は「正義の審判を待ちながら」さんに、私たちが生きている間に同性間結婚の合法化を見るとは思わない、と答えましたが、そのあとで読者の皆様に、同性愛の結婚に賛成か反対かを一筆書いて知らせてくださるようにお願いしました。

五万五千通以上の返事をいただきました。結果は約二対一で同性間結婚に反対と出ました。どうぞ、次を続けてお読みください。アメリカ人やカナダ人がこの議論百出の問題についてどう感じているか、お分かりになるでしょう。非常に多くの投書者の方々の悪意と思いやりのなさに、私は深く心を痛めていると言わざるを得ません。

ミシガン州グロスポイント　「答えが欲しいって？　答えてやろうじゃないか。あんたがホモたちを弁護しているやり方は、反吐が出そうだ。だが驚きゃしないさ、あんたが、極左で、ユダヤ人で、おまけに女だからな。乗り掛かった船だから言っておくけど、人口の五〇パーセントがゲイのサンフランシスコはアメリカの恥部だよ」。

ミシガン州サギノー　「私は、同性のカップルを合法的に認知することに賛成票を投じます。私はゲイで妻は異性愛で、結婚して二十五年になります。この素晴しい女性の愛情と理解が私が誘惑に負けるのを防いでくれています。しかし、心の底では、もし初恋の人と合法的に結婚できていたら、本来の自分のまま、非常に楽しく平和な人生を送れただろうにと思っています」。

フィラデルフィア「私は二人の息子の父親です。一人はゲイです。両方の息子に同じ権利があることを望んでいます。私を〝賛成〟の欄に入れてください」。

カリフォルニア州ロングビーチ「我々は同性愛関係を合法化することに反対です。淫らな生き方のせいで自らを死に追いやったり、他人に病気を感染させたりしているあの病んだ奴らの後押しをするのは、間違っていますよ」。

カリフォルニア州サンタローザ「ホスピスで働いていますが、ここの男性たちが相手のために見せる無私の愛や献身に感動させられない日はありません。このように美しい関係は法的認知という高い評価を受けるべきです」。

シカゴ「歴史は繰り返しています。ゲイたちは三十五年前の黒人たちと同様の立場にいます。その当時、誰がこの国の大都市の多くで黒人の市長が誕生するなどと考えたでしょうか」。

ケンタッキー州ルイビル「レビ記二十章十三節を引用します。『男がもし、女と寝るように男と寝るなら、二人は忌まわしいことをしたのである。彼らは必ず殺されなければならない』」。

デトロイト「ドメスティク・パートナー制度を可決したサンフランシスコの馬鹿どもは、その〝パートナーシップ〟がうまくいかなくなったらどうなるか、考えていたのかね。こういうパートナーシップは〝離婚裁判所〟で終わりを告げるのかな。それこそ願ったり叶ったりだ——自由になりたい〝おかまども〟が裁判所を困らすのは」。

ウィスコンシン州オークレア　「私は反対票を投じる。同性のカップルが普通のカップルが享受している権利や特権を持つべきだという考え方は、言語道断だ。私は信心深い原理主義者ではないが、同性愛は道徳的に間違っているという信念をもっている。そういうホモたちは、自分たちがいるべき押し入れの中に戻って隠れていればいいのだ」。

ルイジアナ州バトンルージュ　「もうアメリカ人は自分たちと違う人たちを怖がったり（脅されていると感じたり）するのはやめる潮時です。このことは、少数民族のグループ、身体障害者、性の好みが一般の人と違う人たちにも当てはまります。私としては、同性のカップルも結婚を許されるべきだと思います」。

シカゴ　「家族の構成単位は文明の核です。つまり、親子の関係です。同性愛者が子供が産めるように生物学的に作り変えられるなら、〝賛成票〟を投じます。それまでは、反対です」。

ウェストバージニア州チャールストン　「社会が同性愛者にそのような烙印を押さなかったら、嘘をついて素晴しい女性と結婚して、その人の人生を目茶苦茶にせずに済み、私はありのままの自分を直視して生きてこられたでしょう」。

テキサス州ラボック　「同性愛は自然の法則と神とテキサスに反しています。『母なる自然を裏切ってはいけない』というコマーシャルを覚えていますか。つまり、それこそ、変質者たちがしようとしていることじゃないですか。そんなのはうまくいく訳がありません」。

ノースカロライナ州ローリー　「結婚ですか？　私はそこまでいくつもりはありませんが、十年間同性の決まった相手と暮らしていますので、税制上の優遇措置があってもいいのではないかと思います。私は独身だと考えられていますので、三〇パーセントの所得税を払う層に入っています。大切な連れ合いと私は、友人たちと同様に〝結婚〟しているのですが、全く税制上の優遇は受けていません」。

アン・ランダース様　近頃、十代のセックスに関してのあなたのコラムをいくつか読んでいます。そこで、こんな質問が首をもたげました。「積極的なのは男の子と女の子のどっちだろう」です。あなたの時代はどうだったか知りませんが、僕たちの世代の女の子たちは男よりずっと性的に積極的です。

アン、僕は十八歳の高校の最上級生で、フットボールとバスケットボールチームのメンバーです。ゲイでもあります。

両親と学友のほとんど（男女とも）は知っていますし、自分に不都合は全く感じず快適です。でも、僕がゲイだと知っている女の子たちが、どうして依然として僕にしつこく付きまとうのか、理解できないのです。夜、何時にでも電話してきます、たいていは性的な誘いです。母はしつこい女の子の何人かに電話をかけないように頼んでいました。母はそのうちの一人には「息子はあなたには興味がないのよ」と言いもしました。

学校の友達は僕をありのままに受け入れています。たまに、嫌な思いをさせる奴がいますが、そんなのは簡単に何とかできます。しかし、女の子の場合は話が別です。昨日も一人が、機会をくれたら「治して普通にしてあげるのに」と言ったんですよ。

僕には地元の大学生の特別の友達がいて、よく一緒にいます。二人でいると優秀なスポーツ選手のように爽やかに見えますし、一緒にいて幸せです。彼もまた、若い女性からたくさん誘いを受けていて、二人ともそれを理解できないでいます。

男の同性愛者は異性には興味がない、とはっきりさせていただけませんか。

——サンタバーバラ、二人っきりにして

二人にして様　私よりは問題をはっきりさせてくれましたね、ありがとう。この手紙が『サンタバーバラ・ニューズ-プレス』に出たら、もうしつこく誘う女の子に悩まなくても済むでしょう。

アン・ランダース様　イリノイ州のノースウェスタン大学のJ・マイケル・ベイリー博士と、ボストン大学医学部のリチャード・ピラード博士の二人の遺伝学者が、一卵性双生児の研究に基づいて同性愛についての強力な証拠を発見し、その結果、遺伝子が同性愛か異性愛かを決定する主要な役割を演じている、と立証したそうですね。

同性愛は生来のもので、その性癖は自分の選んだものではないという科学的証拠が現在あるのですから、一般の人たちが同性愛者に対して敵意を減らし、容認する気持ちを増すとお思いになりますか。どうぞ紙上で答えてください。これは非常に多くの人たちの関心であり、もっと知る必要のあることです。

——カリフォルニア州コビナ

コビナ様　根拠の確実な情報はいつもプラスです。世の人が、同性愛が一つの生き方というだけでなく、遺伝現象の結果であると信じれば、同性愛の人たちに対する敵意が少なくなるだろうと思います。

異性愛の人たちの中には、同性愛は呪いであり、ゲイは惨めだ、と考えている人がたくさんいます。同性愛者の中にも彼らと同意見の人がいるかもしれません。しかし、私は同性愛を〝特別なご褒美〟だと考えているゲイの人たちから手紙をもらっています。そこで、この問題にきっぱり決着をつけましょう。ゲイの皆様にこのことをどう感じているかお尋ねしたいと思います。「はい、ゲイで良かったと思っています」、「いいえ、むしろ異性愛の方が良かったと思っています」のどちらかを書いてください。数週間以内に、結果をお知らせします。

この調査は一九九二年に行われました。寄せられた答えの内容には驚きませんでしたが、郵便の量はびっくりするほどでした。その数は七万五、八七五通で、「はい、ゲイで良かったと思っています」という答えが三〇対一で優勢でした。

葉書だけで答えてくださるようにお願いしたのですが、何千ものゲイやレスビアンの皆様が手紙を書いて送ってくれました。私たちは大忙しでしたが、いろいろ教えてもらえました。

その回答の例をいくつかお読みください。

サンフランシスコ　「なんていう質問でしょう！　もし、自分で選ぶなら、異性愛で、白人で、多分スウェーデン人で、背は一八三センチでプロテスタントになっていますよ。その方が、私の人生はずっと楽でしょうから。もっとも、楽な人生が必ずしも最高の人生とは思っていませんが」。

シカゴ　「うちには四人子供がいます。息子の一人はゲイです。彼は四人のうちで、一番頭が良く、一番感受性豊かで、面倒見がよく、思いやりがあります。私たちは、ゲイであるせいでその違いが出るのかと何度も知りたいと思いましたが、今は〝そうだ〟と結論を下しています」。

デトロイト　「ゲイで良かったかって？　あんた頭おかしいんじゃないの？　散々ぶん殴られたり、唾をかけられたり、就職で差別されてきたんだ。誰がこんなの選びたいものか！」

オハイオ州コロンバス　「ゲイで良かったですよ。でも残念なことが一つ、自分で受け入れるのに二十年、それを公けにするのに四十五年かかってしまったことです」。

オークランド　「実は、両性愛で、選んでそうなりました。幸運にも生まれつき二つの選択権を与えられているのに、どうして両方選ばないことがありましょうか」。

ペンシルバニア州ハリスバーグ　「七歳の時から自分は人と違うと気づいていました。今は大人になっていて、五年以上満足感のある恋愛関係を続けています。私は自分の好みは誰にも押し付けません。皆さんにゲイだからといって私を非難しないように願うのみです。神様だけが私の審判者ですから」。

オレゴン州ポートランド　「人生の初めの三十六年間は、必死に異性愛になりたいと思っていました。が、結婚して二人の可愛い子供の父親になり、今は繁盛している弁護士でもあります。四十歳になった時、離婚して四年目でしたが、どっちつかずの態度を取ろうとしました――つまり、昼は異性愛で夜は同性愛という。しかし、うまくいきませんでした。結局、素晴しい男性に出会い、今は非常に幸せです。そこで、アン・ランダース様、あなたの質問に対する答えは、『はい、ゲイで良かったと思います』です。理由は、それが僕だから、です」。

サウスカロライナ州チャールストン　「黒人は自分で選んで黒人になった訳ではないことは誰でも知っています。だからといって差別は防げないじゃありませんか。みんなが同性愛者は生まれつきであるという事実を受け入れたら、変化が起きると本当に信じているのですか。私は信じません」。

ケンタッキー州レキシントン　「ゲイで良かったか、ですって？　私の返事は、無条件の〝はい〟です。私の性的嗜好のせいで、喜んで私を殺したいと思う人が世の中にはいるんだと知るのは、結構なことです。政府が税金の申告時期になると私を差別して、家族申告させてくれないのを喜んでいます。戦争のたびに母国のために従軍するのを禁じられて、狂喜乱舞しています。主な宗教がみな、私の生き方を認めていないのを大喜びしています。本当のことが分かると、仕事を失うかもしれないという事実も大好きです。何よりも、家族から〝くず〟だと思われるのが、最高です。これが、ゲイに起こる現実なのです」。

ルイビル「はい、アン、ゲイで良かったですよ。尋ねてくださってありがとう。でも、ゲイであることは実際の私のほんの一部です。私は、教師でありフットボールのコーチです。クラシック音楽を演奏しますし、テニスにも打ち込んでいます。グルメ料理も作ります。スキーもできますし、洋裁もできます。教会で活躍していますし、ホームレスの人たちのための地元のシェルターでボランティアもしています。レッテルは信用しません。私を〝人間だ〟と言うだけにしましょう」。

ボストン「私は三十二歳で、資本金数百万ドルのハイテク企業の会長です。そして、もちろん、ゲイです。数週間前、大ボストン商業会議と呼ばれるグループの集まりに出席しました。あるヒルトンホテルの大広間に入って行って、目を疑いました——専門職の同性愛の男女が二百人以上いたのです。もし自分がどこにいるのか知らなかったら、商工会議所の集まりだと間違いなく言ったと思います。私たちは、あなた方の医者であり、弁護士、商店主、バス運転手、ウェイター、花屋です。とりわけ、私たちはほかの皆さんと同じように見え、歩き、話します。ゲイだと公けにしているより、隠れている人の方がずっと多くいますが、私たちすべてを創った善良なる神のお蔭で、オープンにするのは以前よりずっと簡単になってはいます」。

ミシガン州ローヤルオーク「はい、私はゲイで、今七十三歳です。人生は、大変なものでした。ゲイであることは、初めから自分には抑えられないのは分かっていました。変えてくれるように神に祈りましたが、結局は受け入れました。神がこのように私を創ったのには、訳があったに違いない、と考えたのです。女性と一緒にいて快適だと感じたことは一度もありませんでした。女性を性的対象として考えることは不可能でした。第二次世界大戦中陸軍にいた時、数回試したことがありますが、うまくいかないだけでした。そのような訳で、今やゲイを遺伝子のせいだと言ってくれますが、その通りだと思います。私は結婚していなくて良かったと思います。私がしてきたようにもがき苦しまなければならないかもしれない世の中に、息子を誕生させたくはありませんから」。

シカゴ「ゲイの人たちが幸せですか、ですって？　もちろん、そういう人は中にはいますよ、私たちを『ぞっとする』『堕落している』『不道徳』と呼ぶ社会で暮らしているという事実にかかわらず、です。しかし、このようにレッテルを貼られてなお、自尊心を維持するのは簡単なことではありません。もし異性愛の人たちが私がゲイであることを問題視するなら、それはその人たちのこだわりであって、私のではありません。また、私は、一番意地悪なゲイいじめをする人たちの中に、自分自身が隠れゲイである人たちがいるのは、興味をそそられることだと考えています。自分の性的特徴をしっかり分かっている人は、進んで生き、また人を生かしてくれます」。

さて皆様、こちらはアンです。同性愛は生まれてから覚えた行状ではなく遺伝性のものだというのが、私の揺るぎない確信です。抑制はできますが変えられないのです。

III

子供たち・・・天使か、悪魔か
——彼の、彼女の、私たちの

両親への子供の願い

僕には、僕を大きく育ててくれる食べ物よりもっと大切なものをちょうだい。母さん父さんの温かくて安心していられる愛情をちょうだい。

五感全部を十分使わせてね。見たり、触ったり、匂いを嗅いだり、聞いたり、味わったりできるものをたくさんちょうだい。それと何か壊してもいいものも。

順番を守ることを教えてね。僕が遊ぶのを見守っていてね。できないことをどう解決しようとしているか、どんなことにまともにぶつかっていって頑張っているのかが分かるように。

何かをしなさいと言う時は、その理由も教えてね。僕が家族の中で役に立っている一人だと感じさせてよね。家族で何かをする計画を立てる時は、できれば必ず僕を入れてね。

僕が大きくなったなと感じたい時に、赤ちゃん扱いしないでね。親の不安を僕に向けないでね。自分のことで精一杯なんだから。これ以上はいらないよ。

僕が怒っている時、荒れないように手を貸してね。でも、怒りを表に出せないほど怖がらせないでね、何かを強く感じる能力をなくすといけないから。

痛みを我慢することを少しずつ覚えさせてね。それと、物を欲しがることも。でも、経験するにはまだ早い感情を早めに満足させると良くないから、適当な時まで待つ強さも覚えさせてね。

身体が発達するにつれて出てくる新しいパワーを、精一杯試させてちょうだい——はったり、立ったり、歩いたり、登ったり、跳びはねたり、走ったり、できるようになった時には。身体の自然な要求を制限しないでね、まだとても心配だと思っても。

家の中の片隅に、全部僕のもので、ほかの誰のものでもない小さなスペースをちょうだい。僕だって誰にも邪魔されない、心が穏やかで静かな時間が欲しいんだ。

僕のことを思ったり、注意を向けたりしてね。毎日、ほんの少しでいいから、僕こそ父さん、母さんから思われていて、愛されている子供だと知る必要があるんだ。

頭に浮かんだ質問はどんなことでもさせてね。そんなことを聞いては恥ずかしいと思わせないでね、たとえばかばかしいと思える質問でも。そして、できるだけ正直に答えてね。答えが分からなければ、そう言ってね。誰かが、「分からないけど君のためになんとか答えを見つけてみるよ」と言うのを聞くのは、いい訓練なんだ。

最初、いろいろなことがあまりうまくできなくても、辛抱強く待っててね。僕には覚えなきゃならないことがいっぱいあって、たいていのことはみんな少し練習が必要だって、気づいてね。

僕が何をしても、その結果を受け入れるように教えてね。僕はほめられることだけでなく罰せられることも必要。罰する時は、その罰が僕の犯した〝罪〟にふさわしいかどうかを、確かめてね。

何よりも、僕にくれなきゃならないもの、つまり、無条件の愛を遠慮しないでちょうだいね。そういう愛があるって知っていると、僕の子供たちに同じものをあげられるし、その子供たちもまた自分の子供たちにあげられるから。

――あなたの子供

この「子供の願い」には、可愛らしい知恵が詰まっていて、優しくて、自立した、愛情深い子供を育てるための優れた指導書です。

次にお読みいただく独立宣言は、ミネアポリスの祖父の家の冷蔵庫にテープで貼ってあったものです。私の笑いのツボにぴったりとはまったのです。作者が分からないのは残念ですが、三歳以下のお子さんをお持ちの方なら、その詩の中にお子さんの姿が見えるのではありませんか。

よちよち歩きの信念

欲しいものは、僕のもの。
人にあげても、気が変わったら、僕のもの。
人から取り上げたら、僕のもの。
僕のものは、誰のものでもないんだぞ、何だって。

一緒に何か作っていても、全部僕のもの。
僕のものらしいだけで、僕のもの。

親だったらみんな分かっているように、子供というのは、喜びでもあり、手に余るものでもあります。時には物事は、予定していた通りにうまく運ばないものです。親は、どうしたらいいか分かっていることだけに最善を尽くして、自分の愛情と気配りが、愛情深い面倒見の良い人間を育てるのだ、と願うことしかできないのではないでしょうか。悩みが乳児期に始まることもあります。そして、もちろん、その悩みは子供たちが成長して、自立してもなくなりません。

長年にわたって議論されている問題をいくつか挙げてみましょう。

一九七五年十一月三日に、若いご夫婦が子供を作るかどうか決心がつきかねていると手紙をくれました。その二人は、もう子供が成長してしまった年配のご夫婦だけでなく、幼い子供のいるご夫婦からも意見を聞いてくれないかとお頼みでした。二人は「子供は産んだ価値がありましたか」「子育ての喜びは、子育ての苦労を十分に補えましたか」という二つのことを知りたがっていましたが、私が読者の皆様にした質問は「もう一度やり直せるとしたら、やはり子供は欲しいですか」です。

さて皆様、信じられない結果になりました。とても驚いたことに、答えてくれた人の七〇パーセントが、「欲しくありません」と答えていました。

それでは、私が長い間に受け取った手紙の中で一番魅力的な（また、一番むかむかする）ものからいくつかを抜き出してみましょう。

ノースダコタ州ファーゴー　結婚して八年目に初めての子を授かりました。そして、四年も経たないうちに三人になりました（三人目は計算外でした）。その後、私は卵管を結紮してもらい、主人はパイプカットをしました――念には念を入れですから。二人とも、子供がいなかった時が最高に幸せだった、と意見が一致しています。子供たちは頭痛の種ばかりで、ほとんど楽しみは持って来てくれませんでした。もう一度やり直せるなら、子供は持たないでいます。

――本名を署名するくらいなら死んだ方がまし

フロリダ州タンパ　私は四十歳、主人は四十五歳で、もうじき八歳になる双子がいます。この子たちが生まれる前、私は魅力的で自分の夢を実現させたキャリアウーマンでした。今は、疲れ切っていて、仕事ができないのが寂しくて、そのうえ、夫にもほとんど会えなくて神経が参っています。夫には間違いなく〝友人〟がいると思いますが、彼を責めはしません。子供たちが私たちの結婚から甘い生活をすべて奪い取ってしまったからです。私は疲れ過ぎていて、セックスも会話も何もできません。

――涙を流すのも遅すぎて

ウィスコンシン州チッペワフォールズ　六人の子供の母親として、私の人生は子供がいなかったら全く無意味だった、と申し上げられます。確かに、子供が鼻をたらしたり、水疱瘡ができたり、腕を包帯で吊るような怪我をしたり、喧嘩をしたり、洗濯が山ほどあったり、食料品の支払い額が天に届くほどだったりしますが、夜、子供たちを毛布でくるんであげる時、私は本当に運がいいわ、と神様に感謝しています。

——苦労の甲斐あり

ニューヨーク　七十年生きていますので、五人の子供の母親として、経験からお話しいたします。子供は産んだ価値がありましたか、ですか。いいえ、ありませんでした。小さい頃は大変でした。病気、反抗、無気力（昔は、不甲斐ないとか、怠惰とか呼んでいましたが）に悩まされました。一人はひどい精神障害があって入退院を繰り返しました。もう一人はゲイ解放運動の道に入りました。あと二人は今ヒッピーのコミューンで生活しています（音信不通です）。最後の一人は、刑務所に入った方がいいインチキ宗教指導者の手伝いをしていて、気が触れてしまっています。子供たちのうち誰も何の喜びもくれませんでした。神様は私たちが全力を尽くしたのはご存知でしょうが、私たちは親として落第ですし、子供たちは人間として落第です。

——悲しい話をしなければならない者

シカゴ　子供を持つべきかどうか、ですか？　何のために子供が欲しいのか、その目的によるのではないでしょうか。自分ができなかったことを全部成し遂げてくれる子供が欲しいのですか。成績や才能を自慢できる子供ですか。年取ってから相手をしてくれる人が欲しいのですか。だったらやめた方がいいですね。無私の愛を与えられ、見返りに何も期待しない場合だけ、子供をお持ちなさい。そうした時だけ、親も子供もお互いに感謝し尊敬し合える精神的に健康な人間になる可能性が非常に高いと思います。

――経験者

経験者様　あなたのような人がいる限り、人類にはまだ希望があります。あなたのような種族が増えますように。

☕ ☕ ☕ ☕ ☕

アン・ランダース様　私は一九五五年に結婚しました。四年経っていて、子供が欲しいのですが、主人が問題なのです。あなたが急いで結論を下す前に、主人は男らしさの完璧な標本のような人だと言わせてください。彼は、子供をこんな狂った世の中に産み出すのは正しくない、と思っているのです。

彼は核戦争に関しての手に入る物はすべて読んでいます。私も放射能については権威も同然になっています。いろいろな記事の中には、果たして明日の朝起きてベッドから出られるのかしら、と思わせるものもあります。

主人に一理あるのは認めますが、子供のいない人生を送るなど、考えたくもありません。完全破壊の武器を装備したこの世の中に子供を産み出すのは間違っているのでしょうか。あなたのお考えはいかがですか。

――行き詰っている女

行き詰っている方へ　人生は生きている人のためにあります。有史以来、どの時代も危険なものでした。現代、私たちは核戦争を心配しています。五十年前は、乳幼児と母親の死亡率を心配していました。

暗い将来を予想する商人たちに気をつけてください。彼らは何世紀にもわたって売りたい商品をそうやって売り歩いているのです。マスタードガスが第一次世界大戦中は恐ろしい兵器でしたが、だからといってあなたのお祖母さんは子供を産むのをやめましたか？

ご主人は原子力時代を言い訳に使っているのではないかと思います。未熟で、父親としての責任を全うするのを怖がっているのです。

彼の理屈には乗らないとはっきりさせることです。戦争の恐怖を煽るパンフレット類を死ぬほど怖がっていないで、愛らしい健康な子供のいる友達を訪ねてごらんなさい。多分そうすれば、人生に対するそんな自己中心的で近視眼的で病んだ態度が間違っていた、とご主人の目を覚ましてくれるかもしれませんよ。

アン・ランダース様　早期治療が悩性麻痺のような身体機能障害を抑えたり、矯正する鍵である、とますます多くの医者や親たちが一致して考えています。早期治療を確実なものにするために、親はどんな予兆を探したらいいのか知らなければなりません。読者の中には赤ちゃんや小さいお子さんをお持ちの方が大勢いらっしゃると思いますが、この情報を活字にしてくだされればその方たちのお役に立つでしょう。

シカゴのパスウェイズ認識財団が乳幼児を抱えた親のためにパンフレットを発行しています。このパンフレットを読めば、親は子供の初期段階における身体の機能障害症状を見つけることができ、早期治療が可能になります。そのパンフレットは正常に発育している子供と障害を持っている子供の写真を載せていますので、親が簡単に悪いところを見分けられ、医者に診てもらうきっかけを作ってくれます。

お子さんたちに頻繁に次のような兆候があると気づいた親御さんは、すぐに小児科医に診てもらってください。

生後三カ月までに、頭を上げられないか腕を突っ張って上体を持ち上げられない
足が硬直しているか堅くて曲がらない
首がすわらない
身体がだらりとしてしっかりしない
六カ月でまだ堅く足を組んでいる
八カ月までに一人座りができない
はいはいするのに、身体の片側だけか、腕だけを使う

身体の障害に加えて、さらに次のような行動上の障害もその予兆になるでしょう。

極端に疳が強い
生後三カ月までに笑わない
授乳困難
授乳の際、絶えずむせたり窒息したりする
生後六カ月後、柔らかい食べ物を舌で口から押し出す

身体機能障害を抱える子供たちは、治療が早い時期に行われれば、比較的自立したちゃんとした生活ができます。ですから、パスウェイズ認識財団のパンフレットと、どのような障害の兆候を探したらいいのかを知ることが非常に重要なのです。

この問題についてさらに情報をご希望の場合は、パスウェイズのパンフレットを無料で手に入れられます。パスウェイズ認識財団宛*に住所を書いて、切手を貼った封筒を送るか電話してください。

アメリカ小児科学会イリノイ支部長
H・ギャリー・ガーデン博士

＊Pathways Awareness Foundation, 123 N. Wacker Dr., Chicago, IL 60606 （800）955-2445

天国のとっても特別な子

エドナ・マッシミラ

会議が、地球からずっと離れたところで開かれた！
また一人、誕生の時を迎えたのだ。
天使たちが、天上の主に言った、
この「特別な子」には、愛がたくさんいりますよ、と。

この子の進歩は遅いかもしれない、
ものをやり遂げることはないかもしれない
それに、特別な心配りがいるだろう
下界で出会う人たちからの。

この子は走りも、笑いも、遊びもしないかもしれない
心がうつろに見えるかもしれない、
いろいろな点で、順応しないだろう、
それで、障害者ということになるだろう。

だから、この子が送られるところに気を配ろう。
この子の人生が満足のいくものであって欲しい。
どうか、主よ、この子の両親を見つけてください。

主、あなたのために、特別な仕事をしてくれる親を。

二人にはすぐには分からないだろう。
果すように頼まれた重要な役割を。
けれど、天上から贈られて来たこの子と共に、
さらに強い信仰とさらに豊かな愛がやって来る。

まもなく二人は恩恵が与えられたのを知るだろう
天国からの贈り物を世話しているうちに。
二人の大事な授かり物は、とても柔順で穏やかで、
「天国のとっても特別な子」だということを。

アン・ランダース様　毎日あなたのコラムを読んでいます。いつもあなたのアドバイスと私の意見が一致する訳ではありませんが、育児に関してはあなたは良識家だと思っています。

私は一歳半の息子のことで困った問題を抱えています。息子はとても活発な子で、年のわりに大きくて力が強いのです。つい最近、ふざけて私を打《ぶ》ち始めました。今までは、「駄目！」と言っていて、それでやめさせられていました。しかし、ここ二週間、息子のふざけてする乱暴が私を悩まし始めています。息子は膝に上って、「ねえ、マミー」と言うなり私の顔を思いっ切り殴るのです。

言うことを聞かなければ、最後の手段としてお尻を叩くのはいいと考えていますので、その時は数回息子のお尻を叩いていますが、一向に直りません。実を言えば、息子は前より激しく私を打っているのです。

不思議なことに、私以外の人は絶対に打たないのです。あれやこれやで、もう堪忍袋の緒が切れそうです。

解決法を教えていただけませんか。

――気を揉んで

気を揉み様　まず、その子を叩くのはやめなさい。あなたがその子を痛めつけることができると教えるだけですから。それに、もう分かっていらっしゃるように抑止効果はありません。息子さんがあなたを打った時は、ものすごく厳しい調子で、「駄目よ、人を打ってはいけません」と言いなさい。それから、彼をベビーチェアーに入れて、三〇分間そこに座らせておきなさい――テレビもおもちゃも本も、楽しめるものは一切与えてはいけません。三〇分は一歳半の子供には永久に感じられるでしょう。この罰は、人を打つことは許されないということと、あなたがボスである、ということを教えるためです。それこそ息子さんに分からせる必要があることなのですから。

この手紙が紙面に出てから、そんなに幼い子供には三〇分は長すぎると投書してきた人が何人かいて、一〇分から一五分が適当ではないかと提案していらっしゃいました。それで、私はその提案に賛成し、そうお答えしました。

さて、私が活字にした一通の手紙が、読者の皆様からの大きな反響を呼び起こしました。なぜなのかその理由がお分かりになりますから、続けてお読みください。


アン・ランダース様　息子の二回目の誕生日、二十人の人が見ている前で、その子の顔をバースデーケーキの中に突っ込んだ三十歳の父親をどうお思いですか。そのあと、その父親はニヤーッと笑って、自分の息子の茫然とした表情とそのあとの泣き顔をビデオで撮り始めたんですよ。

数週間前から、その子は自分の誕生日が近づいているのを知っていて、指を二本立てる仕草と、〝誕生日〟や〝二歳〟というような言葉を何回も繰り返していたのです。それほど嬉しそうにパーティーを待ち望んでいたのに、こんなふうな結果に終わってしまうなんて、痛ましいほどでした。私はひどく気が動転して、さよならも言わずに出て来てしまいました。

私はその子の祖母です。あなただったらどうなさいましたか？


――『ミルウォーキー・ジャーナル』の読者

読者の方へ　愛情ある父親だったら、そんなことはとてもできなかったでしょう。その〝冗談〟の裏には本物の敵意が隠れています。
私だったらパーティーを抜け出さなかったでしょう。そこにいてその子を慰めて、その父親にきっぱりと、自分の息子の顔をケーキの中に突っ込むなんて面白くも何ともない、残酷な仕打ちでぞっとする、と言ったと思いますよ。

追伸　その父親というのは、ウェディングケーキを新婦の顔に押しつけるようなよくいる新郎の一人だったのでしょうか。その〝習慣〟も同じように嘆かわしくて、嫌ですね。

アン・ランダース様　誕生日に父親にケーキに顔を突っ込まれた二歳のお孫さんのいるミルウォーキーのおばあさんからの手紙を読みながら、泣いてしまいました。その子はあなたが指摘なさったよりもっと危険な状態にいるのではないか、と心配しています。

その父親は、弱い者いじめをする多分自己評価が低い男であるに違いありません。その子が成長するにつれ危険度は増すでしょう。そのおばあさんに、出来るだけその状況から目を離さないことと、介入を躊躇しないようにと、助言していただけませんか。その父親の行動は間違いなく児童虐待です。

――コネティカット州グラストンベリー、ルース

ルース様　その坊やに寄せられた同情と応援の波は、ものすごいものでした。おばあさんの手紙を読んだ時、私の心は彼のために痛みましたが、その手紙が引き寄せた郵便がこれほどすごい量になるとは予想もしませんでした。さらにお読みください。

ブルックリン　「例の二歳の男の子についての手紙で、声を上げて泣いてしまいました。おばあさんがひとことも言わずに出て来てしまったのはいただけませんが、その子の母親は一体全体どこにいたのですか？　それに、親戚のほかの連中はどうしたのですか？　誰もその父親を諭す勇

気のある人間はいなかったのですか？　なんという家族でしょう！」

コネティカット州グロトン「私は五十七歳の祖父で、おおげさに同情をするような人間ではありませんが、あの無力な子のこと、台無しになったバースデーケーキでグチャグチャに汚れたその子の顔のこと、しかもそれをあの心ない不愉快な父親がビデオで撮ったということを読んで、涙を流しました。善なる神よ、この子を助けて、その恐ろしい男から逃げられるように時の流れを速めてくださいますように」。

ケンタッキー州レキシントン「父親とかいうあのならず者についてですが、あなたは、敵意という言葉を使っていましたね。私は〝強欲〟と呼びます。このようなことを撮ったビデオに多額の賞金を出すテレビのショーのせいで、たくさんの心の卑しいお金に飢えた猿どもが、ばつの悪い状況にたまたま遭遇した人を餌食にしようとカメラを持って走りまわっているのです。きっと、その父親は賞金がもらえる映像を撮ろうとしていたのだと思いますよ」。

サクラメント「大勢の人がいる前でそんなことができるなら、誰も見ていなかったらどんなことをするんでしょうねぇ、その父親は」。

ノースダコタ州ディキンソン「その幼い男の子は二度と父親を信頼しないでしょうね。それに、ただ黙って立っていた間抜けな親戚は、思いやりと同情を少し植え付けられるように、頭をガツンと殴ってもらう必要がありますね」。

ウィスコンシン州アップルトン「アップルトンに住んでいますが、ミルウォーキーまでひとっ走りもない距離です。大急ぎでその父親の住所を送ってくださいませんか。そいつの家に行って、そいつの口に一発お見舞いしてやりたいからです」。

☕　☕　☕　☕　☕

次は、ジム・ゲイルのご好意により、アイオワ州ローレンスの『サン』紙に掲載されたものです。ちょっと考えさせられるのではないでしょうか。

車を運転しているすべての方へある父親からの手紙

拝啓、運転手様。数週間前、私は、少女が道を渡っている時に車に跳ねられたのを目撃しました。父親が走り寄って、彼女を腕の中に抱き起こし、その子が疑いなく来る死と闘っている間中、しっかりと抱き締めていました。

その女の子の将来のために彼が建てた計画が、空しく消えていくのを見ました。絶望の表情が彼の顔に浮かびました。もう二度とこんなことが起こりませんように、と祈ることしかできませんでした――もちろん、また起こるし、もっとたくさんの心が張り裂けるだろうと分かっていますが。

今日、六歳の娘の初登校日でした。娘の愛犬のスコットが、彼女が出掛けるのをじっと見て、学校教育の価値について疑わしそうに鼻を鳴らしました。その晩、私たちは娘の学校初日について話し合いました。娘は前に座っていた黄色い巻き毛の女の子、しかめ面をした通路側の隣の席の男の子、背中に目を付けた先生の話をしました。今私が手紙を書いている間、目に入れても痛くないほど可愛い私の娘は、腕に大きな人形パディを抱えて、ぐっすり眠っています。

パディが壊れたら、その指の傷や頭のコブは私が直してやれますが、娘が道を渡る時は、運転手さん、娘は君の手中にいます。

私が娘と四六時中一緒にいることはできません。娘に住むところと食べ物と教育を与えるお金を稼ぐために働かなければならないのです。そこで、娘に気をつけてくれるようにお願いしているのです。学校や交差点を通り過ぎる時は、ゆっくり運転してください。そして、子供たちは駐車している車の後ろから飛び出して来ることもあると、頭に入れておいてください。

どうか私の可愛い娘を殺さないでください。

――ある父親

お子さんを守るためのルールをいくつか次に挙げます。

一、買い物中はいつも子供をあなたのすぐ隣に連れていなさい、たとえ犬のように紐をつけてでも。
二、ロックしたり駐車した車の中に子供を絶対に置き去りにしてはいけません。幼い子は簡単に騙されて、ドアを開けてしまいます。
三、はぐれたら、真っすぐレジに行って、店員に「迷子になった」と言うように、お子さんに教えてください。
四、大人の皆さん、迷子を見つけたら、知らんぷりしないでください、たとえどんなに忙しくても。その子を店員のところに連れて行ってください。あなたのお子さんやお孫さんだったら、そんなふうに助けてもらいたいと思うのではありませんか。

私が手にするどの手紙の束にも、少なくとも一通は、兄弟間の憎しみをどう静めたらいいかを尋ねる親御さんからの手紙があります。次に、その問題を非常に上手に語ってくれている手紙をご紹介します。

アン・ランダース様　憎しみ合いながら成長した兄弟について、もう一通我慢して読んでください。主人も私も、子供たちを闘わせて、仲良くなるのを邪魔するような親に育てられました。

私は、子供たちの成長期には二人の子供を競争させて離反させるようなことは決してさせまい、と決心していました。二人の思春期の喧嘩が陰湿になった時、中に入って、二人がお互いを徹底的にやっつける前に事態を収拾する方法を学ぶ手伝いをしました。

これは、彼らがまだ十代の初めの頃のある日までは、かなりうまくいきました。ところがその日は、一日中、彼らは口喧嘩をしたり殴り合ったりしていて、私は辟易していました。とうとう、堪忍袋の緒が切れてかんかんに怒りました。それで、「仲良くしなけりゃ、駄目でしょう。神様のお蔭があれば、あなたたちにはまだこれから長い人生があるんだから。私が死んで、お父さんが死んで、先生も友達もたくさん死んで、あなたたち二人だけが残されるかもしれないでしょう。そうしたら、子供の時どうだったか覚えているのは、あなたたちだけよ。クリスマスのこと、二人で作った木の家のこと、自転車に乗れるようになった日のこと、ハロウィーンでお菓子をもらいに歩きまわって楽しかったこと、三年生の時大好きだった先生のこと、洗濯室で生まれた猫のことなど、他人は誰も覚えていないわよ。いずれ、二人きりになるし、今から六十年経って、二人だけが昔一緒に経験した素晴しいことを覚えていて、その思い出が大切なものになるんだから、今仲良くした方がいいんじゃないかしら」と言ってやりました。

二人はとてもおとなしくなりました、でも、多分まだ若すぎて分からないのではないかと思いました。しかし、それ以来、二人は言い争ったり、傷つけ合ったりしていませんので、私の言葉が心に響いたに違いありません。四十年前、私の両親が、姉妹の競争心は自然なものだけれど、仲良くしない姉妹は何か大切なものを失うと、私と妹に説明してくれたらよかったのにと思っています。

——セントルイスのルシール

ルシール様　なんて見事なお説教でしょう！　これは、たくさんのお宅の冷蔵庫に貼られたり、ディナーのお皿の下に置かれて欲しいと思うコラムです

追伸　お宅のお子さんたちが確実に憎しみ合って成長する方法を一つお教えします。贔屓をして、「どうして、あなたはお兄ちゃん（弟、姉さん、妹）みたいに、頭がよくないの？」と言い続けることです。そのような言葉は、必ず一生続く敵愾心を作り上げます。もしお子さんに兄弟仲良くしてもらいたいなら、お互いに相手を大切に思い、相手が立派になるのを助け合うように導いてください。それが本当の友情の基礎となるものです。

アン・ランダース様　私には二歳の双子の女の子がいます。親馬鹿なのは許してください、でも二人は本当に可愛くて個性豊かです。当然、二人は行く先々で注目の的です。出会う人出会う人、じっと見ては、肘でつつき合って、「あの双子をごらんなさいよ」と言います。私の双子たちは、その人たちが創り出して勝手に騒いでいる熱狂的な賞賛に気がついています。

あなたとあなたの双子のディア・アビーは、子供の時にそんな凝視や囁きや指を差されることに、どう反応しましたか。不愉快でしたか。面白かったですか。あなたご自身についての考え方に影響がありましたか。

双子の女の子を人並みのうまく順応した人間に育てようとしている母親に、どのような忠告をしてくださいますか。

――マイアミのH・H・U

マイアミ様　私たち姉妹は生まれた日からほとんどずっと注目の的でした。まるで双子だというだけでは満足ではないかのように、私には生まれた時二本歯が生えていて、彼女には一本生えていました。ですから、誰も私たちのことを〝目立たない〟子とは言えませんでした。

母は私たちに幼い頃から結婚するまで（もちろん、同じガウンとベールの同時結婚式でした）同じ服を着せていましたので、誰でもすぐ私たちだと分かりました。

双子で良かったことは、決して寂しくないことです。いつも話しかける相手がいました。よく話しましたよ、実際、二十一年間のべつまくなしに。それから結婚がそれぞれに新しい耳のセットを一組をくれました。

逆に双子の嫌なところは、決して一人ではないことでした。静かに内省したり正直な自己評価をする機会が全くありませんでした。もちろん、〝一緒にいること〟はとても楽しいことでしたが、それは私たちが個人として発育する機会を与えませんでした。私たちは〝あの姉妹〟というイメージからどうしても逃げられませんでした。

振り返って見ると、私たちは驚くほど甘やかされずに育ちました。もっとも、双子であることを遠慮なく利用もしました、そんなことは自然でいとも簡単でしたから。随分いたずらもしました。一人が考えつかないことでも、もう一人が考えつきましたから。

双子のお母さんへの私のアドバイスは次のようなものです。「双子に同じ服装をさせないでください、繰り返しますが、絶対にさせないでください。二人を個人として扱ってください、一つの単位の半分としてではなしに。また別々の友達を持つように仕向けてください。可能なら、別々の学校に行かせてください。それができないなら、別々のクラスに入れてもらうようにしてください。

二人があらゆる点で協力し合えない場合、罪の意識を感じさせないようにしてください。自立して、自分の見解をもつように仕向けてください。

依怙贔屓しないようにしてください。そして二人が喧嘩をした時は、いつも中立を守ってください。どちらかに加勢しないでください。

決して二人を比較してはいけません。親類にも友達にも比較させてはいけません。

兄弟姉妹の競争心は自然ですが、双子の場合はさらに激しくなるということを頭に入れておいてください」。

娘のマーゴが生まれるまでは私は、私の母が非凡な（そして英雄的な）女性だとは気がつきもしませんでした。神はその右側に特別席を双子の母親たちのために設けているに違いない、と私はいつも考えています。その双子が私たちの姉妹のような場合には特に。

次に、すべての親御さんに覚えておいてもらいたい詩をご紹介します。

私の大人になった息子に

アリス・E・チェイス

忙しくて両手が一日中ふさがっていたわ。
一緒にしてあげる時間があまりなかったの
お前が「一緒にやってよ」と言ったあのゲームを。
お前のための時間があまりなかったわね、
お前の服を洗ったり、縫ったり、料理したりで。
お前が絵本を持って来ては、
一緒に見てよ、と頼んだ時は、
「もう少しあとでね」って、いつも言っていたわね。

夜は、すっかり安心して、お前に布団を掛け、
お祈りを聞いて、明かりを消して、
そーっと抜き足差し足でドアに向かったものよ……
もう少し一緒にいてあげればよかったのに、
だって、人生は短く、時間が矢のように過ぎてゆくから。
おちびさんは、ものすごい勢いで大きくなってしまって、
昔のおちびさんは、もう私のそばにはいない、
打ち明けてもらえるはずだった「特別な秘密」も、聞いてあげられもしないで。
読んであげられなかったあの絵本は片付けられ、
もう、一緒にするゲームもなく、
お休みのキッスもできないし、お祈りも聞いてあげられなくなって……
それはみんな昔のこと。
当時ふさがっていた手は、今は手持ち無沙汰、
日々は長く、暇をつぶすのは難しい、
昔に戻れて、いろいろしてあげられたらいいのに、
お前が「一緒にやってよ！」って頼んだ、ちょっとしたいろいろのことを。

子供が成長し変わっていくにつれて、悩みも変わります。子供の初登校日を心配する代わりに、親は子供のファーストキッスの心配をするようになります——そしてもっと進んだ関係のことも。

アン・ランダース様　息子は十二歳で、体重も身長も普通です。でも私は彼の性器のことを心配しています。まだ、幼児並の大きさなのです。六歳の弟の方がこの子のより大きいのです。〝エド〟の通っているジムの指導者は、エドが随分友達にからかわれている、と言っています。

私はこの子を小児科医と内分泌専門医に連れて行きました。二人ともこの問題を笑い飛ばして、「心配しなくていいですよ、お母さん。たくさんガールフレンドができるから」と言いました。そんな答えはありがたくないのです。ものすごく重大なことを冗談にされているような気がするからです。

アン、私は本当に心配しています。この子の自尊心は、男らしくないことを馬鹿にされるまでもなく、十分低いのです。さらに、私は満足のいくセックスが出来ることがどんなに重要か分かっています。

エドは神経質な子供です。ですからこのことが彼の人生を駄目にしてしまうのではないかと、本当に心配しています。この問題を誰に話したらいいか分かりません、だって、二人の医者が両方とも笑い飛ばして、お前は愚かだと言わんばかりだったんですから。助けていただけませんか？

——イリノイ、名前は勘弁して

イリノイ様　小児科の先生も内分泌科の先生もあなたを安心させるつもりだったのでしょうが、もっと協力してくれてもよかったですね。でも、お子さんの身体には何の問題はなく、ただサイズが普通より小さいだけだと分かって良かったではありませんか。

あなたの不安を息子さんに向けないように、どうか注意してください。そんなことをすると、ひどく悪い影響を及ぼすかもしれません。

セックスセラピストは大きさは満足とはほとんど関係ないと言っています。また、しおれた状態では普通より小さく見えても、勃起の時はずっと大きくなる可能性があります。いいですか、息子さんはまだほんの十二歳ですよ、それに遅咲きかもしれません。ですからお母さん、冷静になってください、あと五年もするうちにいろいろ変わりますよ。

読者の皆様は、私の回答に納得しませんでした。一件落着と皆様がお思いになった、と思われますか。とんでもありません。

アン・ランダース様　十二歳の男の子を持つ母親が、その子の性器を調べるなんて、一体全体何をしているんですか？　可哀想な子ですね。その子の人生が目茶苦茶になったら、アソコの大きさが足らないからではなく、ママの横暴なでしゃばりのせいでしょう。

私はもうじき十二歳になる男の子の母親です。六年前に、息子の下《しも》のことやトイレのことからは手を引いて、とてもいい結果を出しています。子供のプライバシーを尊重することが、子供が自分の自尊心と他人に対する尊敬の念を育む際の重要な要素です。今回はいつもとは違って、あなたはこの点をあまりはっきりとは述べていらっしゃいませんでしたね。

――ジョージア州ウィリアムソン、P・L・M

フロリダ州メルボルン　あなたの例の回答は、今までで一番ひどいものでしたね。土地の亜鉛含有量が非常に少ないイランでは、数年前、生殖器の大きさが標準以下の男の子がたくさんいました。その問題に興味をもった医者たちがその子供たちに亜鉛を与えたところ、同世代の子供たちの標準に戻りました。

――ウィリアム・H・フレデリック大佐

ケンタッキー州ルイビル　もし仮に父親が自分の十二歳の娘の性的発育状況についてああだこうだと言ったら、性的虐待者だとされて逮捕され、投獄され、その子供から離れているように命令されますよ。その母親は何歳まで息子さんの性器を調べるつもりですか。十七歳までですか？　それとも、もしかして、二十歳までですか？　その頃には彼は超一流の変質者になっていて、まともに戻すのに何年もセラピーを受けなければならないでしょう。問題があるのはその母親の方で、息子さんではありません。あなたがおっしゃるように、『目を覚まして、コーヒーの香りを嗅いで』です。

――匿名

ケンタッキー州のどこか　その十二歳の男の子に、君は運がいいんだよ、と言ってあげてください。私は八十歳ですが、大き過ぎるモノを持った男性から人生を惨めなものにされた女性を何人も知っています。お若いの、君は少なくとも小さな逸物に感謝しなければね。嫌な目に会った時は、君の運のいいところを数え挙げるんだね。

――ミニのウィリー

絶対失敗しない、ワルガキの作り方、をどうぞ。

アン様　主人の仕事の関係で、私は行きたくもないカクテルパーティーにあちこち連れまわされています。そこでよく話題になるテーマは、〝うちの頭のおかしな問題児〟です。他人に話せるような頭のいかれた子供のいない夫婦は、妙に疎外されている気がします。そういう子供を作る極めつけの方法があります。甥や姪、それに友人の跡継ぎたちを観察した結果、その確実性は保証付きです。

子供一人前

嫌みな話を少し加える――二時間も「俺がおまえの年にはなぁ」なんて聞かせれば、頭にくる。
皮肉を混ぜ込む――辛口になる。
悪い手本を詰め込む――出来れば親のがいい。年のごまかし方を教える、半額で映画館に入れるように。レストランやホテルから〝お土産〟を持って帰る。タオルがいい。でも、枕カバーの方がもっといい。
無関心で味付け――「俺に面倒を掛けなければ、何をしてもいいよ」てなせりふを撒き散らしている家庭がほとんど。
優柔不断を篩《ふる》いにかける――自分の立場をはっきりさせなければ、子供も、曖昧で触感も実体もない表情になる。
アルコールをひと振り――子供の前、後ろ、どこでも酒を飲む。そうすれば、それが普通で、自然な人生だと思う。状況がひどくなったら、必ず子供の見ている前でがぶ飲みする。にっちもさっちもいかなくなると、「チェ、酒でも飲まなきゃやってらんねえ!」と言う。子供は、難事を乗り越えるには酔っ払うことだ、と考えるようになる。

薬を二、三粒投げ入れる――どんな問題も薬で解決できると教える。失望でも失敗でも不安からも守ってくれるお誂え向きのカプセルや錠剤があるから、苦しむことはないと、小さい時に教えてしまう。

沸騰するまでコトコト煮る――子供の怒り、不安、恐れの兆候をことごとく無視する。見て見ない振りをすれば、いずれ消えていく。

頻繁に音を立ててよく泡立てる――子供を行儀よくさせるのが親の仕事。筋道を立てて話をしては時間がかかるし、どうせ相手は分かりはしない（若すぎるか、アホすぎて）。口に一発お見舞いすれば、事は簡単。

癇癪の熱で焼く――好き勝手に怒鳴れば、子供を同じように焼き上がったばかりのような〝熱々《あつあつ》〟な性格にする。お蔭でその子も怒鳴り散らす人間になるので、仲間、先生、同僚、上司から〝こわもて〟になる。

神は省略――礼拝に行くより、睡眠、ゴルフ、テニスの方が大事だと教える。特別な場合だけは（死にそうだとか、死んだとか）、神を口にしなければならないが、やり過ぎない。所詮、困った時の神頼み、だから。

この手引書通りにすれば、必ずやカクテルパーティーで〝我が家の問題児〟を話題に上らせる光栄に与りますよ、ほかのみんなのように。

――どちらかといえば、簡単クッキング好き

コックさんへ　強烈なレシピーですね。でも、皆様、試してみないでくださいね、もう世の中には、不幸で社会に適応できない子供たちが多すぎますから。

「手のつけられない二歳児」を乗り切ったと思ったら、今度は「手のつけられない十代の子供」と対決しなければならなくなった、と親は感じるに違いありません。

アン・ランダース様　甘やかされて、言うことを聞かなくて、無礼で、「どうせ、私はワルガキよ。でも、あんたのせいじゃない！　あんたが育てたんだから」とわめき散らす十四歳の娘に、母親はどう言ってやったらいいのですか。

確かに、娘を育てたのは、私です。この子の父親は、ゴルフやら釣りやら、営業会議の出張やらで忙し過ぎて、娘の育児に手を貸す時間はとても割けませんでした。お答えが必要です、アン。

――ウィスコンシン州アップルトン、物も言えない母親

お母さんへ　口を開いて、お嬢さんに、「そうよ、私が育てたわよ。上手にできなくてごめんなさい。でもね、今の自分が嫌だったら、自分で何とかしたらどう？　その気があれば変えられるものよ。やってみたら」とおっしゃい。

アン・ランダース様　「アップルトンの物も言えない母親」さんへのあなたの回答に、カチンときました。答えはそれでよかったのでしょうが、そのお母さんはもっと支援が必要ではありませんか。

そこで、そのお母さんのピリピリした不幸な状況を和らげる方法をいくつか提案します。

一、お嬢さんと怒鳴り合っては絶対にいけません。お嬢さんがギャーギャー言ったら、唇を噛んで、声を落として、囁き声よりちょっと大きめの声で、言わなければならないと思っていることを言いなさい。それができなかったら、「もっと冷静になったら、話し合うわ」と静かに告げなさい。そして、実行なさい。

二、お嬢さんにあなたが泣かされてはいけません。あなたも、大事な人なのですから。娘さんが手に余ったら、部屋に帰し、禁足を命じなさい。負かされてはいけません。

三、愛していると伝えなさい。今度お嬢さんがわめき散らしたら、何を言われても、「愛情は変わらないわよ」と言いなさい。お嬢さんの態度は気に入らないかもしれませんが、あなたのお嬢さんだし、愛さなければならないのです。ですから、「あなたと仲違いをやめてもいいのよ」と言ってごらんなさい。（心配しないでください。お嬢さんを我慢できない時が多々あるでしょうが、いいですか、あなただっていつもいつも、人に好かれるようなことをしている訳ではないでしょう？）

四、お嬢さんにたくさん触れなさい。これは大切なことですよ！　お嬢さんがテレビにクギ付けになっている時、そのそばを通り過ぎたなら、手を伸ばして、軽く肩でも叩きなさい。たくさん抱いてあげてください。お嬢さんが不愉快な声を出したり、身を振りほどいても、落ち込んではいけません。

五、あまり頻繁に文句を言ってはいけません。そうしなければならないのなら言ってもいいのですが、いちいちがみがみ言わないこと。「駄目」と「よしなさい」はもっと大きなことに残しておいて、但しその時は、**絶対に守らせなさい**！

六、ご主人がお嬢さんと一緒にいなかったからと言って、ご主人を非難するのはおやめなさい。ご主人が家族と打ち解けないで出掛けてばかりいるなら、それはご主人の問題で——自分が損しているのです。あなたはお子さんとあなたの関係に責任があるのであって、自分以外の人の態度や行動を支配することはできません。

七、お嬢さんを叱る時（そうしなければならないなら）、新しく身につけた静かな声で、品のいい言葉を選んでください。例えば、「そんな攻撃的態度は受け入れられないわね」というような。「あんたって本当に悪い子ね」と言うよりずっと効果的でしょう。

十四歳は難しい年齢だということを忘れないでください。成長するのは簡単なことではなく、あなたが腕に抱いて揺すっていた赤ちゃんは、あなたの若い時分より成長するのがずっと難しく感じているはずです。他人がどう思おうと、気にしてはいけません。

お嬢さんの言葉をよく聞いてあげてください。お嬢さんが何を言おうと、あなたに愛して欲しいだけなのですから。

——同じ経験のある四人の子供の母親

お母さんへ　良くできた指針をありがとうございます。母娘の関係は、いろいろな理由で決して簡単ではありません。「うちの娘は一度も私を困らせたこともないし、頭痛の種になったこともないのよ」と言う母親は、本当のことを言っていないのです。

娘というものは自分が娘を持つまでは、親の気持ちが分かったり、それをありがたいと思ったりはできないもの、と正直のところ思っています。

アン・ランダース様　主人は、この間の父の日に十三歳の息子からもらった手紙にいたく感動しました。その手紙を読者の方々にお紹介いただけませんか。清々しいほど正直で、知恵がいっぱい詰まっています。その手紙をあなたに送っていいか息子〝ジミー〟に聞きましたら、「絶対嫌だ。名前が新聞に出たら恥ずかしくて死ぬ」と答えました。名前を出さないように頼むから、と言いましたところ、「じゃあいいよ。でも親戚には言わないでね」ということでした。

そこで、同封しました。主人はこれを読んで涙を抑えるのに苦労していました。私もそうでした。

――オクラホマ、名前は勘弁して

拝啓　お父さん　　お金が少しあったら父の日のプレゼントを買いたいけど、無一文だから、この手紙をプレゼントにさせてください。

トミーの父さんのように、背広を着てネクタイを締めて仕事に行かなくても、僕はお父さんをどんなものとも交換したくはないよ。トミーのおやじさんは、毎日、週末も、会社から仕事を持って帰ってきている。だから、あそこの家族は動物園に行くこともなければ、公園でボール遊びもしないし、船着場に魚釣りに行くこともないんだよ。

僕が落ち込んだ時の、お父さんの話しかけ方が、気に入ってるよ。それほど状況は悪くないぞ、良くなるよ、といつも思わせてくれるじゃない。実際いつもそうなるから、驚いちゃうよ。何でも好き勝手にさせないところも、気に入ってるよ。思い通りにならないと、時々、僕、ひどい態度を取るけれど、心の奥では、厳しくしてくれて嬉しいと思っているんだ。もし、僕のしたいことを何でもさせてくれたら、怖くて死んでしまうよ。

うちではお父さんとお母さんが躾の方針で意見が同じなのが、いいと思う。トミーの家では、お母さんが、「してはいけない」と言っても、おやじさんは邪魔されたくないので、すぐ「いいよ」と言うのを子供たちは知っているから、おやじさんに頼むんだよ。すると、夫婦ゲンカが始まるんだ。親のケンカは、子供は嫌なもんだよ。

お父さんが何でも本当のことを言ってくれるのが、好きだな。大人になって子供ができたら、僕はお父さんのようになりたいよ。

敬具　ジミー

育児のための十二カ条

子供は神様からの贈り物、あらゆるお恵みのうちで、一番貴重なものだということを忘れないでおいてください。あなたや、あなたの両親や、兄弟やご近所のイメージ通りに子供を作り上げようとしてはいけません。どの子も一人一人違っているのですから、本来の自分でいられるようにしてやるべきです。

子供が失敗した時、その子の気持ちを押し潰してはいけません。うまくやったほかの子と決して比べてはいけません。

怒りや敵意は自然な感情だと頭に入れておいてください。子供たちのこの感情が社会的に受け入れられるはけ口を見つける手助けをしてやってください。さもないと、内向的になって、身体的、情緒的問題を引き起こしかねません。

確固として、筋道を立ててお子さんを躾けてください。怒りで冷静さを失ってはいけません。あなたがフェアーだと分かれば、お子さんの敬意と愛を失うことはありません。あなたが与える罰がお子さんの罪に相応か否か、確かめてください。どんなに幼い子でも、公正かどうかを見極める鋭い感覚があります。

共同戦線を張りなさい、ご夫婦で。夫に、あるいは妻に対抗するために、子供と組んでは絶対にいけません。そうすると、心の葛藤が生まれ、罪悪感、混乱、不安の破壊的感情を生じます。

お子さんが欲しいと思っているものを全部やってはいけません。頑張って手に入れる喜びを教えなさい。最高の喜び、つまり、達成感を奪ってはいけません。

自分が完全無欠の手本のように振る舞うのはやめなさい。二十四時間ずっと、そうはしていられないでしょう。お母さんだってお父さんだって間違うものだと子供が知っていた方が、子供と話がしやすいでしょう？　子供は親への信頼を失うと、何も信じられなくなってしまいます。

怒った時に脅したり、気分がいい時にやたらに約束したりするのはやめなさい。脅すにしても約束にしても実際にできることだけになさい。子供にとって親の言葉は絶対ですから。

プレゼントや贅沢な思いがけないものを、息がつけないほど次々に子供に与えてはいけません。本当に純粋で健康的な愛情は、日々の躾の中に出てきます。一貫性は、自信と信頼と人格形成のための強い基礎を作り上げます。

一所懸命の労働は、シャベルでしようと、外科用器具を持つ繊細な指でしようと、貴いものだと子供に教えてください。具体的結果の出る人生はやり甲斐のあるもので、安易で快楽追及の人生は空しく無意味なものだと、分からせてください。

あらゆる精神的ショックや失望から子供を守ろうとしてはいけません。少しは思い知らせるようにさせなさい。逆境は性格を強くするし、相手を思いやる人間にします。困難は人生の大きな釣り合い装置であり共通分母なのです。生きていくうちには、必ず何か困難に出会うはずです。ですから、その対処法を学ばせることです。

神を愛することと、仲間を愛することを教えてください。礼拝に行かせるのではなく、**連れて**行きなさい。子供はお手本から物を学ぶのです。ほかの手段が全部駄目になっても、神を信じる心が力になり光りにもなることがあります。

アン・ランダース様　ほかの印刷物に載ったものがあなたのコラムに転載されたことはないと思いますが、これは例外にしてください。同封したものはどの親御さんにも読んでいただきたいものだからです。これはテキサス州ヒューストンの警察署で作られたものだそうです。

非行少年を育てる十二カ条

一、まず、幼児期から欲しがるものは何でも子供に与えましょう。こうすれば、世の中が自分の生活の面倒をみるべきだと信じるように育ちます。
二、悪い言葉を覚えたら、笑ってあげましょう。そうすれば、自分が可愛いのだと思い込みます。結局、〝もっと可愛い〟言葉を覚えさせることになって、後々手がつけられなくなるでしょう。
三、精神的訓練などは決してさせてはいけません。二十一歳まで待って、それから〝自分で決断〟させなさい。

四、〝間違っている〟という言葉の使用を避けなさい。罪責コンプレックスを育てますから。そうなればのちに、車を盗んで逮捕された時に、社会が自分に敵対していて、自分は迫害されていると信じ込みます。

五、本、靴、服など散らかしっ放しにしたものは全部片付けてあげなさい。何でもやって**あげる**と、他人に責任を全部押し付けることを経験的に覚えるでしょう。

六、印刷物は手当たり次第に何でも読ませなさい。銀食器やガラスのコップはよく消毒するように気をつけても、彼の心はゴミの上でもてなすといいでしょう。

七、子供の前で頻繁に夫婦喧嘩をしなさい。そうすれば、あとで家庭が壊れても、あまりショックは与えません。

八、好きなだけ使えるお金を与えなさい。自分で絶対稼がせてはいけません。あなたがお金を稼ぐためにしたのと同じ苦労を、どうして可愛い子にさせなきゃいけないのでしょうか？

九、食べ物でも、飲み物でも、快適さでも、何でも子供の渇望を満たしなさい。あらゆる本能的な欲求が満たされているか、チェックしましょう。拒否すれば危険な欲求不満につながること請け合いです。

十、ご近所、先生、警察に対抗して、子供の肩をもちなさい。みんながその子に対して偏見をもっていますから。

十一、子供が本当に面倒を起こした時、「あぁ、結局この子には何もしてあげられなかったんだわ」と、自分に言い訳をなさい。

十二、悲しみの人生を送る準備をなさい。そうなりそうですから。

アン・ランダース様　しばらく前、男の子の誘いに対して〝ノー〟と言うことが大切だと強調してくれないかと頼んでいる、十代の娘さんを持つお母さんからの手紙を載せていらっしゃいましたね。私は十七歳になる男の子の母親ですが、あなたは少し時代遅れではないかと申し上げたいと思います。今では問題なのは男の子ではなくて、女の子の方です。

息子〝ジョニー〟には、夜ごと、女の子から少なくとも三回は電話がかかってきます。夜中の十一時半ぐらいにかけてくる子もいます。この子たちがどのくらい積極的か、あなたにはとても信じられないと思います。自分のオープンカーでやって来て、宿題を手伝うと言い出す子もいます。息子は手伝ってもらわなくてもいいと言っているのですが、ともかくその子はまとわりつきます。しかも彼女は、スパンデックスのトップと短いショートパンツをはいて、全く下着はつけていないのです。

数週間前、主人はジョニーとセックスについて話をしました――初めてではありませんが。ジョニーは、自分は性的に積極的ではないけれど、いつまで我慢できるか分からない、と言っています。女の子はコンドームを持っていて、誘惑に負けざるを得ないと思うほど、ひどいプレッシャーをかけてくる、とも言っています。ある女の子は、十七歳までにセックスを経験しない男の子はゲイに違いない、と息子に言ったそうです。

ですから、アン、女の子を心配するのはやめてください。今は九十年代ですよ。事実上、頭を殴られて、車の後部座席に引きずり込まれているも同然の男の子たちの方に、あなたの関心を向けてください。

――南カリフォルニアの母親

南カリフォルニアのお母さんへ　最新情報をありがとう。このことに関してはあなたの手紙が最初ではありませんが、あなたのが一番リアルです。十代の男の子をお持ちのお母さん方、何かおっしゃりたいことがおありですか？

アン・ランダース様　「南カリフォルニアの母親」さんからの手紙を読んだ時、倒れそうになりました。

私は、ほぼ二十年ドイツに住み、アメリカ軍のために働いているアメリカ人の母親です。十七歳のとても魅力的な息子がいますが、彼も十五歳の時から追いかけまわす女の子たちから逃げるのに苦労しています。アメリカ人だけでなく、イタリア人、ドイツ人、トルコ人もいます。

数日前、息子と私が買い物から帰って来ると、一人の少女が玄関の前で息子を待ちながら眠り込んでいたのでした。息子は死ぬほどばつの悪い思いをしていました。

少女たちは夜何時でも電話をしてきます。彼女たちの何人かは、彼をどれほど愛しているか訴え、見込みがあると思うかと、この私に尋ねたこともあります。まったくその厚顔さに驚かされ続けています。

一時、私は、女の子に対する息子の冷淡で心ない態度が心配になりましたが、息子と長いこと話し合ってから考えを変えました。息子は、たった一度でいいから、女の子とデートして素晴しいディナーと知的な会話を楽しみたい、身体を触られたりセックスを迫られたりされずに、と説明したのです。この手紙を活字にしてくださるなら名前は使わないでください。私があなたに手紙を書いたと知ったら、息子は怒るでしょうから。でも、私はカリフォルニアのお母さんに、お一人ではありませんよ、とお伝えしたいのです。

——国際派の母親

国際派のお母さんへ　この件に関して投書された郵便の量がまた信じられません。歴史的考察を加えたこんなお便りもきています。

アン・ランダース様　「南カリフォルニアの母親」さんが、十七歳の息子さんに夜遅く電話してきて、〝全く下着をつけないでスパンデックスのトップと短いショートパンツをはいて〟付きまとう十代の少女たちについて手紙をお書きでしたね。

その手紙で、一五四四年ビッテンベルク大学で教えていた頃のマルティン・ルターの手記の一節、「我が大学には国中から若者がたくさん集まって来ているので、近隣の若い女衆が非常に大胆になっている。彼女たちは男子学生を部屋まで追いかけて行き、可能なところどこでも、自由恋愛をもちかけている。息子たちにすぐ家に帰って来るようにと命令している親もいるとのことである」を思い出しました。

五百年経ってもあまり変わらないことがあるものですね、アン。

——カリフォルニア州フォアンテンバレー、T・A

T・A様　調べてくださってありがとう。物事が変われば変わるほど、変わらないものもあるのですね。

アン・ランダース様　十七歳の息子さんが物凄く強引なセックス狂いの女の子たちにうんざりしているという、「カリフォルニアの母親」さんからの手紙に興味を引かれました。

三番目の息子が生まれた時、友人が「女の子じゃなくて男の子で良かったわねえ。妊娠する心配をしなくていいもの」と言いました。冗談じゃありません。私たちは、息子たちが、箍《たが》の外れた女の子たちから、ヘルペスや、性器イボ、事によったらエイズも移されはしないかと心配しています。十六歳の息子のポケットの中に、赤面するような走り書きが入っているのを見つけてしまいました。

——インディアナポリス

ミッシシッピー州メリディアン　「強引な女の子ですって？　その通りですよ。うちの留守番電話にその子たちが残した伝言は再生するのも**いや**。だって、オーガスムの真似などなんですから。うちの息子はまだ十五ですよ」。

カリフォルニア州パームスプリング　「テレビや映画のつまらない作品のせいかどうか分かりませんが、この町の女の子は高校に入る前に、本に書いてあることは全部体験済みです。うちでは、十五歳の息子を軍隊の学校に入れるつもりです」。

コネティカット州グリニッチ　「数人の女の子たちが十六歳の息子の同期生アルバムに書いたものを読んで、二十一歳まで息子を鳥籠に入れたい気分になりました。どうも、卑猥な言葉がその女の子たちが普通に使う語彙の一部のようです」。

カリフォルニア州オックスナード　「十代の息子は二人の女の子に誘いをかけられていますが、

彼女たちは、学校の駐車場に駐車している息子の車の窓に、セクシーな走り書きと一緒にバラの花をテープで貼りつけたそうです。三番目の女の子もいて彼女は、息子がファーストフードの店でお皿のあと片付けをしている時、息子の手にインクで電話番号を書いたそうです。こういう誘惑のプレッシャーに息子がどのくらい耐えられるか心配です」。

ミズリー州ハンニバル「真夜中の一時半に息子の寝室の窓に小石を投げた十三歳の少女を捕まえました。こういう女の子の親は一体どこにいるんでしょうか。怖いですねえ」。

ミシガン州フリント「うちの十六歳の息子はアイオワに住んでいる十四歳の少女から、週に七～八通の手紙を受け取っています。その子は、封筒一面に口紅でキスマークを描いています。息子は十月から返事を書いていませんが、向こうは諦める様子はありません」。

ワシントン「クリスマスに十六歳の女の子がうちの十七歳の息子に、九百ドルの腕時計と金の指輪を送ってきて、挟まれていたカードには『私たちは婚約しました』と書かれていました。息子は両方とも送り返しました。すると、彼女の母親が、『お宅の息子さんにうちの娘は気持ちを傷つけられました。贈り物を突き返されて、娘は一日中泣いていました。息子さんは少しマナーを勉強なさった方がよろしいのでは』という手紙を書いてきたのです。信じられますか、アン？」

読者の皆様　今は何でも信じます。全部聞いていますから。

マリアン・ライト・エーデルマンの三人の息子さんへのアドバイスが非常に優れていいま

すので、その一部をご紹介したいと思います。彼女の著書『我が成功の方策――うちの子供とお宅のお子さんへの手紙』（ビーコン出版）から少し抜粋します。

ただ飯なんてものはない。自分で汗水たらして努力して手に入れた訳ではないものを、何でももらえると思ってはいけない。

何か為されなければならないことがあった時、「どうして誰も何もしないんだ？」と言うのはやめなさい。その代わりに、「どうして俺は何もしないのか？」と言いなさい。この世には羊が多すぎる、もっと羊飼いが必要なのだ。

絶対にお金や権力だけを目的に働いてはいけない。そんなもので魂は救われないし、ちゃんとした家族は作れないし、夜、安心して寝られない。

冒険したり、批判されることを恐れてはいけない。批判されたくなかったら、何も言わないこと、何もしないこと、何にもならないこと。

失敗を恐れてはいけない。失敗は物事をきちんとするのを学ぶ方法だから。

妻は、母親でもお手伝いさんでもなく、パートナーであり友だということを忘れてはいけない。自分の息子たちを、自分の娘やよそのお嬢さんに対して公平な人間にし、子育てや家事の責任を分担するように育てなさい。自分で散らかしたものは、自分で片付けること、タオルや服をそこらにポイと置いておかないで片付けること、お皿を片付けること、またいろいろなものを次に使う人のことを考えて、元あった場所に戻すことを子供たちに教えなさい。

正直になりなさい。自分の言った通りに頑張って生きなさい。子供たちの良い手本になりなさい。あなたが嘘をつけば、子供たちも嘘をつく。人種差別的な冗談にくすくす笑うと、子供たちもそうするようになる。

良いマナーを教えなさい。「お願いします《プリーズ》」と「ありがとう《サンキュー》」はとても大切。思いやりがあることは、大学の学位より人生ではずっと役に立つから。

タバコやアルコールは、コカインよりもずっと人を殺している事実をはっきり認めなさい。今や、消費者が声を上げて、子供をも病気にしたり死に至らしめる商品にストップをかける時。

自分は「できる」と自信をもちなさい。途方に暮れてはいけない。時に、自分のしなければならないことで気も狂わんばかりになると、私は立ち止まって、その日その日を大事に生きて、手ごわい問題は手に負えるほどに分割すればいい、と思い出すようにしている。

人生など生きる価値のないものだと決して考えてはいけない。たとえどんなに辛くても。ハリエット・ビーチャー・ストウは「進退窮まって、すべてが自分に逆らっている、もうこれ以上はとても頑張れないと思っても、諦めてはいけない。そういう時こそ、流れが変わる正念場」と書いている。

注意して友達を選び、競争社会からは距離をおきなさい。あなたたちは神の作品として生まれたのだから、誰かほかの人のコピーになろうとしてはいけない。

自分の態度には責任があると、頭に入れておきなさい。自分がコントロールできるのは自分だけだから。

いつもいつも、人には果たす役割がある。一つの例が、良いものも悪いのも、伝染してしまうことに気づいている？　違法駐車が一台あるとほかの人もそうしてしまうことに。誰かが人種差別的な冗談を一つ言うと、煽られてまた別のが出てくるのに。気難しい人が一人いると会合が目茶苦茶になるのに。もちろん、逆もまた真なり、だけれど。無名の賢人はいみじくも「世の中は、自分の都合だけを考えることなく高潔を身上とする人の方を必要としている。そのような人と手を握れば、契約は鉄のように確固たるものになり、破られる心配はなく、また、その人は大きなことにも小さなことにも正直で、悪びれずに勝ち、堂々と負ける方法を知っているから」と言っている。

アン・ランダース様　この手紙を、私のためではなく、家庭に問題があり自分の人生はひどいものだと思っている若い読者の方々を助けるために、活字にしていただけないでしょうか。

私は家出をして、ここ四年間ロサンゼルスの路上で生活しています。家では全然幸せではありませんでした。家族にいろいろ言われるのが気に入らなかったのです。みんなとケンカしました。家族の言葉を聞いていればよかったのにと思います。今になって、家族は私を愛していたので私を助けようとしていたのだと分かります。ロサンゼルスでは毎日が生きていくための闘いでした。そこで一カ月もしないうちに売春を始めました。その時ほんの十四歳でした。麻薬もたくさんやりましたし、橋の下で生活したり、ハリウッドブルバード通りの脇の路地でも寝ました。レストランの裏で残飯を食べ、精神病患者やアル中患者とも付き合いました。今でも私が生きているのは奇跡です。

しかし実際のところ、運が尽きていたのですから、奇跡だとは言わない方がいいでしょう。医者に診てもらったばかりですが、死刑の宣告を受けました。今十八歳ですが、妊娠七カ月でエイズに罹っています。

どんなに家で目茶苦茶なことが起こっていても、人生がどんなにひどいと思っても、路上で生活するよりは家の方が一〇〇パーセントましだと若い人たちに知らせたくて、この手紙を書いています。今いるところに留まって、頑張って問題を解決してください。

家族から少し離れる必要があると感じているなら、友達のところに行くか、十日ほどリュックを背負って旅をするのがいいと思います。でも逃げてはいけません。すでに、私と同じ境遇の子供たちがものすごくたくさんここにいるのです。ほかの町にはどのくらいたくさんいるのか、神様だけがご存知です。どうかその数字に加わらないでください。何があっても家にいてください。私もそうしていればよかったんです。

——私にはもう遅すぎます

遅すぎた方へ　あなたの手紙は今四年前のあなたと同じ状況にいる若者に必ず影響を与えますよ。あなたがお手紙を書いたことが何人かの命を救っているのだと知れば、少し慰めになるはずです。私が大げさに言っているとお思いなら、そうではないと請け合います。私は読者の皆様がどういう方々か分かっていますから。私があなたのために祈っていることを忘れないでください。

アン・ランダース様　四年前、私は息子を躾ける必要がありました。そこで私たち父子の関係について長い話し合いをしました。息子が、私がいつも公平に扱っていないと感じていた、と言いましたので、腰を下ろして、良い父親として一番大事なことは何だと思うか書き出すように頼みました。驚いたことに彼は、一〇分も経たないうちに、そのリストを持って戻って来ました。

過去四年にわたって何度もそれを見ては、高校二年の少年にしては非常に豊かな洞察力があると感心しています。アン、そのリストが私たちの親子関係の分岐点だったと思いますので、お送りします。もしほかの方々にも価値のあるものだとお思いなら、どうぞ、ご自由にあなたのコラムでお使いください。

——アトランタの医師

お医者様へ　高校二年生にしては、息子さんは並外れて精神的に大人ですね。送ってくださってありがとう。読者の皆様に喜んでご紹介します。

良い父親とは

一、言い争っている時は両方の言い分を聞き、第三者の意見を尊重する。
二、どの子も「普通」である必要はないという事実を受け入れる。
三、いつも表に出た行為だけで判断しないで、その裏にある動機を考える。
四、関係の強化ばかりでなく、弱さを改善するよう努力する。
五、過保護にならない。
六、「罪」の重大さに見合った罰の重さを分かっている。
七、子供は、大人として扱ってもらいたい、と思っていることを知っている。
八、悪いところばかりくどくど言わないで、良いところも強調する。
九、自分が子供にさせたいというだけで、子供がしたがらないことを強要しない。
十、誰でもが同じ能力があり、同じ価値観をもっている訳ではないと知っている。

私が十代だった頃（もちろん、石器時代ですが）と比べて、現代では、真っ直ぐ、強く成長することはずっと難しいと思います。当時は、今ほど子供に甘く聞き分けの良い親はいませんでしたし、麻薬も銃もお金も簡単に手に入りませんでした。それに、私たちはテレビの前で日永《ひなが》一日過ごすということもありませんでした。私の言っていることが博物館に陳列してある大昔の出土品のようだったら、ごめんなさい。でも、これが私の見方なのです――それに、長いこと、いろいろよく観察してきましたし。次のエッセーには含蓄のある言葉が詰まっています。

落第坊主の作り方

何度かとんでもない失敗をしている子を一人選ぶ。その子を何かというとすぐ突っ掛かるように型にはめ込む。指導に従わないという固い貝殻の中にしっかりと押さえ込む。コップ山盛り一杯の敵意を加える。傲慢さと怒りを同量包み込む。

よく混ぜて、安易な解決策を取る。悪友を定期的に振り入れる。道理をわきまえた人の意見への傾聴拒否を篩い入れる。

先見の明のなさと宿題をしなかった言い訳と、援助受け入れ拒否を使って、激しくかき混ぜる。正しいことより格好いいことを好む厚い衣をパラパラと散らす。最後に、非難を厚く塗り重ねる。いつもどこにもたっぷりあるから。

このキャセロールは「思春期びっくり鍋」という名前です。もしあなたがびっくりするようなら、作れないでしょう。しかし作ってしまったら、もうびっくりしません。

アン・ランダース様　あなたの編集者か出版元がこの手紙を活字にする勇気はないだろうと思

いますので、何を賭けてもいいです。ただ新聞に掲載されると、朝のコーヒーを飲みながら窒息する人が出るという最悪の事態が起こりかねません。一番起こって欲しいのは、子供たちが驚いて行動を改め、監獄に入るという悪夢を回避するかもしれない、ということです。

夏の到来で、さらに多くのティーンエイジャーが揉め事を起こしています。私がここで言っている〝揉め事〟というのは、麻薬や強盗や殺人にからむ凶器を使った犯罪です。そういったことを何かしようと考えている子供たちに、監獄とはどんなものか教えましょう。

「君は鉄格子の中に閉じ込められるが、まわりは殺人者や泥棒ばかりだ。刑務所の食事はひどい。食べるか、さもなくば、飢えるかだ。いつも監視され、何度も裸にされて調べられる。そして恐らく君は、セックスに飢えた罪人どもに女の代わりに強姦されるだろう。

そこではちょっとしたいさかいが、生きるか死ぬかの問題となる。本当の〝プロ〟から渡世の悪知恵を微に入り細に入り学べる――そして出所した時は、手にした知恵を試すために犯罪の生活に戻る誘惑にかられる。

牢屋からいったん放免されると、前科者には選挙権はなく、軍に入ることもできず、公務員の職にも就けないことが分かる。前科者でちゃんとした仕事に就ける人はほとんどいない。

近所で犯罪が起こると、警察がまず自分の家のドアを叩く。たとえ何もしていなくても、サイレンの音を聞くたびに、警察が捕まえに来るのではないかと思ってパニックになる」。

家にカゴの鳥になる恐れのある子供がいたら、今度本物の面倒を起こした時、次のような罰を与えてみたらどうですか――その子を金曜日の晩から月曜の朝まで、毛布と尿瓶以外何も持たせずに部屋に閉じ込め、ひどい食事を与えるのです。
そして、ほとんどの州にあるたいていの矯正施設や青少年拘置施設の独房はこのようなものだとしっかり伝えてください。これは残酷に思えるかもしれませんが、それでも家の〝監獄〟に二日いる方が、牢屋に五年いるよりはずっと楽だ、と私は断言します。――シカゴで心配

心配様　賭けはあなたの負けですね。あなたの手紙を載せましたよ。編集者は一人としてひとことも修正しない、と喜んで賭けましょう。ありのままに言ってくださってありがとう。

次は親から娘、息子への手紙です。十代の読者の皆さんが、それが特に自分たちのためになる手紙だと気づいてくれればと思っています。

愛しき娘（息子）へ　赤ちゃんの時からずっと、あなたがどこにいるか分かれば、それで安心したわ。大きくなるにつれ、安全でいられる場所は、家の中から庭、家のまわり、近所に広がって、今では、どこにいても危くはないほどになったわ。でも、あなたが無事だと知ることが、今でもまだ、私の最大の関心事なのよ。
あなたが小さい頃、学校から帰ったら私がいなかったことを覚えている？　知っている電話番号に全部電話したわね。やっと私が家に帰ると、大人っぽい声で、「どこに行ってたの」と言った

わね。あれは私におせっかいを焼いていたのではなく、怯えていたのよね。私がどこにいるのか分からなくて、怖かったのでしょう。不安でしょうがなかったのよね。

今は詮索するつもりはないわ。できるだけ自由にしてあげたいと思う。でも、そうするには、あなたがどこにいるのか、いつ家に帰って来るかが分かればの話なのよ。いずれ、あなたに対する私の責任は終わり、心配もなくなるでしょう。自信と愛情がそれに取って代わるでしょう。でも、どこへ行くつもりか、何時頃帰って来るのか聞くのは母親の口癖。本当は、「愛してるわよ、気をつけてね」という意味よ。あなたが答えてくれれば、それだけで、子供言葉に直せば、「私（僕）も愛してる」ということになるのよ。

――あなたの母親

お母さんへ　今ティーンエイジャーをお持ちの何百万もの親御さんの気持ちをよく代弁してくださいました。ありがとうございます。

アン・ランダース様　僕は高校の最上級生ですが、僕の同世代の子供たちの運転の仕方がとても心配です。ひどいドライバーの中には僕の友達もいるので心配なんです。同封した次の話は、刑事裁判の授業で読むよう指定された宿題の一部です。

どうぞ活字にしてください、アン。命をいくつか救えるかもしれませんから。

――ロングアイランド、『ニューズデイ』の読者

天は待ってくれるのに

自動車の衝突事故では、人が死ぬのにほんの一秒の7/10しかかからない。イエール大学とコーネル大学の研究が、車が時速九〇キロで木に突っ込むとどうなるか、劇的な一瞬一瞬の記録を明らかにした。

1/10秒でフロントバンパーとグリルが潰れる。

2/10秒でボンネットがグチャグチャになって、盛り上がり、フロントガラスにぶつかって壊れて、グリルは跡形もなくなる。

3/10秒でドライバーはシートから真っすぐ飛び上がって、ダッシュボードにぶつかって膝の骨を折り、ハンドルがグリップの下で曲がる。

4/10秒で車のフロントはすっかり破壊されて動かなくなる。しかし、後部はまだ時速九〇キロで突っ込んでいる。半トンの車は木にガガッと突っ込む。

5/10秒でドライバーの恐怖で凍りついた手がハンドルをほぼ直角に曲げ、ドライバーはハンドルのシャフトで串刺しにされる。ギザギザになった鋼鉄が肺や動脈に穴を空ける。

6/10秒でその衝撃で靴が脱げる。車台が真ん中で曲がって、ドライバーの頭がフロントガラスに叩きつけられる。車の後部は、スピンしているタイヤが地面に食い込んで進むにつれて、下に落ち始める。

7/10秒で車全体がグロテスクな形にねじれる。最後のあがきで、フロントシートが前に倒れて、ドライバーはハンドルのシャフトでクギ付けにされる。血が口からブワーッとほとばしり出る。ショックで心臓は止まっている。

もう、彼は死んでいる。考えるのもぞっとするし、全部まったく必要のないことだ。死ぬことと目的地に安全に到着することとの違いは単に、結果について考えるか考えないかだけのことだ。
向こう見ずは愚かしい。注意して運転して、生きてください。

アン・ランダース様　私は三人の子供の母親ですが、私が〝いい親〟かどうかを試すあなたのチェックにはうんざりしています。私の答えは「目一杯いい親よ」です、嘘じゃありません。主人と私は愛し合っています（セオドア・ヘスバーグ師の第一条）。私たちは家族として立派にやっています。

子供の学校の企画や活動に興味をもっています。過大なプレゼントを与えたり、何でも好きなことをさせて子供を甘やかすようなことはありません。

子供たちは自分で使うお金は働いて返します。革の鞭で躾けた訳ではありません。私たちは〝話し合って解決する〟方法を使っています。

では私の悩みの種は何だ、とおっしゃいますか？　単にこういうことです。つまり、子供たちは大きくなるにつれて、ぶっきらぼうで、無責任で、言うことを聞かなくなっています。兄弟喧嘩はするし、泣き言は言うし、ふて腐れるし、不平ばかり言います。以前は子供のためにいろいろしてやるのが楽しかったのですが、今は骨折り損のくたびれ儲けだと思っています。

このように思っているのは私たちだけではないのは分かっています。友人たちは、「今、手に余ると音を上げているけど、二、三年待ってごらんなさいよ。もっとひどくなるから」と言います。

子供たちがもう少しちゃんとしてくれたら、あなたが最近行った調査「もう一度やり直せるとしたら、やはり子供は欲しいですか」に、もっと多くの親が〝イエス〟と答えたことでしょう。次に、**子供たち**向けの質問をご紹介します、――ちょっと目先を変えて。

一、最近、お母さんを抱き締めたのはいつですか、何か欲しいからではなくて。
二、最近、お父さんを特に喜ばそうとしたのはいつですか、何か直してと頼んだのではなくて。
三、両親の友達に挨拶をして、敬意をもって接していますか。
四、自分の家を誇りに思っていますか。それとも、居間にヨーグルトの入れ物を放っておいたり、こぼした染みをそのままにして誰かに掃除させますか。庭はどうですか。一晩中新しいボールを雨の中に出しっ放しにしましたか。
五、車はどうですか。座ると誰かがガムをお尻にくっつけてしまうようなことがありませんか。車について言えば、後部座席で騒いだり喧嘩したりしたので、お父さんが縁石か路肩に車を寄せなければならなかったのは、最近ではいつでしたか。
六、最近、お母さんに、「ご飯、おいしかったよ。僕のために一所懸命料理してくれてありがとう」と言ったのはいつでしたか。
七、お父さんかお母さんが車で送り迎えしてくれる時、時間を守りますか。指定された場所にいますか。それとも、親の方があなたを捜さなければなりませんか。
八、最近、お父さんかお母さんが学校に忘れものの弁当か本を持って行かなければならなかったのは、いつでしたか。こういうことをしてもらったら、「ありがとう」と言いますか。
九、最近、親から言われたことを理由を聞かないでしたのは、または、「ちょっと待って」とか「どうして僕がしなきゃならないの」と言わずにしたのは、いつですか。

十、お母さんやお父さんを誇りに思っていますか。マナーはどうですか？　ご両親はあなたのことを誇りに思っていると思いますか。

ねえ、子供たち、私たちはあなた方を愛してるわ。一緒に楽しめたらいいなと思っているけれど、道は一方通行ではないのよ。自分たちの義務は果たさなければね。

——フロリダの母親

お母さんへ　ものすごくたくさんの目があなたの手紙と質問を見たはずです。そして、きっと多くの親御さんたちが、自分は一人ではない、と思っていますよ。

あなたのご不満はごく普通のことです。またこれは、世の中にごまんといる、行儀を良くする必要がある子供たちに伝わるかもしれません。お手紙ありがとうございました。

アン・ランダース様　私は、最近の子供たちが受けているストレスについていろいろ読んでいますが、馬鹿げたことだと申し上げます。

あなたは、私と年は同じくらいだと思いますが、アン、今の子供たちより私たちの方がずっと大変な目に遭ってきたと、きっと同意していただけると思います。

大恐慌がとてもひどかったので、どうやってその時代を生き抜いてきたのか私には分かりません。家には私たち五人の子供を食べさせるほど食べ物はありませんでした。隣近所の人たちが助けてくれなければ、私たちは飢え死にしていただろうと思います。

仕事は全くありませんでした。父も母も仕事がありさえすればどんなつまらない仕事でもしていました。父が炭鉱で三日働いて、支払いは石炭だった時のことを覚えています。それでも、父は大喜びでした。

今の子供たちは、飢えることの何たるかを知りません。公費で、学校で朝食も昼食も食べさせてもらっている子がたくさんいます。もちろん、それは私たち納税者が払っているのです。

フランクリン・D・ルーズベルトが大統領になった時、彼は市民保全部隊を始めましたが、それは天からの賜物のようでした。なんという素晴しいアイディアでしょう！　それは、我が国の再建に貢献し、驚くほど多くの若者に仕事を与えてくれました。私もその一人でした。今の子供たちの何人があれほど一所懸命進んで働くでしょうか。呆れるほど少ないことでしょう、きっと。

自分の孫たちを見ていますが、アン、昔の私たちと比べたら、甘ちゃんです。ひどく贅沢な暮らしをしていて、笑いごとではありません。きっと、私の意見に賛成してくださると思っています。この手紙をどうぞ活字にして、ご意見を聞かせてください。

――血気盛んなミシガン州人

血気盛ん様　さあ、あなたの手紙をお載せしましたが、今の子供たちが私たちより楽な生活をしているというご意見には同意できません。

彼らが直面している問題は、貧困よりずっとタチが悪いのです。実際のところ、大恐慌時代に成長したお蔭で私たちは、今の若者がもっていないやる気と生きていくための技を手に入れました。別の言い方をすれば、現代の若者たちにとっては、あまりにも多くの利点が、かえって不利な面になっているのです。

現代の子供たちは、一夜にして自分たちを灰にするかもしれない核兵器の現実と付き合わなければなりません。それに、環境を蘇生させる方法を考え出さなければならないでしょう。この国には、蝶々とはどんなものか見るためには科学博物館に行かなければならないところがあるのです。空気は汚れ、川や湖は死にかけ、オゾン層には穴が空いています。私たちが成長している時は、決して夜ドアに鍵は掛けはしませんでした。現代は、あらゆるものに鍵が掛けられています。しかも、鍵や警報器やセキュリティシステムがあるにもかかわらず、一番高級な住宅地でさえ強盗、レイプ、殺人が起こり、その数は、驚き呆れるばかりです。犯罪がはびこっているのです。

十代の頃、私はコカインやクラックなど一度も聞いたことがありませんでした。ミュージシャンの中には〝マリファナ〟を吸っている人が少しはいましたが、ティーンエイジャーは手を出しませんでした。現代では、スピード、エンジェルダスト、クラックが加わり、明らかに集団暴力や麻薬に関連した殺人が起こっています。麻薬取引では莫大な金が動き、ティーンエイジャーの中にはその仕事をやってみたがっている子たちがいます。

エイズも私たちが聞いたことがなかったものです。それに、それは死の宣告でもあります。私たちの時代の性感染症はペニシリンで治せました。

ステロイド常習者を作り出しているボティビルマニアについてはまだお話していませんでしたね。ステロイドは危険な薬ですが、若者たちはそれに気が狂ったように夢中になっています。また、針金のように痩せたいという狂気が、驚くほどの数の拒食症や過食症のティーンエイジャーを生み出しています。

私はもう人生の大部分を生きてしまって良かったと思っています。スリランカの紅茶を全部もらっても、二十歳には戻りたくありません。私の孫やあなたのお孫さんが、九十年代の地雷原の中に自分の歩く道を見つけて、二十一世紀に向かって進んで行けるようにと、ただ祈るのみです。

「血気盛んなミシガン州人」さんが、年配者（私の世代）たちは今の子供よりずっと苦労した、と喝破してくれました。

私は、それに反対して、その理由として核戦争、環境汚染、犯罪、麻薬、ギャング、エイズなどの脅威を挙げました。このやりとりが読者の皆様を刺激してしまいました。次に、猛烈な勢いの手紙のいくつかをご紹介しますので、お読みください。

アン・ランダース様　アメリカの若者のいわゆる〝甘ちゃん〟の一人として、現在の甘やかされたティーンエイジャーがどんなものか、別の姿をご紹介しましょう。

僕はブルーカラーの家庭の四人兄弟の長男です。五年前、父が私たちを置いて出て行きました。母は二十年間働いたことがありませんでした。母が最終的に賄いと掃除の仕事に就くまで、ピーナツバターと自家製パンを食べて生きながらえました。現在、大恐慌はないのは確かですが、離婚で犠牲になった僕たちのような子供たちにとっては、大恐慌も同然だ、と言ってもいいと思います。

——バージニア、あるティーンエイジャー

ウィスコンシン州シェボイガン「現代のティーンたちに降りかかっている恐るべき諸問題は度肝を抜くようなものだ、とおっしゃるあなたは間違っていません。爆弾が髪の毛一本で頭上にぶら下がっていますし、地球は肥溜めのようになっています。しかし、問題の核心には倫理観があります。何が起ころうと、各人が自分の行動に責任があるのです。私はあなたと違って、アン、是非もう一度二十歳に戻りたいと思います」。

ニューハンプシャー州ポートマス「現代の子供と大恐慌時代の若者と比べたコラムをありがとうございました。私は二つの仕事をかけもちしている高校生を数人知っています。そして、彼らがいつも授業中起きていられないほど疲れているのを見ています。稼いだお金をどうするとお思いですか？　使い道はたくさんありますが、彼らは間違いなく大学の学費にと貯めているわけではありません。中古車かオートバイの維持費か、レコード、テープ、ビデオ、化粧品、奇抜な服やジャンクフードを買っているのです」。

フロリダ州ペンサコラ「僕は十五歳ですが、今どきのティーンエイジャーはちっとも面白くありません。僕の仲間内では、麻薬をやらないと気味悪がられます。先月、僕の学校のいわゆる〝いい〟子が首吊り自殺しました。銃はそこら中にあるようです。アン、十代の頃、銃で撃たれるのではと不安になったことはありましたか？　もちろん、僕はあります」。

ウィスコンシン州ストートン「『血気盛んなミシガン州人』さん、現代の子供たちが贅沢な暮らしをしていると思うなら、ホームレス保護施設を訪ねて、笑いもしない二歳児、話のできない三歳児、遊び方を知らない四歳児をごらんになったらいかがでしょう。また、学童に朝食や昼食を自分の税金で食べさせてやるのはどうもと泣き言を言わないで、その子たちの家庭を訪問して、何を食べているか見たらどうでしょう。この子供たちの多くにとっては、量の少ない学校給食が、彼らが口にする唯一ちゃんとした食事なのですよ」。

デトロイト「若者を取りまく環境が現代においてはますます恐ろしいものになっている、というご意見に同感です。私たちには物質的なものはあまりありませんでした――テレビも電気仕掛けのおもちゃも全くなく、ブランド物の服もありませんでした。でも、外で遊ぶのも、縄跳びをするのも、石蹴りもスケートも安全でした。想像力を駆使していろいろなものを一から自分たちで作りました。女の子は、人形の服を縫い、男の子はスクーターやスケートボードを作りました。私たちは今のカウチポテトと比べればずっと運動をしました。実際、学校には歩いて行ったじゃありませんか！　私たちはまた、親やお巡りさんや先生を敬うように教わりました。もし学校で面倒を起こせば、家ではもっと大変なことになりました。時代は確かに変わっていますが、良くない方へ進んでいる、と残念ながら言わざるを得ません」。

読者の皆様へ　皆様のお知恵には毎度のことながら、感謝にたえません。

子供を持つべきか否かに関しては、どなたもご意見をおもちです。

アン・ランダース様　ここに同封したものは郵便で届きました。子供のいない夫婦に関してのあなたのコラムが一緒に付いてきました。ところで、私たちには六人の子供がいます。ユーモアのセンスもあります。あなたもユーモアのセンスをおもちなら、この手紙を新聞に載せてください。「作者不明」となっています。どうぞお読みください。

子供のいない夫婦ほど悲しいものはない。彼らがプールのまわりでリラックスして伸びをしたり、孤独な道化のようにヨーロッパに出掛けて行き、日焼けし過ぎて惨めなのを見るのは、痛ましい。なんと空しい人生か！　使うにはお金しかなく、楽しむには時間しかない！

彼らは子供のために、適当にしないで済ますという楽しみを全部に失っている。欲しい物を買って、したいことをして、なんて自分勝手になっているんだ。みんな子供を持つべきだ。

何人《なんびと》も、育児のあらゆる段階にある、やり甲斐のある経験をしないで済ますのを許されてはならない。あの一晩中寝ずの看病の日々、咳の発作、飲んだくれのベビーシッター、おねしょでビショビショの敷布団、真夜中の病院への駆け込み、兄弟喧嘩がひどい時その子たちを引き離すこと、などなど。

カクテルアワーを明るくしてくれる子供がいない夫婦はお気の毒だ。可愛い子供たちが、親の手からマティニのグラスを払いのけたり、ポテトチップスを絨毯にこすりつけたりするのは普通のことだ。それに子供が親とオリーブの取りっこするのは、見ていてとても楽しい！

お客さんの目の前での小さな取っ組み合いは人生を円満にしてくれる。そして、お開きの時間を早めてくれる。

本当の満足はあとからやってくる。そう、通知表によって、わが家の神童が頓馬にも劣るということが分かった時の有意義な会話だ。そして、それに続く何時間もの言い争い。妻は夫の家系のせいにし、夫の方は、妻の家系のせいにする。

しかし、子供は苦労し甲斐があるものだ。息子を狩りに初めて連れて行った時の温かい感覚。息子は足を撃つつもりはなかったのだ。息子がどれほど泣いたか。私が鹿でなくてすごくがっかりしたんだ。その時のせいで今でも足を引きずっているけれど。

いつも自制を実践することほど人格を磨くものはない。五百ドルの歯列矯正装置に太陽光線を反射させている息子の温かい笑顔を見ていることほど、いい修行になるものはない――奴《やつ》はそれをピーナッツの豆板を食べて壊してくれたんだから。

子供のいない夫婦は真空の中で暮らしているようなものだ。孤独な時間をゴルフやブリッヂや旅行や社交などで満たそうとしている。時には、静けさと有り余ったお金が頭をおかしくするほどだ！

歳月がその夫婦にどういう影響を与えたかを知るためには、その空っぽの抜け殻を見さえすればいい。夫の方は、少年っぽく、皺がなく、元気に見える。妻の方は、ほっそりとして、髪も肌も手入れが行き届いていて若々しい。そんなのは自然じゃない。

私たちのように子供がいたら、がたがきていて、白髪だらけで、皺が深く、神経もおかしくなっているだろう。

――サンフランシスコ

皆様へ　大笑いをする人がいたり、あくびを誘われる人がいたりする手紙を送ってくださって、どうもどうもありがとうございます。一〇ページもの反論を、書こうと思えば書けますが、やめておきます。しかし、ひとこと、どうしても言いたいことがあります。子供がいない夫婦が楽しむ〝カクテルアワー〟は、半ダースの子供よりずっと早く老けこませる効果抜群ですよ。

最善を尽くしているのに激励の言葉が必要な親御さんを助けるために、私が書いたコラムを次にご紹介します。一番よくリクエストされるものの一つです。

アン・ランダース様　アメリカンドリームを達成しようと頑張ってきて、子供を愛し、子供に一番良い生活をさせられるようにと、出来るだけのことをしてきた私たち五十代の親たちに、どんな知恵、慰めあるいは忠告をくださいますか。私たちは今や一番惨めでもあるのです。子供たちの中には、麻薬に溺れていたり、仕事に就けない落伍者、放浪者、浮浪者などがたくさんいて、世間には腹を立てていて、親には敵意をもっていて、社会にはそぐわないのです。親は、自責、心配、失望と経済的援助の点で、どのくらいのものを、どのくらい長く負担し苦労しなければならないのでしょうか。昔よりはお金があり、仕事のプレッシャーも少なくなって、まだかなり健康でもある私たちは今、残された時間をどう楽しんだらいいのでしょうか。

今の子供たちが社会に順応できず、途方に暮れて、問題に立ち向かえないのを見ると心が痛みます。私たちに責任があったのだと思わざるを得ません。何はともあれ、彼らは私たちの娘であり息子であるのですから。私たちが彼らを育てたのです。援助打ち切りの線はどこにあるのでしょうか。何か対処法はありますか。

――良かれと思っていた親

良かれと思っていた方へ　子供たちに対して〝ご自分でしたこと〟のせいで惨めになっている、あなたや世の親御さんたちに次のように申し上げます。「ご自分を責めるのはおやめなさい。ただひたすらに子育てに精一杯頑張ったのでしょう?――経験もなく、欠点やらなにやら、その他諸々あったのに。親から心を豊かにする育てられ方をほとんどしていないにもかかわらず、人のために働く勇士になる子供もいれば、愛され、望まれ、思いやりをもって育てられ、いわゆるあらゆる有利なものを持っている子供が、ひねくれて、人を受け入れず、問題に立ち向かえない人間になることがありますが、その理由は誰にも分かりません。

私は、行動学の〝専門家〟が無視している遺伝的要因を信じるようになっています。私たちはみんな、神経組織を親から受け継いでいます。そしてその神経組織が脆ければ、耐えられることもごく限られます。生まれつき何があってもうまく生き残れる人がいます。この人たちは、人生のどんなひどい打撃にも耐えられ、人生にますます忍耐力ができてきます。ちょっとした逆境に遭っただけで、ボロボロになる人もいます。バターを溶かすのと同じ火が、鋼鉄を鍛えるではありませんか。

それに、個人の責任に目をつぶらないようにしましょう。子供たちが、自分たちの人生が目茶苦茶になったのは親のせいだと言うのは聞き飽きています。どんなに障害を抱えた人だって、この厳しく競争の激しい社会でちゃんとやっていけるし、実際ちゃんとやっているではありませんか。

麻薬から抜けられない人たちのために、熱心で、献身的な訓練された職員のいる麻薬中毒センターがあります。専門のカウンセリングを受けたい人には、メンタルクリニックがあります。自己精神療法のグループは、驚くほどの効果を上げています。〝アルコール中毒自主治療協会〟〝賭博常習者更生会〟〝リカバリー〟は無料です。そのような団体はいくらでもあります。「あんたが俺をだめにしたんだろう、だから、なんとかしろよ」というような悪態はもうたくさんです。子供たちに激しく攻撃されている親の罪悪感はナイフでは切れないほど厚みがあるのです。しかしその罪悪感は子供たちの経済的精神的依存を永久に続けさせたり、憎悪、懲らしめ、最悪な怠惰の風潮を作り出すこと以外何の役にも立ちません。「神は自ら助くる者を助く」です。

大丈夫だよ、お前。みんなやってるんだから！

ジョニーは六歳の時、父親の運転する車に同乗してスピード違反で捕まった。父親は警官に免許証と一緒に五ドル紙幣を手渡した。「大丈夫だよ、お前。みんなやってるんだから」と、走り出してから父親は言った。

ジョニーが八歳の時、ジョージ叔父さん主宰の所得税申告書のごまかし方を教えるファミリーセミナーの見学を許された。叔父さんは「大丈夫だよ、お前。みんなやってるんだから」と言った。

九歳の時、母親が初めて観劇に連れて行ってくれた。切符売り場のおじさんは「席はない」と言ったが、母親が財布にもう二ドルあるのを見つけると、とたんに席が見つかった。母親は、「大丈夫よ、お前。みんなやってるんだから」と言った。

十二歳の時、学校へ行く途中メガネを壊した。フランシーヌ叔母さんが、盗まれた、と保険会社を納得させ、二十七ドルせしめた。「大丈夫よ、お前。みんなやってるんだから」と叔母さんは言った。

十五歳の時、ジョニーは高校のフットボールチームでライトガードになった。コーチは、ブロックして、同時に審判に見えないよう敵のエンドのシャツを掴む方法を教えた。「大丈夫だよ、君。みんなやってるんだから」とコーチは言った。

十六歳の時、夏、近所のスーパーマーケットで初めてのアルバイトをした。彼の仕事は、熟れすぎたトマトは箱の底に並べ、いいトマトは一番上の見えるところに並べることだった。「大丈夫だよ、君。みんなやってるんだから」とマネージャーは言った。

十八歳の時、ジョニーと隣の席の生徒が大学の奨学金を申請した。ジョニーはぎりぎりの成績だった。隣の席の生徒はクラスの上位三パーセントに入っていたが、ライトガードはできなかった。奨学金をもらったのはジョニーだった。「大丈夫だよ、みんなやってるんだから」と当局は言った。

十九歳の時、上級生が近づいて来て、試験の答えを三ドルで売ってやると言った。「大丈夫だよ、君。みんなやってるんだから」とそいつは言った。

ジョニーは捕まって、不名誉にも家に帰された。父親は「よくもこんな不始末をして親に恥をかかせてくれたな。うちではこんなことは教えていないはずだ」と言った。叔父さんも叔母さんもショックを受けた。
大人の世界が我慢のできないことがあるとすれば、それは人を騙す子供だ。

さて、もうあなたのお子さんは成長して、自立しているかもしれませんね。それでも運命は私たちにびっくりするような仕掛けを用意しておいてくれます。

アン・ランダース様　私たちは中産階級の親ですが、ほかの親御さんも悩んでいるに違いない問題に直面しています。適当な言葉がないので、それを〝出戻り〟の問題と呼ぶことにします。〝出戻り〟とは、幸せに結婚していて、永久にその家かアパートに腰を落ち着け、親の援助がなくても経済的にやっていけると親は思っていたのに、そうではなかった若い大人になった子供たちのことです。

今、どうにかこうにか私たち親はやっと自分たちの人生を送ることができる（万歳《ハレルヤ》！）と思っています。そうではありませんか？　ところが違うんです。大人になった子供（息子または娘）がスーツケースを片手に、ペット（または、子供）を連れてやって来て、彼または彼女は、離婚して家に帰って来た、と通告するのです。

アン、この頃は、非常に多くの大人の子供がパパやママのところに駆け戻って来ていて、〝家族〟が結婚前にしてくれていたように自分たちの面倒を見てくれる、と信じています。私たち親の多くは、生活もギリギリですし、本当に大変なのですが。

古巣に戻って来て、三十代、四十代にもなっているのに、子供として扱ってもらうのを期待している子供たちから、親はどのように身を守ればいいのでしょうか。

――ニューヨーク州ユニオンデイルのS・G

S・G様　どうしたら結婚に失敗して親の家に帰って来た大人の子供たちから身を守れますか、ですって？　「駄目よ」ときっぱりと言う以外、方法は全くありません。

しかし、それではあまりにも薄情に思えます。特に夫婦間に暴力や虐待がある場合には、臨時に避難させてくれるようにと子供が頼むのも仕方がないでしょう。しかしながら、親がずっとただ乗りを許すならば子供のためには全くなりません。状況はそれぞれ違いますから、すべてのケースに合う解決法はありません。それぞれのケースでその問題に則して対処しなければならないでしょう。

アン・ランダース様　私には、結婚でも仕事でも立派にやっている四人の子供がいます。大学の学費、住宅ローンに関しては子供たちをずっと平等に扱う努力をしてきました。子供を贔屓しないように、ローンには適当な率の利子を取ることを私のポリシーにしています。

最近、長女から今より大きい家を買うための二年のローンを頼まれました。娘もその夫もいい仕事に就いていますが、非流動資金を使うのを避けたがっていました。借金を頼む際に娘は、親は子供から利子を取るべきではないとずっと思っている、だからこのローンは無利子にして欲しい、と言いました。その言葉で不愉快になりましたが、金を貸すことには同意し、それを無利子にするかどうかは考えておく、と答えました。

その直後、娘はそのお金を要求する電話をしてきました。私は前にもそうしたように、署名して送り返すようにと書いた覚え書を添えて、小切手を送りました。その覚え書は、利子を払うという同意書でもあり、それに、返済計画案も入れました。驚いたことに、娘は小切手を現金化した上で、利子に関するところはバツを付けて、その借用書を送り返してきました。そしてその後、元本だけを毎月返済しています。

最近娘の家を訪問した時に、そのことを話し合いましたが解決できませんでした。

娘は、私が利子を請求しないと思わせるようなことを言ったではないか、と強く言い張りました。そこで、私は、誤解を招いたのは申し訳ないが、小切手と署名を求める覚え書を受け取った時点で私の姿勢は分かったはずだ、と言いました。

ローンには利子を付けるという私のポリシーは理不尽ですか、あなただったらどうなさいますか。

――アクロンのカール

カール様　まず第一に、私だったら子供に貸すローンに利子は付けないでしょう。でも、あなたのお金ですから、あなたはご自分のお好きなように処理する権利はあります。

あなたが考えておこうと言った時に、お嬢さんはあなたが頼みをきいてくれたのだ、と思ったのでしょうね。でも、お嬢さんは自分の推測が正しいのか確かめもしないで、利子に関する文言にバツを付けて返すべきではありませんでしたね。
お子さんにローンの利子を請求するのがあなたのポリシーなのですから、お嬢さんは他人なら払わなくてはならないように、利子を払うべきでしょう。

アン・ランダース様　主人と私は、アクロンのあのお父さんにあなたが書いた信じられないほど愚かしい回答に、頭から湯気が出るほど怒っています。娘さんは前より大きな家を買うのに自分たちの財産をどれも換金したくないので、お父さんから無利子のローンを借りたがっていましたね。いいですか、そのお父さんが利子を生まないマットレスからそのお金を取り出したのでない限り、彼はその取引でお金を損しています。
私の子供も私も時折〝父さん銀行〟を利用していますが、利子はいいよと言われても、無利子のローンなどとは考えもしません。現在、私たちの社会に存在する問題の一つは、あまりにも多くの人たちが物をただでもらうのを期待し過ぎていることで、なんと、あなたもそれを奨励しているではありませんか。私たちは、アン・ランダースがこの問題では非難の投書をたくさんもらっているぞ、と賭けをしています。

――ノースカロライナ州、マークとテリー

マークとテリー様　あなた方は賭けに勝ちました。東京のように遠く離れたところにいる読者の方からもお叱りを受けました。何の弁明もありませんので、一時的に頭がおかしかったと申し上げます。次をお読みください。

シカゴ　アン、どうかどうか私を養子にしてください。私にどうかその無利子のローンを借りさせてください。私は結婚していて子供が二人いて、三番目が妻のお腹にいます。小さなワンベッドルームの家に住んでいますので、もっと大きなところに引っ越さなければなりません。残念なことに、私の信用格付けはそれほど良くはないのです、つまり、ローンを〝銀行で受け付けてもらえない〟のです。「アクロンのカール」さんに、十一パーセントの利子を喜んでお払いしますから、とお伝えください。

――スティーブ

ヒューストン　家族のメンバーにしろ他人にしろ、ローンに利子を請求しないと重税を払わなければならない可能性があるということをご承知おきください。一九八四年、国税法で、一万ドル以上の贈与はすべて課税対象であるとされました。ですから、どうか、アン、子供に利子なしで無制限にお金を貸してもオーケーだと皆さんに言い続けないでください。あのお父さんは贈与税でひどい打撃を受ける可能性があるとご注意なさる方がいいでしょう。

――W・F・C

ニューハンプシャー州ナシュア　無利子のローンを借りたがっている娘さんのいるお父さんへのあなたの聖人ぶった、間抜けな回答は信じられませんでした。私は大家族の出で、兄弟も私も親からお金を借りたり、お互いに貸借し合ったりしていますが、私たちは、常に借りたお金を普通預金にずっと入れておいたら付くのと同率の利子を、利子として支払います。

――RとK・C

ダラス　八十代の読者ですが、子供に無利子でお金を貸すことに関してのあなたの最近の回答に意見を言ってもよろしいでしょうか。子供が自分の力でちゃんとやってゆく楽しみを奪うのはとんでもない仕打ちです。さらに、子供を愚かにも甘やかしてきたお年寄りを何人か知っていますが、そのせいで今、彼らには、きちんと老後の生活をするのに必要なお金がないのです。これまで親に援助してもらっていた子供たちが親への援助を厭《いと》わないと思いますか？　とてもそうは思えません。

——経験者

カリフォルニア州ノースベイ　私は、未亡人の母からかなりの額のお金を最近借りた大人になっている子供です。母は経済的に不自由はしていませんが、そのお金をへそくりを入れておくクッキーの瓶から出してくれたのではないのは分っています。母がその利子で生活している金融市場口座か何かの投資からそのお金は捻出されたものでしょう。母は利子を払うようにとは言いませんでしたが、もし私が利息を払わなければ、恥知らずと言われても仕方ないでしょう。あなたの回答が信じられません。

——キャシー

トロント　親戚は、お金の貸し借りとなると、一番初めに裏切るものです。亀裂や苦々しい感情は、何より、金銭問題から起こっています。

——J・R

J・R様と手紙をくださった皆様に　お手紙の様子からして、私は本当にこの問題で大失敗をしてしまったようです。四万人もの読者の方々が間違っているはずがありません。お子さんに利子を負担させてください、皆様。

アン・ランダース様　最近のコラムで、あなたは決して子供にはローンの利子を負担させないと「アクロンのカール」さんに言いましたね。どうして取ってはいけないのか、是非言ってください。

大方の親は子供へのローンでそこそこの率の利子を負担させるのは、太っ腹な親切心だと考えています。実際そうなんです。あなたの言ったことは、子供たちにただで何でも手に入れるようにと仕向けるだけですよ。

また、無利子のローンを組んでやるのは、自分で創意工夫し、自分のことは自分で処理する方法を学ぶ機会を子供から奪っているのだということを、あなたは考慮に入れていませんでしたね。それに、子供に利子をそこそこ負担させると、身勝手な借金を思いとどまらせ、独立独行を促し、家族関係をさらに良いものにすると付け加えさせてください。

――バージニア州フォールズチャーチ、経験者

バージニア様　この問題には厳しい反応を受け取りました、私は前にもそれを発表したことがありますが。ほとんどどなたも私を支持していませんでした。さらなる酷評をお読みください。

ニュージャージー州ニューアーク「ずっとあなたは、『ただで手に入れたものはめったに感謝されない』と指摘していたではありませんか。どうしてその哲学を捨ててしまったのですか。びっくりしてます、がっかりしてもいます」。

シアトル「親からお金を借りると、ローン手数料、信用調査、それに評価費用の出費を節約で

きます。それなのに、さらに二、三ドル節約しようとして、親が一所懸命稼いだお金に利子を付けないでなどと、どうして親に期待するのでしょうか」。

オクラホマ州イーニッド「カールさんのことは分からないけれど、母は余分なお金を譲渡性預金に投資して利子を得ています。もしその貯金を早めに下ろすと、ペナルティーがあります。余分な現金をたくさん遊ばせておく人はそう多くはありません」。

カナダ、オンタリオ州ハミルトン「主人と私は、主人の家族から借金するたびに、銀行が貸し付ける利子より一パーセント低く、銀行の譲渡性預金からもらえる利子より一パーセント高い利息を払いました。主人の兄弟はみな同じ取り決めをしました。**私の**家族では話が少し違います。両親は姉が家を買う時にかなり多額のお金を無利子で貸しました。弟と私が同じ取り決めをしてくれるよう頼みましたら拒否されました。このせいで、家族の中にかなり恨みつらみが出てきていて、姉に対しては憎しみの感情が生まれました」。

ドイツ、ミュンヘン「カールさんのお子さんは前より大きな家を買う余裕があるのですから、ローンの現行利率をお父さんに払えるはずです。目を覚ましてください、アン」。

ニューヨーク州スキネクタディ「家を買うお金を借りた時、私たちは義理の母に利子を払いました。あとで、義母のほかの子供たちもお金を借りたけれど、利子は払わなかったと知りました。この事実を義母に質《ただ》しましたら、『あなたは利子を払うと言ったけど、あの子たちは言わなかったのよ』と答えました。私たちは何かふんだくられた気分で、それ以来いろいろおかしくなっています」。

ペンシルバニア州エリー　「私たちは子供を甘やかしました。そんな訳でその子たちが自分の子供をもっとひどく甘やかしています。無利子のローンがそもそもの始まりでした」。

カリフォルニア州サンバーナディーノ　「無利子のローンは、子供に人生についての間違った考えを植え付けます。うちの界隈には二十五歳以上の十人のいわゆる〝子供〟が、まだ親と一緒に暮らしています。あまり〝援助〟し過ぎると子供を駄目にしかねません」。

ハリウッド　「私たちは、十四歳の息子が私たちから初めて一五〇ドル借りた時、利子を付けました。息子は自分のゴーカート用のモーターが欲しかったのです。彼は契約書にサインし、土曜日ごとに少しずつ返しました。数年後息子は、大学と法科大学院《ロースクール》に通いながら週四〇時間働き、今は弁護士として立派にやっています。息子は私たちの育て方を感謝しています。そして、『僕も子供たちを同じように育てるよ』と言ってくれたのです。嬉しい言葉ではありませんか！」

☕ ☕ ☕ ☕ ☕

アン・ランダース様　私は生まれてこの方ずっと、混血なのかと質問されています。今三十五歳になって、その問題に正答を見つける心の準備ができています。

両親は私が生まれてすぐ別れました。父は、自分が海軍の任務で海外に行っている時に母が浮気をしたのだ、と言い張っています。父が私を実の娘だと信じていないことに深く傷ついています。

私には混血らしい明らかな身体の特徴がたくさんありますので、つい数カ月前、母に質してみました。母は激怒して、そんな〝侮辱的な〟質問を持ち出して、と私をののしりました。それ以来、二人の関係は緊張状態が続いています。もう一度この話題を持ち出したら、二度と母が私に話しかけてくれないのではないかと心配しています。

この仲違いは終わらせたいのです、アン。でも真相も知りたいのです。欲張っていますでしょうか。どうしたらいいでしょう？　　　　――名前も住んでいる町の名も明かしたくない者

明かしたくない方へ　シカゴにあるイリノイ・フリーメーソン病院に問い合わせました。そこではその場でDNA鑑定をしてくれますが、次のような情報を得ました。

完璧に正確な鑑定結果を得るためには、あなたもご両親も調べてもらわなければなりません。鑑定の費用は六百ドルです。結果が出るまでには二週間から八週間かかります。その鑑定は、その男性が父親でなければ百パーセント正確で、父親なら九九・九パーセント正確です。

もし母親が鑑定を受けない場合は間違って陽性と出る可能性が〇・八パーセントある、とのことです。

あなたはお母さんの激怒を覚悟で鑑定を進めるつもりかどうか、決断しなければならないでしょう。あなたのお話から判断すると、お母さんが協力してくれるとは思えません。

調べてもらうことにした場合、万が一、鑑定がお父さんの言う通りだった時の波紋を受けとめ

る覚悟はできていますか？　真相究明を強行する前に、その結果起こるかもしれないあらゆる事態をよく考えてくださいね。

養子縁組

私の血肉を分けていないけれど
私の骨を受け継いでいないけど、
それでも奇跡のように私だけのもの。
一瞬も忘れることはない、
私のお腹の中で大きくなった訳ではないけれど、
私の心の中にいる。

養子縁組はいろいろと物議を醸している問題です。多くの州で、養子になった子供たちが産みの親を捜せるように、またはその逆を許すように法律を改正したり、修正したりしています。

私のコラムを定期的に読んでくださっている皆様は私が、大人になった養子と産みの親の双方が見つけてもらいたいと合意しなければ、そのような捜索には賛成していない、ということをご存知でしょう。養子の病気治療のために親の病歴が是非必要な場合がありますが、一方で、親を知りたいという好奇心を満足させるために、他人の生活を混乱させるのは、非常に問題があります。
これから養子をもらおうとしている人たちが、子供を養子にしても、あとで産みの親にもぎ取るように連れ去られてしまう危険があるのではないかと心配して、二の足を踏んでいます。それゆえ養子にされるのを待っている子供たちが、その間世話してくれる家庭や州援助の孤児院で待ちくたびれて、元気がなくなっているのを考えると悲しくなります。だからと言って養父母にとってこのような不安な状況がある以上、養子を迎えたいけれど躊躇している人たちを誰が非難できますか。

アン・ランダース様　あなたは、よく、養子が産みの親を捜す問題に取り組んでいらっしゃいますね。ある最近の手紙が、このような再会を扱った俗悪な報道機関の感情論があることと、そのため養父母の中には、今は大人になった産みの母親が姿を現すのを待っているだけの〝一時的〟父母のように感じさせられている人たちがいると、訴えていました。
あなたは、産みの親を一般化するのはフェアーではないとも、また子供を養子に出す時「皆様、とても苦しんでいますよ」とも、おっしゃっていましたね。しかし、その言葉こそひどい一般化です。養子縁組とは、必ずしも、悲しんでいるが誇り高い未婚の十代の女の子から子供を待っていた夫婦の腕の中に渡された、可愛いくて抱き締めたくなるような生後三日目の赤ちゃん、というストーリーではありません。

私たちの養女は、私たちの家に来た時四歳で、両親から深刻な性的虐待を受け、ひどい育児放棄をされた被害者でした。このような子供を育てる難しさは想像を絶します。多くは、情緒や身体や神経の障害があり、学習障害もあります。それは妊娠中の母親の麻薬中毒の結果であることがよくあります。

今七歳の娘が、〝本当の〟お父さん、お母さんのことを質問し始めたらどう答えたらいいでしょうか。今のところ、すべての親が子供の面倒をみる訳でもないし愛する訳でもない、だから愛情をもって育ててくれるお父さんやお母さんと生活する方がいい、と説明しています。こういう話はしばらくは効き目がありますが、やがて、もっと具体的な答えを迫る質問をすることでしょう。

娘の実の両親は親の資格がなく、ほかの三人の子供を裁判所に取り上げられ、彼らを取り戻す努力もしなかった、と娘に言うべきでしょうか。二人は捕まる前に町を抜け出し、それ以来逃亡中だということも。

娘が実の親を捜し始めたら、何を発見することになるのでしょう。実の親は麻薬を使い過ぎて死んでいるか、監獄に入っているかもしれません。果たして娘はその人たちが実際はどんな人か知っても耐えられるでしょうか。

このジレンマのお蔭で、私はいろいろ考え、結局、このような子供たちにとっては、答えないのが最善の答えで、実の親など捜さないのが何より一番いい選択だという結論を引き出しました。

私は自分の名前を署名しませんが、理由はお分かりでしょう。 ――サクラメントの親

サクラ様 おそらくご存知のように、何年にもわたって養子縁組の内情を知らされてきて心潰れるばかりの経験をしたことを根拠に、私は実の親を捜すことをお勧めしません。しかし、公平を期すために、幸せな再会になったケースもあるとお伝えした方がいいでしょう。

お嬢さんが心から真実を知りたがる年齢になった時、質問にどう答えるかに関して申し上げれば、ありのままの真実の方が嘘で塗り固めた話よりはずっといいでしょう。

アン・ランダース様 裁判所が〝精子父〟が自分の捨てた子供たちの人生に再び入り込めるように法律を変えたので、公平な土俵を確保すべきだ、という要求を少ししようではありませんか。

養父母は、養子を育てたり世話したりするのに掛かった費用を全額補償してもらうために、〝精子父〟に箇条書きにした請求書を提出すべきです。その請求書には、養父母が快く行った、毎日二十四時間の子守り、慈しみ、思いやり、栄養のあるものを与えたりしたことに対する請求も入れるべきでしょう。全額が支払われるならば、〝精子父〟が、一度は捨てた子供の人生に再び入ってもいいことにします。

もし、このような経済的請求に対処しなければならないとしたら、何人の〝精子父〟が自分の子と接触する必要性をそれでも感じるか、知りたいところです。きっとあまり多くはいないでしょう。養子縁組に関する法律は目茶苦茶です。 ――イリノイで悲しみにくれて

イリノイ様　心の底から、同感です。シカゴの〝リチャード坊や〟のケースでは、この四歳の養子に出されていた子が無理矢理実の父親に戻された時、人々の憤りが大噴出しました。

そのひどい判決を受けたケースをテレビ報道で見た人の誰もが、一番の敗者は〝リチャード坊や〟だ、と断言するでしょう。私の意見では、イリノイ最高裁判所のその判決は恥辱です。封印されていたはずの養子縁組の記録が、封印を解かれる可能性のある今日では、養子にもらわれる子はますます少なくなるでしょう。その意味でもまた、敗者は子供たちなのです。たくさんの人々の人生が混乱させられることになる事態を恐れ、法が何も守ってくれないことを心配しています。養子縁組全国協議会によると、いくつか適切な法律があるところもありますが、居住する州法次第だそうです。

二十七の州に現在、相互同意登録制度があります。統一養子縁組法は、養子に出された子供や産みの親を見つけるこの方法を推薦しています。その登録制度は、今は成人している養子や産みの親が互いに見つけ出してもらいたい場合に、プライバシーの権利を放棄する彼らのために不当ではない方法を用意しています。

その二十七州とは、アーカンソー、カリフォルニア、コロラド、デラウェア、フロリダ、アイダホ、イリノイ、インディアナ、アイオワ、ルイジアナ、メイン、メリーランド、マサチューセッツ、ミシガン、モンタナ、ネバダ、ニューハンプシャー、ニューヨーク、オハイオ、オレゴン、ロードアイランド、サウスカロライナ、サウスダコタ、テキサス、ユタ、バーモント、ウェストバージニアです。

実父母の捜索だけが議論される問題ではありません。読者の方によく、「いつ子供に、『お前は養子だ』と伝えたらいいですか」と質問されます。お子さんに知らせるのを一日送りに延ばしている方がたくさんいますし、黙っていた方がいいのかどうか、知りたがっている方も大勢います。

「知らぬが仏」という諺は、無意味な戯言です。知らないことは真実を知ることよりずっと危険です。

子供たちは養子なのか義理の子供なのかどうか、その言葉の意味が分かる年齢になったらすぐ、教えてもらうべきです。第三者からその事実を聞かされる危険にさらされるよりは、知っていて成長する方がずっといいでしょう。

全く世間の雑音が聞こえないようにお子さんを育てる計画でない限り、その事実を知っている誰かがいつかその子に教えてしまうことは、確実です。その事実をあなたからではなく他人から聞かされると、あなた方に対するお子さんの信頼を永久に打ち砕く可能性があります。

アン・ランダース様　今日もまた起こりました。二人の息子と一緒に大きなショッピングセンターにいました。すると、全く知らない人が、二人が全然似ていない事実をあえて指摘するという大きなお世話を焼いてきたのです。

私の六歳の息子は、二人が違う理由を説明する好機だと判断したらしいのです。そこで、彼は、「僕は養子だよ。そうなると家族は同じでも、顔は似ていないんだ」と言ったのです。

この子がこのような失礼な差し出口に腹を立てなくてよかったと、とても嬉しく思っています。何かご意見はありますか、アン。

――ニュージャージー州ハイランドレイクスの母

お母さんへ　お子様の言葉は、ひどく馬鹿げた差し出口に対するとても賢い受け答えだったと思いますよ。紹介してくださってありがとうございます。

さらにもう一つ議論を呼んでいる問題は、人種の違う子供を養子にするべきか否かに関したものです。一九七二年にこの問題に関して私が活字にしたコラムをいくつかご紹介します。私の立場は変わっていません。

アン・ランダース様　養子縁組についての手紙をたくさんコラムに載せていらっしゃいますので、養父母、養子、子供を手放した未婚の母、さらに未婚の父などからの手紙を読ませていただいています。しかし、少数民族の子供を養子にした白人のカップルからの手紙は全く載せていませんね。

主人と私は白人と黒人の混血の男の子を養子にする予定ですが、信じられない反対に遭っています。主人の両親も私の両親も反対なのです。友人たちの中にも、あなたたちは気が触れている、わざわざ災難を招いている、と言う人がたくさんいます。実際のところ、もう説明する気力がなくなっています。聞く耳を持たないのですから。

アン、ツーストライクから人生を始める罪のない子供に愛情を与えたいなんて思う私たちは、馬鹿なのですか。混血で生まれたこのような子供たちは、ほとんどの人から養子にしたくない、と思われています。彼らは本当の意味で、障害を背負っています。私たちは挑戦したいのです。十分やっていけると思っています。ひとこと激励の言葉でもいただけませんか、お願いします。

——アイオワから

アイオワ様　あなた方は、たくさん愛を与えられる立派で、無私無欲な性根のすわったご夫婦のようですね。あなた方の家庭に受け入れられる子供は幸運です。私の規準では、あなた方の勇気は二十一発の礼砲に価します。

アン・ランダース様　人種間混血の男の赤ちゃんを養子に迎えることにしている例の白人のアイオワのカップルに関して申し上げますが、お二人はあなたがおっしゃるように聖人なのかもしれませんが、私はその判断に疑問をもっています。アメリカ人はまだまだ人種を意識する国民です。その子がやがて直面するに違いない問題をあらかじめ考えてやるのが賢明というものでしょう。その子は、黒人からも白人からも軽蔑されないだろうか？　隣近所の態度はどうだろうか？　その子が黒人の友達とも白人の友達とも付き合えるように、近所の人たちが人種を差別しない態度が十分に取れるだろうか？　などなどです。

〝どんな子〟でもいいから養子に迎えたいという親たちは、子供たちはプードルではないと理解すべきです。〝良い家庭〟を与えればいいというものではないのです。子供は実社会で生きていけるような大人に成長しなければならないのです。

――ミッシシッピー州マッコウム、E・夫人

E様　あなたが提起した質問は挑発的で、簡単には答えられません。例の手紙が陽の目を見てから、愛情、憎しみ、称賛、非難、懸念を込めた言葉で爆撃されています。何でもござれです。でも、もうたくさんです。最近の手紙がどのようなものか、いくつか例をご紹介します。

オハイオ「混血の子供を養子にする勇気をもっていらっしゃるあのご夫婦に神の祝福がありますように。南部の人たちはこんな予言を聞いたら面白くないでしょうが、百五十年もしないうちに、アメリカは褐色が優勢になるでしょう」。

インディアナ「アイオワのカップルにあなたは二十一発の礼砲を撃つとおっしゃっていましたが、その礼砲をその子のために取っておいてください、彼が生き残れた場合のためにです。世間は荒っぽい世界です。それに、好むと好まざるとにかかわらず、テレビドラマのあの頑固で独善的なアーチー・バンカーが新しいアメリカンヒーローで、しかも、みんなが大好きなんですから」。

カナダ、アルバータ州エドモントン「私は十二歳の女子です。混血で生まれた十二人の子供を養子にした夫婦についての本を読んだばかりです。彼らはこの上なく幸せだそうです。褐色の肌や形の違う目が劣等だと思っている人には、教育が必要ですね」。

ワシントン「人種間混血の子供たちと接した経験がどれほどあるのですか、アン・ランダース。私たちは五年前にベトナム人の子供を養子にしました。彼女は私たちに地獄を経験させています。その子は一年以上精神病院に入院していて、まだ、病気です。私たちの血を分けた子供たちは正常で健康で、この外国人の少女に心と家庭を開いた日を悔やんでいます」。

ミネソタ「四年前、韓国人の男の子を養子にしました。彼は私たちに喜びと幸せの世界を持って来てくれて、私の実の息子二人に優しさと無私無欲とは何かを教えてくれています。私たちは彼を下さった神様に毎日感謝しています」。

アラバマ「あんた方北部の人は、兄弟愛とか人種の平等などにはいっぱい言うことがあるんでしょう。神は理由があって人間をいろいろな色にしたんですよ。類は友を呼ぶ、と言うじゃないですか。あんた方の孫娘が黒人と結婚したら、ざまぁ見ろ、だ」。

コネティカット州ハートフォード「大ハートフォード黒人ソーシャルワーカー協会のスポークスマンが、『黒人の子供は黒人の家庭に養子にもらわれる方がいい。白人の家庭では、黒人の子供が〝人種差別の社会〟で生きていけるようにする経験をさせられない。子供たちは正常な状態下でさえ成長期にとてつもない重荷に立ち向かっている。この特殊な事情がその子やその親にはさらなる重荷となる』と言っています。私は、この発言をあなたのコラムが出た二日後、『ハートフォード新報』で読みました。これは理にかなっているように私には思えます」。

さあ、皆様、お読みいただけましたか。私の意見では、白人の家庭に養子にしてもらった、白人と黒人の混血や黒色や褐色の肌の子供たちに何が起こるかについての総合的結末は、少なくとも十五年経たないと分からないと思います。きっと、勝利もあるし惨事もあることでしょう。それに挑戦しようとする人たちには、並大抵ではない勇気と、精神的安定性と愛情の無限の許容力が必要です。もしうまくいけば、果報はとてつもなく大きいものとなるでしょう。

さらに情報をご希望の方は、次にお問い合わせください。

National Council for Adoption, 1930 17th St. NW, Washington, DC 20009 (800) 333-NCFA

Ⅳ

ペット大好き、でもバスタブの中のイグアナは？

私が受け取る手紙のうちでなんとも愉快だったり、悲しかったり、珍妙なものの中に、ペットとその飼い主にまつわる投書があります。そんな愉快な珍獣談をごらんください。

アン・ランダース様　私がまた変な悩みであなたをからかっていると思われるかもしれませんが、ここに書いたことは一字一句本当のことです。

異性の人間が服を脱いでいるのを見て、鳥が性的に興奮するなどということがあり得ると思いますか？

私には、時々夜を一緒に過ごす大変親しい友人がいます。

私がベッドに入る支度ができるといつも、彼女はインコの籠を客間（私が寝る場所ですが）からクロゼットに移します。妙だなとずっと思っていましたが、何も言わないでいました。が、先週、決心してそのことを口に出してみました。

するとと彼女は怒って、鳥というのは裸になった異性の人間を見ると性的に興奮するのよ、と言い張ったのです。本当ですか？

——小鳥が顔を赤らめるのは見たことがない

見たことがない方へ　何が羽根の生えた友人たちを興奮させるのかについてのあなたのガールフレンドの発想は、厳密に言えば、頭がおかしいことになっている鳥、つまりカッコーにだけ当てはまるのではありませんか。インコにかこつけて淑女ぶっているのですよきっと。インコの方は、どうしてクロゼットに入れられるのか皆目見当もついていないでしょうね。まあ、そのばかばかしい考え方と、うまく折り合ってください。そうしても一銭もかかりませんから。

アン・ランダース様　私の飼っている四匹のびっくりするような犬についてお話ししたくて手紙を書いています。うちの犬はピアノを弾くのです。

ジンジャーはアンズ色の小形プードルで、右足で『ティー・フォー・ツー』を弾きます。もう一匹のプードル、ペッパーは右足でハ長調が弾けます。私がハーモニカを吹けば、歌も歌います。ラスティ（ペッパーとジンジャーの父親）は左足で五音階が弾けますし、ジジ（アンズ色の小形プードル）もハ長調を弾きます。

このわんちゃんたちはほかにも芸ができて、養老院、学校、個人のパーティーなどで数年間、人々を楽しませてきました。テレビに出そうと思いますが、手蔓のある人を知りません。

私の知る限り、現在生存している犬ではうちの犬だけが、ピアノが弾けます。もっとたくさんの観客の前で芸をさせる方法を教えてくださいませんか。

——フロリダ州タラハシー、ジョン・バビー

ジョン様　動物タレントの仲介はしていませんが、あなたの手紙をお載せしてお手伝いします。多分、ジョニー・カールソンかディビッド・レターマンかアルセーニョ・ホールが興味をもってくれるかもしれません。あなたの名前が電話帳に載っているなら、ジョンさん、電話をもらえるかもしれませんよ。幸運をお祈りします。

アン・ランダース様　皆さんがありとあらゆる種類の質問をあなたにしているのを知っています。ですから、タラハシーの人が自分の犬の芸のエージェントを見つけてくれるように頼んでも、驚きはしませんでした。私の記憶によれば、その人がジンジャー、ジジー、ペッパーという名前のアンズ色の小形プードルを飼っていて、その犬たちはピアノが弾けるというものでした。しかも、世界で唯一のピアノを弾ける犬だそうですが、信じましょう。

動物タレントの仲介はあなたの仕事には入っていないけれど、ジョニー・カールソンかディビッド・レターマンならチャンスをくれるのではないかとおっしゃっていましたね。数日もしないうちに、その犬たちが、テレビのショー（あなたが言っていたのではない）に出ていて、なかなか上手にやっていましたよ。きっと、ほかの番組にも出るんじゃないでしょうか。

その人を助けたのですからか、私も助けてくれませんか。私は歌を歌う剛毛テリアを二匹飼っています。『スー・シティ・スー』と『ハウ・カム・ユー・ドゥ・ライク・ユー・ドゥ・ドゥ・ドゥ』などをバイオリンで弾くと、シュープリームズのようにハーモーニー良く吠えます。人は誰でも一生に一度は幸運に恵まれるそうですが、今度は私の番かもしれません。どうでしょうか、アニーおばちゃん？

――イリノイ州アーリントンハイツ、長年の崇拝者

崇拝者様　例のコラムが出てから、〝アニーおばちゃん〟は、掛け算のできる馬を飼っているフェニックスの女性、バレエの踊れる猫を三匹飼っているフォートワースの男性、五カ国語で誓いの言葉を言えるオウムを飼っているプエルトリコ、サンファンの女性から手紙をもらっています。どうぞ皆様、もう才能のあるペットについての手紙は送らないでください。素晴しいのは分かりますが、私は何もできませんから。

お断りしたのにそれでもまだ手紙がきます。

アン様　歌を歌う犬など、特に珍しいとは思いませんが、私はドラムを叩くリスを飼っています。まず、クルミを両手に持たせてドラムを教えました。今はクルミはいりません。ただひたすら叩き続けて、しかもリズム感はプロ級です。

――ピッツバーグ

アン・ランダース様　私たちは、「アイ・ワン・アウト《おんも》」としゃべる十三歳のラットテリアを飼っています。それ以外何かを言えるわけではありませんが、外に出たい時だけ非常にはっきりと、そう言います。ですから、意味が分かっているのだと信じています。お客さんが数人、うちの犬がしゃべるのを聞いて青ざめました。この手紙を載せてください。お願いします。

――犬狂い

アン様　うちの犬ハインツ（五十七種の雑種）は「ハウディー、パートナー？《よう、元気かい？》」「バス・ユー・デァ、チョーリー？《わかるかい？》」「グッドナイト・オール」と言います。それは、ハインツがクシャミをした時、主人が「ゲズントハイト《おだいじに》」と言ったことから始まりました。ハインツが「ゲズントハイト」とオウム返ししたので、みんな、ひっくり返りそうになりました。今、ほかの言葉を教え込もうとしていますが、不思議なことに嫌がっています。私たちは話す犬を飼っているとあなたに広めていただけると思っています。

――カリフォルニア州コビナ

アン・ランダース様　我が家のシュナウツァーはイタリア語を話し、「ママ・ミア」「グラッチェ」「ベラ・シニョラ」と言います。ラジオで『アルベデルティ・ローマ』を聞くと、頭を手足の間に入れて鳴きます。子供たちはラテン語を教えようとしていますが、今までのところうまくいっていません。うまくいったらお知らせします。よろしければこの手紙を載せてください。でも、私たちが住んでいる町の名前は出さないでください。地元の人たちはうちの犬のことを知っていますが、我が家が観光名所になるのは望んでいませんので。

——我が家の犬を誇りに思っている者

アン様　牧師がやって来たら、汚い言葉を叫んだオウムのジョークはみんなが知っていますが、同じことをする犬の噂を聞いたことがありますか。主人はネジ曲がったユーモアのセンスをもっていて、うちのボクサーにひどい言葉を教えました。来客の時に三回も恥ずかしい経験をしてから、農場に住んでいる妹にその犬をやりました。今は二年ぶりにやっとリラックスできます。

——M・M夫人

必ずウケ狙いの手紙がきます。次がその例です。

アン・ランダース様　息子の犬サンプソンには語彙が二つあります。「家のてっぺんには何があるの、サム?」と聞かれると「ルーフ《やね》!」と答え、「樫の木の外側には何があるの?」と聞かれると、「バーク《木の皮》!」と答えます。

もっと信じられないのは、サムは字が読めるのです。この間の夏、公園を歩いていて、その証拠をこの目で見ました。サムは公園のベンチの〝**ペンキぬりたて**〟と書かれた張り紙を見て、ベンチにおしっこを**ぬりたて**ました。

――フロリダで自慢気

自慢気様　大したことないですね！　うちには昔、張り紙などいらないメキシカンチワワがいましたよ。値のはるカーペットに限ってそれと分かって、その上に乗るや、おしっこを**ぬりたて**ていましたよ。

動物についてのお便りには珍妙だけれどいろいろ教えてくれるものもあります。毎日新しいことを学んでいます。少し前などまるで、牛について専門的に研究しているような気分になったほどです。

アン・ランダース様　仲の良い友人たちが、「牛は立って寝るので、後ろからそーっと近づけばひっくり返せる」と言い張っています。

このことを父に尋ねたら、そんな面白い話、聞いたことがないぞ、と笑い転げました。父がひとしきり笑ったあと、本当に牛をひっくり返せるのかどうか聞いたら、「絶対そんなことはないよ。奴らお前をからかっているんだろう」と答えました。

〝牛ひっくり返し〟というものがあるのか、それとも友達が私を冷やかしているだけなのか教えてください。

――シンシナティのフローラ

フローラ様　シカゴのリンカーンパーク動物園の園長、ルアン・メッツガーさんに聞いてみました。彼女は、牛は横になって寝る、と教えてくれました。「牛をひっくり返そうなんて、あまりいただけませんね。蹴られてひどい目に遭うわよ」とのご忠告をいただきました。

次にアイオワ州立大学の学生部部長補佐、ダグ・ホートンさんにも伺いました。酪農学部に問い合せたら、牛は横になって寝るが、立って〝うとうとする〟ことはあるそうです。部長補佐も牛をひっくり返す話は聞いたことがあるそうですが、六十年代の〝シギ狩り〟のように、子供たちを牧場に連れ出し、立ち往生させる冗談ではないか、ということでした。

それからウィスコンシン大学に電話をしました。そこの本部ではアイオワ大学の教員の意見と同じことを答えてくれました。しかし、もっと信頼できる情報筋、つまり、学生友愛会《フラタニティ》会館で暮らす学生たちは、「牛をひっくり返すのは自分たち学生がよくやるリクレーションの一つで、一頭ひっくり返すのには屈強な学生四人がかりだ」と言っていました。そして、その情報をくれた学生たちは「自分たちが知っている限りでは、牛は怪我はしないが無茶苦茶に猛り狂う」と教えてくれました。

ネブラスカ州バードンのディック・ジェイムス、ネブラスカ州酪農協会の元会長によると、「牛にはユーモアのセンスはないし、ひっくり返されるのを面白く思ってはいないんじゃないですか。ひっくり返されたストレスで牛乳生産量は減るし、成長にもよくありませんよ」とのことです。

こちらからの言葉は、学生さん、「もし牛を〝ひっくり返し《チップ》〟したかったら、ウェイトレスにチップを払いなさい。でも、牛にはちょっかい出しなさんな」です。

アン・ランダース様　私は二人の幼い子供を持つ母親です。外で働いていますので、非常に忙しくて時間もないし、今日まであなたに手紙を書きたいとは思いもしませんでした。

ものすごく腹を立てた読者の方が、地球温暖化と、いわゆる温室効果についてあなたに手紙を書いていましたね。カリフォルニアのサンバーナディーノの『サン』紙に載っていた話を同封しましたのでお読みください。

「大学の研究者たちは、牛のゲップがどの程度温室効果に関係しているかを調べるために、牛にガス測定装置を付ける予定である。ワシントン州立大学の研究者はアメリカ環境保護委員会から三年間、年に七万ドルの援助を受けて、牛やほかの反芻動物がゲップをするとどのくらいのメタンガスを排出するかを調べることにしている」。

誰かが教えてくれなければ、こんなことは絶対に信じられませんよ。この話は、まるで、スーパーなどに置いてあるいいかげんなタブロイド紙のきわもの記事のようではありませんか。

アン、どうか、この話は嘘だ、と言ってください。我が国の環境保護委員会がこんな馬鹿げた研究計画にお金を投げ捨てているなど考えたくもありません。その委員会がその七万ドルの別の使い道の提言をお望みなら、我が国にいるホームレスやお腹を空かせている人のことを考えてもらいたいと思います。

——カリフォルニア州レッドランズ

レッド様　ワシントン州立大学の広報副部長、アル・ラディーさんと話をしました。彼によると、「そのニュースは本当で、ばかばかしい出費に思えるかもしれないが、実はそうではない。その理由は、温室効果に関係する主なガスには二種類、炭酸ガスとメタンガスがある。メタンガスは地球の大気中の輻射熱を取り込む。その産出量は毎年約一パーセント上昇している。メタンガスの三つの主要源は、湿地、田圃、家畜である。牛は一分間に四回から六回ゲップをし、全メタンガス量の一五パーセントを産出している。人類が燃料源として天然ガスを使いたければ、必然的に大気中にもっとメタンガスを放出させることになる。安全にそうする前に、すでにどのくらいの量のメタンガスが産出されているか調べなければならないから」なのだそうです。

お分りになりましたか。そうだといいのですが。アル・ラディーさんは私に分かりやすく説明するために、とっても頑張ってくださいましたので。

ペットたちは、私たちによく世話をしてもらい、ちゃんと管理してもらうのを頼りにしています。次に、世のペット愛好者の皆様に是非読んでいただきたい手紙を二、三ご紹介します。

アン・ランダース様　先週の週末、義理の弟夫妻を訪問しましたが、その時の経験を思い出すとまだ震えがとまりません。

私たちが着いた時、義理の妹は、私たちが寝ることになっているサンポーチにつながっているバスルームは使えないので、子供用のバスルームを使うようにと言いました。それ以上の説明は何もありませんでした。

荷を解いてから、ちょっと手を洗いにその続きのバスルームに入って行って、死ぬほど怖い思いをしました。そのバスタブの中に一メーター五〇センチほどのワニがいたのです。走って一階に降り、あれはあそこで何をしているのかと義妹に問い質しました。彼女はとても冷静で、去年子供たちがおじさんからイグアナをもらって、それが大きくなってしまっただけ、と答えました。

どうするつもりかと聞きましたら、子供たちがイグアナと別れるのを納得できるようになったらすぐ、動物園に引き取ってもらうつもりよ、と答えたのです。彼女はまた、イグアナは害がないから、そんなに動揺するなんてどうかしている、とも言ったのです

その週末はよく眠れなくて、考えるとまだ震えがきます。穏やかな週末をワニのいる部屋の隣で過ごすなんて、考えもしないことでした。ワニのようなものは無害なのかどうか、イグアナはそんなに大きくなるのかどうか教えてください（一四〜一五キロはあったと思います）。グランドラピッズに住む人間は誰もこんなものを見たこともありません。

——臆病ネコ

臆病ネコ様　義理の妹さんの言ったことは本当です。イグアナは一メーター五〇センチぐらいになります。動物を子供の目新しいおもちゃとして一般に販売するのは、犯罪行為だと私は思います。イースターの頃には、ひよこやウサギがたくさん同じ悲しい運命をたどります。たいていの人はひよこやウサギが大きくなってから困ってしまうのです。

可哀想にそのイグアナだって、何もバスタブの中でばたばた動きたくはなかったでしょう。義

理の妹さんにはそのイグアナを早く動物園に連れて行ってもらいたいものですね。私がそう言ったと、彼女にお伝えください。動物にも権利があるのです。

アン・ランダース様　この手紙は、バスタブに潜んでいるイグアナについての「臆病ネコ」さんの手紙にお応えするものです。バスタブはイグアナを飼う場所ではないことに関しては同意見ですが、ペットのイグアナについての彼女の考え方には賛成しかねます。私は、体長一メーター五〇センチ、まだ成長し続けている貴重なグリーンイグアナを飼っていて、それを誇りに思っています。

セバスチャン・バッハ・ジュニアは私の人生の光です。彼は勇気があり個性溢れた素晴しい動物で、猫や犬のように抱けるし、愛らしいのです。〝ジュニア〟は飼いやすく、餌代も安く、トイレの訓練もできています。また、ひどく甘やかされて我ままになっていて、王様のように生きています。十分な愛情や気遣いをしてもらえば、イグアナは家庭の中で丈夫に育ち、一メーター五〇センチから二メーター七〇センチの長さに育ちます。

私はジュニアを子供の頃から飼っています。彼は、自分用電気敷ぶとん、枕、毛布を使ってベッドで寝ます。爬虫類をその見てくれだけで、怖がったり、〝有害〟だとレッテルをはる人がたくさんいますが、外見に惑わされてはいけません。

小さなお子さんをお持ちの親御さんにひとことご注意したいと思います。オスのイグアナを飼っている場合は、〝去勢〟してもらってください。おとなしい普段のイグアナは危なくありませんが、〝盛りのついた〟イグアナは別問題です。爬虫類専門の獣医さんに相談してください。

——カリフォルニア州ストックトン、ジュニアのママ、S・K

ママ様　簡潔な情報をありがとうございます。でも私はネコの方を飼います。

アン・ランダース様　トイレの蓋を上げておくか下ろしておくべきかについて、たくさん手紙を載せていらっしゃいましたね。

うちのオウムのクラークは私たちが寝室やその近くにいる時は、バスルームの角にあるトイレのタンクの後ろ——彼のお気に入りの休憩所——によじ登ります。ある日、食料品を片付けている時、彼から注意をそらしていました。クラークを捜しに戻ったら、彼が便器の中で横になって浮いていて、堅くなって濡れてぶるぶる震えているのを見つけました。目はどんよりして、疲れ切っているようでした。今、クラークは片方の翼が利かなくなっていて、足の指が全部そろっているのは一本だけで、最高の状態の時でもうまくバランスがとれないのです。

その事故の直後、主人と私は、緊急用抗ストレス剤と酸素吸入を受けさせるため、クラークを連れて動物病院に走りました。彼は一晩中蘇生器にいて、次の日の午後にうちに連れて帰ってもいいと言われるほどに回復しましたが。

これからは、うちのトイレの蓋は必ずきちんと閉めておくようにします。

――マイアミで苦い経験をして

マイアミ様　読者の方々が、便器の中で珍しい動物を見つけて呆然とした、と伝えてくれています。ビーバーとか、ネズミ、スカンク、アライグマなど、蛇さえもです。猫や犬があわや溺れ死ぬ寸前だったと報告してくれた人もいました。ある小児科医が、子供たちも便器の中で溺れることがある、と教えてくれました。ですから皆様、評決は、トイレは使用していない時はいつも、便座と蓋は下ろしておくべきです。これで、一件落着。

アン・ランダース様　足専門医であり動物愛好家でもある者として、警告に値するほどの数の子供たちが犬に咬まれているとお伝えする義務があると感じています。咬傷の悲惨さや咬まれたところの外見が醜く変わってしまう可能性はすさまじいほどなのです。

足やかかとを咬まれた大人をたくさん治療していますが、子供が負った咬み傷はとりわけひどいものです。このような犠牲者の七〇パーセントは家族のペットか、知っている犬に咬まれています。凶暴な野良犬の話をしているのではありませんよ、アン。ポチとかシロとか家族の一員の犬のことです。親御さんも、犬の持ち主も、子供も、お客さんも、次のことによく注意してください。

一、どの犬も潜在的に人を咬む可能性を秘めている。うるさくからかわれたり、乱暴に遊ばれたり、脅すような音や行動には攻撃的に反応する。子犬でも成犬でも、特に餌や新しい赤ちゃんに対する嫉妬が関係してくると、咬むことがある。

二、非の打ち所がなく子供と一緒にしておいても安心、というような犬などはいない。どの犬も、たとえ良く訓練されていても、子供に嫉妬して咬む可能性がある。特に子供の中には、誰も見ていないと思うと犬を怒らす子がいる。子供たちと犬だけにしておくのは決して安全なことではない。

三、客を接待する場合、気配りのあるホストになること。客に「犬が怖い」と言われたら、犬を部屋に置いておくことにこだわってはいけない。お客の反応をどうこう詮索せず、その心理分析は専門家に任せて、犬を部屋から出しなさい。

四、野良犬や知らない犬とすれ違う時は、昔ながらの注意に従うこと。つまり、目は合わせない、走らない、腕を振りまわしたり、不必要な急な動きをしないこと。脅しと取られるからだ。反対に、犬の方へハイピッチだが宥めるような声で、「いい子、いい子、いい子」などの言葉をかける。

五、犬に必ず狂犬病の予防注射をすること。そうすれば、最悪のことが起こった場合でも、狂犬病による傷の合併症は起こらない。低コストまたは無料で予防注射が受けられるが、地元の米国動物愛護協会の支部か動物愛護ホームに電話で問い合わせて確かめてください。

この手紙を新聞に載せてください。きっととても役に立つでしょう。これには、何度も何度も繰り返してお知らせしなければならない情報が詰まっていますから。

——ブルックリンのM・Z・T

ブルックリン様　お手紙をお載せしました。手間を惜しまず書いてくださったお蔭で、犬に咬まれる人がきっと大幅に減ることでしょう。神様の祝福がありますように。

犬の願い

ベス・ノーマン・ハリス

愛しき友よ、僕に優しくしてね、世界中のどんな心も、僕の忠実な心ほど優しさをありがたいと思いはしないから。

棒で僕の意気を挫《くじ》かないでね、僕が打《ぶ》たれている時でも君の手をなめている時でも、君の忍耐と理解の方が僕に覚えさせたいことをずっと早く教えてくれるから。

よく話しかけてね、君の声は世界中で一番甘い声だから。君の足音が、僕の待ちかねている耳に入ってきたら、しっぽを激しく振るから分かるでしょう?

寒い時や雨の日は僕を家の中へ入れてね、僕は飼い慣らされた動物で、もう厳しい自然に慣れていないから。暖炉のそばのあなたの足元で座っていられる特権以上の光栄はいらないから。

ボールに新しい水をいつも入れておいてね、喉が渇いていても教えられないから。

元気でいられるように清潔な食べ物を食べさせてね。飛び跳ねたり、遊んだり、命令の通り動いたり、並んで歩いたり、万一君の命が危険になった時、命を賭けて君を守るために身構えられるように。

それに、友よ、僕が年を取って、もう健康も聴力も視力も弱った時、頑張らせようとあまり骨を折らないでね。少しも楽しくないから。

人間を信じて疑わない僕の命が、静かに尽きていくのを見ていてね。そうしたら、僕の運命はずっと君の手の中にいてこそ安全だったと最後の息を引き取る時に分かって、この地球を去っていくから。

アン・ランダース様　次の短い話は私の経験を基にしています。ペットを飼ったことがある人なら感動すると思います。書きながら涙が出てきてしまいました。活字にしてくださいませんか？

――ニューヨーク州パルミラのチャック・ウェルズ

犬には魂がないの？

お前をうちに連れて来た日のことを覚えてる。とても小さくて、可愛い足ごと抱けて、毛も柔らかだった。目を輝かせて、垂れた耳をパタパタさせて、部屋中を跳ねまわっていたね。たまに、縄張りを知らせようとちょっと吠えたりもしたね。

家の中を目茶苦茶にしたり、目に入るものを手当たり次第に夢中で齧ったりして、僕に叱られると、ちょっとだけ頭を垂れて、「ごめんなさい。でも見てなければすぐまたやるよ」と言わんばかりに無邪気な目で僕を見上げたね。

成長すると、窓の外を見て、通り過ぎる人に誰彼となく吠えて、僕を守ってくれたね。

仕事で大変だった日は、しっぽを振って待っていてくれたね、「お帰り、寂しかったよ」と言うために。お前には、機嫌の悪い日はなかったから、待っていてくれるといつも当てにできたよ。

新聞を読んだりテレビを見たりして腰を下ろしていると、膝に飛び乗っては構ってもらいたがっていたね。僕の足に頭を乗せて眠れるように、頭を軽く叩いてもらいたがる以外何も要求しなかったね。

もっと年を取ると、前よりゆっくり動きまわるようになった。それから、ある日、とうとう寄る年波には勝てず、よろよろした足ではもう立っていられなくなってしまったね。僕がひざまづいて、横になっているお前をもう一度若返らそうと優しく叩いたね。そうしたら、「もう年を取って疲れてしまったよ、今まで何も頼まなかったけれど、最後に一度だけお願いをしてもいいかなあ」とでも言うように僕を見上げたね。

涙を浮かべながら、僕は初めてお前を動物病院に連れて行った。お前は初めて、僕の隣で横になっていたね。

どうしてだか分からないけど、お前は病院では立ち上がれたんだ。多分お前の自尊心だったんだね。動物病院の先生がお前を連れて行く時、ちょっと立ち止まって振り返り、「世話をしてもらってありがとう」と言うように僕を見たね。

「そんな、僕の方こそ、世話をしてもらってありがとう」って思ったんだ。

チャック様　素晴しいものをありがとう。ペットを飼ったことのある人なら、とても感動することでしょう。見逃してはいけない教訓があります。あなたの忠実なペットが年を取り、病気になり、生きているのがもう楽しいというより苦痛になっている時は、最後の情けをかけてあげてください。その苦しみを楽にしてあげてください。それがあなたの最後の思いやりなのです。

アン・ランダース様　随分前、飼犬が死んでしまった男の子の手紙を載せていらっしゃいましたね。その子は、犬は天国に行くのかどうか知りたがって、自分が死んだ時、犬が天国で待っていてくれるとはっきり分かれば、とっても気が楽になるだろう、と言っていましたね。
あなたは何人かの牧師に相談なさったと記憶しています。動物には魂はないから天国には行かないだろう、と言う人がほとんどでしたが、一人だけ、親切な会衆派の牧師さんが、確信はもてないけれど、天国にある物は全部〝完璧〟なのだから、その子に天国でその犬に多分会えると言ってやっても間違いではないだろう、と答えていましたね。

数日前、ちょうどその話題についてデイル・ターナー師がシアトルのある新聞に書いたコラムを読みました。あなたが活字にしてくださることを期待して要約版をお送りします。

――シアトルの一読者

シアトル様　本当に心温まるものをありがとう。気に入りました。さあ、お読みください。

ずっと振り返ってみると、犬が私の人生でどんなに重要だったか分かります。八歳の男の子から電話をもらった時、私はほんの数週間前牧師になったばかりでした。その子の犬は自動車事故で死んでしまったそうで、「ターナー牧師、犬の葬式はできますか？」とすすり泣きながら聞いてきました。どう答えたらいいのか全く分かりませんでしたが、スズメが落ちても神はご存知であるという聖書の言葉を思い出し、「もちろんだとも」と答え、その子のペットのささやかな葬式をしてあげました。その子はとても喜んで、「僕の犬、天国に行くの？」と聞きました。そんな質問をされるとは思ってもいませんでしたが、動物に対する私の愛のお蔭で何とかその場にふさわしい答えを出して切り抜けることができました。それで、その子はずっと気分が軽くなったはずです。

数年後、私の個人的な経験が、今まで確信できなかった答えを出してくれました。

家族で可愛がっていたダックスフントのグレッタが死んでしまい、別の犬を是非飼いたくなりました。新聞に写真が載っていたダックスフントをもらおうと犬の収容所に行ったところ、先にもうもらわれていたのです。別の子犬がこちらの意図を嗅ぎ取ってか、金網のフェンスから鼻を突き出しました。その目は、「お願い、僕を選《ピ》んで《ック》」と言っているようでした。私たちはその犬を選んで、名前を「ピック」にしました。私が帰宅するたびに、ピックは迎えに出ていてくれました。「ピック、お前はいいよな。ほかの動物は生活のために頑張っている。カナリアは囀り、牛はミルクを出し、鶏は卵を産むだろう？　でも、お前はうろつく以外何もする必要はないものな」とよく言ったものです。

十四年後、ピックは病気になり、苦痛を柔らげてあげる以外何もしてやることはできませんでした。重い気持ちで、動物病院に車を走らせました。医者も手は尽くしてくれましたが。その後、僕は書斎に戻り、何時間も泣きました。

数日後、僕の悲しみを知った教区の住民の一人が次の詩を送ってくれました。その詩は悲しみを癒してくれました。おそらく、皆さんにも役立つことでしょう。ご紹介したいと思います。

聖ペテロに説明しました、
できたらここにいたいのです、
天国の門の外に。
邪魔にならないようにします、
吠えないようにします、
辛抱強く、待ちます。
ここにいます、天国の骨をかじりながら、
あなたが来るのにどんなに時間がかかっても。
寂しくて仕方なくなるでしょう、一人で門をくぐったら、
そんなことをすれば天国ではなくなってしまうから、僕には。

V

癌、エイズ、その他の健康問題についての率直な話

私は、免許を持たずに医療活動をしている科で逮捕されるかもしれない、とよく冗談を言っています。しかし、私のコラムが提供している非常に大切な役割の中には、読者の皆様に医療問題についてお知らせすることも含まれているのです。

私が何を知っているかではなく、私が誰を知っているかということが、私を世界中で最も有能な医学界の頭脳に近づけてくれています。六十年代末に始まったハーバード大学医学部との交流がその魔法の鍵でした。

コラムを読んで初めて病気の兆候に気がついたという手紙を、感謝いっぱいの読者の皆様から数え切れないほど受け取っています。私は長年にわたって、広範囲の医療問題――重大なもの、些細なもの、でもすべて役に立つことをお知らせ続けています。次に、一九

七五年の手紙をご紹介します。

アン・ランダース様　心の問題が身体の不調を惹き起こす場合があると、コラムで読者の方々に頻繁に注意していらっしゃるので、シアトルのワシントン大学医学部精神科医、トーマス・H・ホームズ博士の研究結果をお送りします。博士は衝撃の大きい順に心のストレスを惹き起こす四十三の項目を挙げています。ホームズ博士の理論は、楽しいものであれ不愉快なものであれ、生活のあらゆる変化が病気に罹りやすくするというものです。できるなら、生活パターンに続けざまに変化を起こさないようにと忠告しています。そのような変化は先に延ばすか、避けた方がいいとも言っています。そのリストと衝撃度を、ご紹介しましょう。

〔項目〕	〔衝撃度〕
配偶者の死	一〇〇
離婚	七三
夫婦の別居	六五
刑期	六三
肉親の死	六三
怪我または病気	五三
結婚	五〇

解雇	四七
夫婦の和解	四五
退職	四五
妊娠	四〇
性的不和	三九
新しい家族が増えること	三九
ビジネス財政再建	三九
財政状況の変化	三八
親友の死	三七
職場異動	三六
配偶者との喧嘩の数の変化	三五
一万ドル以上の抵当	三一
抵当またはローンの失敗	三〇
息子か娘が家を出ること	二九
義理の家族とのトラブル	二九
目覚ましい個人的業績達成	二八
妻が仕事を始めるか、辞めるかすること	二六
学校の始業または終業	二六
上司とのトラブル	二三
転居	二〇
転校	二〇

一万ドル以下の抵当またはローン　一七
家族の集まりの数の変化　一五
クリスマス　一二

――あなたのシアトル在住の友

シアトルの友様　興味をそそる投稿をありがとうございます。刑務所に行く方が離婚するよりストレス度で一〇点少なく、結婚するより一三点多いだけというのは面白いですね！　きっと、囚人の中には反対意見の人がいるでしょうが。

アン・ランダース様　私には悩みがあります。ですから、助けていただければと願っています。少女の時から、自分に自信がなかったり、不安に感じた時はいつでも、両手にものすごく汗をかきます。リサイタルでピアノを弾いた時、幕間に鍵盤を拭かねばならなかったのを覚えています。これはずっと続いている悩みですので、何か役に立つことを教えていただけたら、心から感謝します。名前や住んでいる町の名前は勘弁してください。ただ、次のように名乗ります。

――ケンタッキーの超汗かき

超汗かき様　私のコラムではめったに商品名は言いませんが、過剰発汗には過去にドライゾールを推薦したことがありますが、今回もそうします。この製品は処方箋がないと買えませんが、いろいろ試してみてすべて失敗したあと、大勢の汗かきの悩みを解決しています。頑張ってください。

アン・ランダース様　アメリカ夜尿症財団についての情報を載せていただきありがとうございました。私には救いの神でした。うちの九歳の息子はずっと慢性的におねしょをしていました。その悩みが、友達の家に泊まりにいけないほどまでに彼の自尊心を挫《くじ》いてしまっていました。いろいろ薬を試したり、寝る前に水分を減らしたりしましたが、両方とも効き目はありませんでした。何人もの医者に診てもらいましたが、どの医者も助けにはなりませんでした。

あなたのコラムを見てすぐにアメリカ夜尿症財団に手紙を書きました。手短に言いますと、三〇日間のプログラムと安全な電子モニター装置を紹介していただきました。効き目は一〇〇パーセントでした。今分かっているのは、息子には睡眠障害があって、深い眠りから目を覚ましてトイレに行く訓練を受ける必要があった、ということです。

アメリカ夜尿症財団に私たちの注意を向けてくださって、もう一度、お礼を申し上げます。

――アラバマでおねしょが治って、ほっとして

アラバマ様　そのプログラムがお宅の息子さんに効果があったと教えてくださって、ありがとうございます。ほかの方々も、お子さんが治ったと書いてきてくださっています。残念ながら、この機関はおねしょをする人のためのもので、尿失禁する大人のためのものではないと気づかず

に、お年寄りの方々が、手紙をくださってもいます。

ただし、このプログラムは個人個人の状況に合わせて作られるので、高価であるとご承知おきください。さらに情報をご希望の方は、ご自分の住所を書いて切手を貼った長い封筒を、アメリカ夜尿症財団*に送ってください。

＊American Eneuresis Foundation, P.O. Box 33061, Tulsa, OK 74153-1061

尿失禁に苦しんでいる大人の方は、泌尿器医に診てもらって、器質性の問題があるかどうか調べてもらうといいでしょう。(子供を産んだことがある年配の女性には、この病気は珍しくありません。外科手術が的確な治療法である場合がよくあります)。

もし器質性問題が全くなければ、治療法は特殊な薬物療法になるでしょう。不随意機能は運動と薬、あるいは運動か薬によってコントロール可能なことがあります。是非、お医者様にご相談ください。

さらに情報をご希望の方は、左記にお問い合わせください。
Simon Foundation for Incontinence, P.O. Box 815, Wilmette, IL 60091 (800) 23-SIMON, (708) 864-3913（尿失禁に苦しむ人のための支援団体）

アン・ランダース様　結婚して十八年になります。妻にはいい面がたくさんあるのですが、とにかく気性が荒いのです。本当に怒ると、私を咬みます。人間の咬み傷がどんなに危険なものか新聞で読むまではあまり考えもしませんでした。咬みぐせのある人が、その癖をやめられるように、この事実を新聞に載せてください。

ニューヨーク市保健局の局員が一九七七年に動物に咬まれた数と並行して、人間に咬まれた数を記録し始めたそうです。彼は、一年に九百人以上が誰かに咬まれたと報告しているのを知って、非常に驚いたと言っていました。

咬みつきは、たいてい喧嘩の時に起こっています。手と指が身体のほかの部分より特に咬まれます。

時には、偶然咬まれてしまうことがあります、例えばスポーツをしている時などに。でも、ほとんどは、攻撃的な行為の結果起こっています。

三月から八月の間に咬みつきが増えて、六月がそのピークです。土曜日が咬みつきの特異日です。ティーンエイジャーや若い大人が一番多く人に咬みつきます。

指の関節が一番よく咬まれるところです。これは口を殴られた人がたいてい殴ってきた人の手を咬んでしまうからです。人に咬まれた傷は、皮膚が切れていたら、医者に診てもらってください。二十四時間以内に治療を受けないと、被害はひどいことになるかも知れません。その咬み傷が非常に大きく腫《は》れて、痛みがひどくなる可能性があるからです。このことを紹介して、あまり皆さんが注意を払っていない問題に目を向けるお手伝いができたのではないかと思っています。私を次のように呼んでください。

——運良く生きていている者、と

運の良い方へ　読者の皆様が咬みつける手紙をありがとうございます。あなたが提供してくださった事実の中には、多くの人にとって新しい情報があることでしょう。

アン・ランダース様　私は一カ月前、大変魅力的な男性に出会いました。彼をいとこに紹介してもらったのです。私たちは三人とも十七才です。でも、先週の土曜の夜、とてもショックなことが起こりました。どうしたらいいか教えてください。

そのいとこ、彼女のボーイフレンド、そしてその魅力的な彼氏（フィルと呼ぶことにします）と私の四人で映画に行きました。悲しい場面の真っ最中、針を落としても聞こえるくらい館内は静かだった時、フィルが突然立ち上がって、聞いたこともないほど汚い言葉を大声でわめきました。その間中彼は、狂人のように腕を振り上げていました。私は彼を座らせ静かにさせようとしましたが、彼は全く私の注意に耳を貸しませんでした。すぐに、映画館の支配人がやって来て、フィルに出て行くように言いました。私は彼の気がおかしくなっているのではないかと心配で、一人で帰らせる訳にはいかないと思って一緒に映画館を出ました。駐車場に歩きながらフィルは、気分が悪いから家に帰りたいと言いましたので、彼を家に連れて行きましたが、それ以来彼から連絡がありません。

アン、一体これはどういうことなのか教えてください。　――デンバーでショック

デンバー様　多分フィルはトゥーレット症候群ではないかと思います。この病気はよく情緒障害と誤診されます。今は、中枢神経組織に関係した遺伝病だと知られています。トゥーレット症候群は普通二歳から十四歳の間に発病します。その患者は、目をパチパチさせたり、変な顔付きをしたり、頭や肩を急に動かしたり、非常にその場にふさわしくない音（や言葉）を発します。この行為は意志に関係なく起こるので、本人もコントロールはできません。

デンバーさん、あなたはその彼が病気だと分かったのですから、思いやってあげて、もし彼や彼のご両親が治療可能な病気を抱えているのだと気がついていないなら、ここに述べた情報を教えてあげてください。

アン・ランダース様　息子は五歳の時、瞬《まばた》きを頻繁にし始めました。掛かりつけの小児科医にこのことを話しましたが、「放っておいても大丈夫ですよ」と言われました。一年後、〝ジョウイ〟は肩をすくめたり、身体をせかせか動かしたりし始めました。例の医者は、「ただの神経性チックですよ。大きくなったら治りますよ」と断言しました。

しかしその後も、このような症状やほかの症状が出たり治ったりしていました。そこで私は、ジョウイにストレスを与えそうなものを近づけないようにするのに懸命でした。ほかの三人の小児科医にも息子を連れて行きましたが、いずれからも心配するようなことは何もないから、あま

り気にしないようにと言われました。

自分でいろいろ調べた上で、掛かりつけの小児科医に、ジョウイを小児神経科医に診せてくれないかとしつこく頼みました。その結果、案の定、診断はトゥーレット症候群でした。今、息子は薬物療法を受けて劇的に良くなっています。

アン、私がこの手紙を書いている理由は、私が会ったトゥーレット症候群の子を持つ親の半分以上が、あなたのコラムを読んで初めてこの病気に気がついたと言っているからです。あなたは、手紙に書かれた症状で正確にトゥーレット症候群と診断していましたね。そして、どんな兆候に注意したらいいか、リストを挙げていらっしゃいました。

お子さんがチックを始めたり、繰り返し目をパチパチさせたり、肩をギュッとすくめたり、顔を歪めたり、筋肉を緊張させたり、咳き払いしたり、げっぷをしたり、鼻をフンフン、ブーブー鳴らしたりしたら、トゥーレット症候群協会に連絡を取って情報をもらうように、親御さんにもう一度言ってくださいませんか。住所を書いて、七十五セントの切手を貼った大型の封筒をトゥーレット症候群協会に送ってください。*

——昔からの読者

* The Tourette Syndrome Association, 42-40 Bell Blvd., Suite 205, Bayside, NY 11361
(718) 224-2999

昔からの読者様　その一番最初のコラム診断は数年前にしましたが、まだ、それについて手紙をもらいます。この病気の症状は私には非常にはっきり分かっていましたので、診断を下しても大丈夫だと思ったのです。

わざわざ私に資料を送ってくださったり情報を与え続けてくださった、たくさんの素晴しいお医者様たちこそ、称賛に価します。

アン・ランダース様　うちの二十一歳の息子は、最近首のホクロを取ってもらいました。それは、第三期黒色腫で、命にかかわる癌だと判明しました。〝ハル〟は三年前に皮膚科の医者に掛かっていて、良性のホクロをいくつか背中から取ってもらっていました。その時、その医者は首にあるホクロの写真を撮って大きさを測り、注意してみていく必要があると言いました。

しかしその後ハルはその医者に行きませんでした。時が経ち、息子は知り合った別の皮膚科の医者に予約をしました。その医者は初めての診察でそのホクロを取り、生体検査をしました。そこで、癌性だと分かりました。息子は二回手術を受け、来週からはインターフェロンの治療を始めます。

読者の皆様にお知らせしたいことは、「黒色腫についての知識の欠如は致命的になりかねません。特に年齢とは関係ないということです。表面が盛り上がっているすべてのホクロは注意の必要があり、もしホクロが大きくなり、前と性質が変わってきているようなら、皮膚科医に掛かるべきです。命取りの悪性腫瘍の可能性がありますから」ということです。幸い、息子の症状は良くなっていますが、二十一歳で皮膚に死に至るようなものがあったなんて、なんとも恐ろしいことです。

――ベイカーのシャーリー

シャーリー様　あなたのお手紙で命を救われる人がいることでしょう。今日、あなたが救った人々に成り代わって、お礼を申し上げます。

時々、「奇跡的治癒」の報告を送ってくださる人がいます。バナナの皮でイボを治したという ある読者の一通の手紙が、たくさん手紙を呼び寄せることになりました。

アン・ランダース様　イボの取り方についての例の手紙は、私も何年間もたくさんのイボに悩まされていますので、興味を引きました。

投稿してくださった方は、バナナの皮の奇跡的な利用法について書いていらっしゃいましたが、詳しいことは何もおっしゃっていませんでしたね。イボの上に皮を定期的にこすりつけるのですか、テープで皮を貼るのですか。効くのは、皮の内側ですか、外側ですか。もっとはっきりさせてください、アン。こんな厄介なものを取り除けるなら、何でもやってみます。

――サウスカロライナ州マートルビーチ

マートル様　皮をどう貼ったらいいかよく分かりませんが、多分、どちらでもいいことでしょう。それより、この話題について寄せられた郵便はとても面白いですよ。お読みください。

アン様　三十年前、九歳の時、左手にイボが二十個ありました。祖母がクリスマスの頃やって来ましたが、イボを見ると、「魔法で取れるわよ」と言ってベーコンでイボをこすり、「今晩、お月様が出たら左肩越しにベーコンを投げれば、イボは消えるわよ」と言ったのです。私は、おばあちゃん、少し頭がおかしいんじゃないの、と思いましたが、やってみる価値はあるなと思いました。三週間後、イボは見事に消えました。それ以来、一つもできていません。

——バージニア州ニューポートニューズ

ノースカロライナ州ウィルミントン「娘は学校に上がる前、指にイボがいくつかできました。小児科医に連れて行きましたら、医者は、ガーゼを一巻、医療用テープを一巻、ひまし油を一ビン買うように言いました。ガーゼをひまし油に浸し、それでイボを包み、二週間、毎日二回それを取り替えるように教えられました。医者はその油がイボを〝窒息させて〟、イボを落とすと言いました。本当に十五日経たないうちにイボは落ちました」。

サウスダコタ州アバディーン「イボを取りたい人はビタミンCを大量に摂取してください。イボはウィスルが原因ですから、ビタミンCがそのウィスルを攻撃すると、イボは消えます」。

カリフォルニア州エスコンディード「四十年前、指の爪の下にたくさんイボができていました。痛くて頭がおかしくなりそうでした。皮膚科医のところに行くと、彼は薬物治療、焼灼、手術、最後にビタミンAの注射を試しました。しかし、イボは消えては出、消えては出、を繰り返しました。ダラスに移って、別の皮膚科医に診てもらいましたが、彼は液体窒素を試しました。ブラボー！　三週間すると、手のイボは消えてしまい、足の裏にあったイボも消えました」。

台湾、『タイペイポスト』の読者　「イボを取りたい人は、イボの上を二十枚の硬貨でこすり、その硬貨を乞食に施しなさい。うちの家族は何年もこうやっていて、うまくいかなかったことは一度もありませんでした」。

カリフォルニア州オックスナード　「イボが摩訶不思議にも消えてしまうことは、私には不思議でも何でもありません、面食らっている人がたくさんいるようですが。私はプラス思考の力を信じています。〃イボを消せる〃と本当に信じると、意志の力でイボは消せます。祖母は、私たち子供五人を〃治して〃それを証明しました。彼女が言ったのは、『チチンプイプイ、イボさん、飛んでけー』だけでしたが、本当に飛んでいきましたよ」。

サウスダコタ州スーフォールズ　「イボを取りたい人は、成長盛りの緑のタンポポを取って来て、にじんで出てくる白い粘液をイボに塗って、二日乾かしてください。必ず取れます」。

フィラデルフィア　「皮膚科に二五〇ドル使っても駄目でしたが、うちの掃除係が、十日で私のイボを取ってやると、私に一ドルの賭けをもちかけてきました。彼は生のジャガ芋を半分に切って、その汁をイボにすりつけました。十一日目に、私は一ドル払う羽目になりました」。

アン・ランダース様　推定三千七百万人のアメリカ人が関節炎に苦しんでいます。〃たかが関節炎〃とか、テレビで言っているように、〃ちょっとした疼きと痛み〃とよく片付けられますが、関節炎はこの国で一番多い慢性病です。

ほぼ二〇万人のアメリカの子供たちがある種の若年関節炎に罹っています。六十五歳以上の人口の少なくとも半分は関節炎に冒されています。身体のさまざまな運動能力を奪う関節炎の症状が、二十代から四十代の、家庭を構えたり、キャリアを積んだりしなければならない大事な年代の人たちを襲っています。この病気は痛みや硬直を惹き起こすだけではなく、生活の質を落とし、身体の障害をもたらしたり、外見を醜くしたり、若くして死に至ることもあります。

非常に多くの人が、関節炎には治療法がないのでどうすることもできない、と考えていますが、それは誤った思い込みです。関節炎を抑えるためにいろいろできることがありますし、関節炎財団も助けてくれます。そこには、自己治療コース、エクササイズコース、患者討論会を含め、いろいろのプログラムがあります。

関節炎ともっと効果的に付き合う方法について、無料の情報を得るには関節炎財団[*1]に問い合わせるか、関節炎財団情報ホットラインフリーダイアル[*2]に電話をしてください。

アン、関節炎は〝たかが関節炎〟ではないということと、助けてもらえることを皆さんにお知らせください。

――関節炎財団、シカゴ支部長、マリリン・J・カーソン

＊1　Arthritis Foundation, P.O. Box 7669, Atlanta, GA 30357-0669

＊2　(800) 238-7800

マリリン様　よくぞお知らせくださいました。ありがとうございます。

次のコラムをご自分には関係ないと思って飛ばさないでください。数カ月(または数年)もすれば、読んでいれば良かったと思うかもしれませんよ。

アン・ランダース様　私は五十八歳の女性で、骨粗鬆症と診断されたばかりです。背中がひどく痛かったので、医者に行ったのです。痛みだけでなく、身長が五センチほど低くなっていることと、首から背中にかけて丸くなり始めているのに気づいていました。結局、脊椎の骨が二つ折れているだけでなく、潰れていて、それが悪化しているということが分かりました。

私の医者は、私には骨粗鬆症を進行させる危険な要因がいくつもある、と言いました。でもそんなこと私は知りませんでした。例えば、母が骨粗鬆症だったので私もなりやすいのだということです。

母は、七十一歳の時腰骨をひどく骨折して、その後ずっと身体が利かなくなりました。そんなことが起こる前は、母は活発で、エネルギッシュで、年のわりには若かったのですが、今は年を取り衰弱していて、歩行器を使い、もう、庭いじりも家事も友達と出掛けることもできません。母は私と弟にひどく頼っていて、やがて老人ホーム行きだろうと心配しています。

私がどれほど動揺しているかお分かりいただけると思います。私にはきつい仕事があり、家族への責任を果たし続けるために健康でいなければなりません。まだお話ししていませんでしたが、実は娘が二人います。今や彼女たちには、祖母とこの恐ろしい病気持ちの母親がいることになるのです。

医者は、これ以上の骨折を防ぐのに役立つプログラムを出してくれましたが、骨粗鬆症には治療法がないともはっきり言っています。いったん骨量が減ると元に戻らない、ということです。ただ明るい見通しは、もし私が治療計画に従えば、骨の損失の進行を遅らせることができる、と医者が信じていることです。

アン、助けていただきたくてこれを書いています。骨粗鬆症の防ぎ方やこれ以上の骨折を防ぐ方法について一番頼りになる情報はどこで手に入れられるか、教えてください。私はその情報を私のためだけではなく、子供と孫のために必要です。母と私が今経験している病気に子供や孫が罹らないよう早めに準備したいと思っています。骨粗鬆症に罹っていると医者に言われてから、その病気について学べるものはすべて学び始めましたが、情報を得るのに苦労しています。

骨粗鬆症は誰にも起こり得る問題ですから、情報を必要としている私のような人がたくさんいるに違いありません。どうぞ私たちを助けてください。――ナッシュビルで心配して

心配している方へ　書いてくださって嬉しく思います。これはもっとたくさんの人に知ってもらわなければならない問題です。多くの人は骨粗鬆症を老人の病気だと考えていますが、それは間違っています。三十代中頃の女性もなることがよくありますし、男性もなる恐れがあります。

今の若い人たちの中には、将来骨粗鬆症になる危険性が非常に高くなる生活をしている人が多すぎます。ティーンエイジャーや十代以前の子供たちがこの病気について学び、「たばこは吸って

はいけない、アルコールの消費量を制限する、カルシウム含有量の多いバランスの取れた食事をする、規則正しく運動をする」ように教えられる必要があります。中年の女性は骨の健康度をお医者様に診てもらうといいでしょう。私が相談した医学の専門家は、骨粗鬆症は防げる上、治療も可能だ、と言っています。全体像を教えてくれる優れた団体は、全米骨粗鬆症財団*です。資料をご希望の場合は、大型の封筒に住所を書いて、切手を貼って送ってください。

* National Osteoporosis Foundation, P.O. Box 96616, Washington, DC 2007-7456

アン・ランダース様　職場の同僚の女性たちと、寝る時の習慣についてあれこれ議論になりました。たまたま、私がいつもパンツをはいて寝ると言いましたら、みんながショックを受けたのです（私は結婚して十八年になります）。

私は風変わりなのですか、頭がおかしいのですか、それとも〝ダサイ〟のですか――みんなはそう思っているようですが。今朝この会話で話題になるまでは、そんなことは特に考えたこともありませんでした。どのくらいの既婚女性がパンツをはかないで寝るのか統計をお持ちですか。どうぞ、お答えください。

――オハイオのつむじ曲がり、に

つむじ曲がり様　そんな問題に関する調査など聞いたことがありませんが、独身女性も既婚の女性もたいていは、パンツをはいては寝ないと思う方が無難でしょう。だからと言って、パンツをはいて寝る人たちが必ずしも風変わりという訳ではありません。多分、子供の時についた習慣でしょう。

読者の皆様　パンツをはいて寝る例の女性のことを覚えていますか？　さて、現在新しい情報が手元に入っていますので、それをどうしても皆様にご紹介しなければと思います。どうかこのままお読みになって、大切なことを学んでください。次の手紙はボストンからのものです。

アン・ランダース様　三年連続して（一九七四年～七六年）、膀胱炎に罹りました。しかし、三回目の惨めなほどの症状が出るまでは大して疑問をもちませんでした。その後、これさえなければ健康な五〇代の女性である私が、何回もこの病気に罹るのはなぜだろうと、自問しました。

私はあれこれ〝可能性〟を考えてから、泌尿器科医に電話をしてみました。彼は、私が子供の頃からずっとパンツをはいて寝ていると聞いて、びっくり仰天したのです。この病気が増えたのは七〇年代になってからで、その頃から、どこでもパンティーストッキングやスラックスをはくことが流行したからだと考えられるそうです。

私はもうパンツをはいて寝ません。お蔭で、もう膀胱炎には罹っていません。この情報は皆さんに――特に、良い泌尿器科医の支援を得られるなら――きっとお役に立つと思います。泌尿器科のお医者さんにお聞きになってはいかがですか？　　――年とともに賢くなって

賢くなった方へ　あなたのご提案通り、アメリカできわめて著名な医師の一人、ジョセフ・J

・カウフマン博士に伺いました。博士は、カリフォルニア大学医学部長です。カウフマン博士は次のように答えてくださいました。

アン・ランダース様　「賢くなった方」は、パンツをはかないで寝て状況が良くなった例です。女性の膀胱炎はどの年代でも非常によくあることです。その理由として、お尻をきちんと拭かないことと、女性の外陰部の湿った部分にバクテリアが入り込みやすいことが一般に考えられます。

また、バブルバス、性行為、生理用ナプキンやタンポンの使用およびパンツをはいて寝ることなどが、尿路感染症を何度も繰り返す患者の原因ではないかと考えられています。

泌尿器科医が、パンツをはいて寝る女性の膀胱炎の罹病率が高いということに気がつくべきですが、おそらく気づいていないのです。外陰部にバクテリアが住みつきやすい傾向のある女性にとっては、パンツがバクテリアの成長と転移の温床となるのは確かなようです。

ついでながら申し上げますと、男性の読者の皆さんは、このニュースを読んできっとニヤリとしていらっしゃることでしょうね。

——ジョー・カウフマン医学博士

ジョー様　今日、あなたが助けてくださった女性たちに成り代わって、お礼申し上げます。それに、男性たちからも。

アン・ランダース様　私はどちらかと言うとちょっと扱いづらい悩みを抱えています。そこで、助けていただきたいのです。妻は五十五歳でずっとすこぶる健康でしたが、数週間前、手術を受けました。いま、彼女は以前健康だったことよりも手術について話すことの方をずっと楽しんでいます。

来客があったり、付き合いで外出した時など、妻は立ち上がって発言し、手術の一部始終を話して、みんなを退屈で退屈で死にそうにします。彼女はビンに胆石を入れて、それをハンドバッグに入れて持ち歩いています。そんなのは悪趣味だと言っているのですが、妻は〝面白い話の種〟になると言って聞きません。私は間違っていますか？

——臆病者

臆病者様　「臓器講話独演会《オルガンリサイタル》」なるものでその場を独り占めにしてしゃべりまくる人ほど退屈な（さらに悪趣味な）ものはほかにありません。痛み疼きをあれやこれやとしゃべりまくる人は、聞いている人が全く無関心なのに気づいていません。奥様の人生での最高の功績が胆石を二、三個作ることだったとしたら、心からご同情申し上げます。

アン・ランダース様　〝高級〟住宅地の住人が、ズックの袋に入れられた生後数時間の赤ちゃんが車庫に通じる私道に捨てられているのを見つけた、というニュースをテレビで見ました。赤ちゃんの傍らには、「ごめんなさい。でも、私はまだほんの十四歳なのです」と書いたメモがあったそうですね。

アン、私も残念に思っている、とその少女に知ってもらいたいものです。主人と私や私たちのような人たちが、**また**その赤ちゃんをもらう機会を逃してしまったからです。どうして、このような女の子たちは、養子縁組機関に子供を託すのには一銭もかからないことを知らないのでしょうか。子供を手元に置けないと牧師か学校のカウンセラーに相談すれば、その赤ちゃんに愛情ある家庭を見つける手伝いを必ずしてもらえるはずです。

三年前、私たちは子供を持とうと決心しました。問題など全くないと思っていましたが、間違っていました。

十カ月間努力しましたが駄目で、不妊の専門医に行ってみました。九カ月その医者のもとで努力しましたがうまくゆかず、その後、生殖内分泌科医に委ねられました。

主人は初めからテストの結果が〝正常〟でした。私は、突つかれたり、突っ込まれたり、押されたり、探り針で調べられたり、注射をされたり、レーザー治療を受けたりして、子宮内膜症と多嚢性卵巣疾患があると言われました。

現在、私の保険ではもう不妊治療、診断、薬の費用を払えないと通告されています。次の手段は、成功の確立が四十五パーセントしかない八千ドルもする薬です。ズックの袋に赤ちゃんを入れて捨てた十四歳の女の子に言います。「誰かがあなたの新生児を欲しかったし、必要だったのですよ」。このようなことをするかもしれない、別の女の子たちにも言います。「どうか、赤ちゃんの生命を危険にさらさずに、あなたを助けてくれる人、私たちのような夫婦への連絡の取り方を知っている人の手に赤ちゃんを委ねてください」。

その少女に赤ちゃんを捨てさせるようにした環境を残念に思いますし、私がその赤ちゃんをもらえなかったことも同じように残念に思います。　　　　――インディアナポリスの石女《うまずめ》

インディアナポリス様　たくさんの人の人生を変えるかもしれない手紙をありがとうございました。不妊で助力が必要な皆様は、住所を書いて切手を貼った長い封筒を次のところに送ってください。

Resolve, 1310 Broadway, Somerville, Mass. 02144-1731

ある読者の方が、〝しゃっくり〟の確実な止め方を知っているか、とお尋ねでした。そこで、長年私には効いていた古風な治療法をご紹介しました（しゃっくりが出たらコップ一杯の水をゆっくりすする。それでもしゃっくりが出たらそのつど水を飲むのをやめて、深呼吸をし、ゆっくり十数える間息を止める）。

私は読者の皆様に、皆様の〝治療法〟を教えてくださるようにお願いしましたが、一〇〇パーセント効き目があることを条件にしました。数日のうちに、大量のしゃっくりを止めると保証付の〝秘法〟攻めに会いました。幸い、私はあまりしゃっくりが出ませんから全部を試していませんので、それが効くかどうか保証はできませんが、それはそれとして、次にいくつかご紹介します。

ニューヨーク州ジャクソンハイツ　「いろいろやってみてみんな失敗しても、この方法は効きます。うちでは家族全員が頼りにしています。まず両手を使って、指を耳の中に突っ込みます。深呼吸をして、誰かに鼻をつまんでもらい、その間につまんでいる人が水を一杯飲ませます」。

マイアミ　「父が連続八時間しゃっくりが止まりませんでした。友達や親戚から言われたことをいくつか試してみましたが、ことごとく失敗しました。最後に、誰かが『炭酸ソーダを二、三口がぶ飲みしてみたら』と言いましたので、やってみましたら、すぐに止まりました」。

オハイオ州アシュタビューラ　「祖母はこのしゃっくりの止め方をそのおばあさんから教えてもらったそうです。それで今は、私が孫たちに教えています。面白いですよ！　紙の袋に五十セント硬貨大の穴を三つ空けて、その袋を頭にかぶり、二十回、深く息をします。そうすると、しゃっくりは出なくなります」。

シカゴ　「私は今六十歳ですが、四年生の時の先生がクラスのみんなにしてくれた確実にしゃっくりを止める方法を覚えています。スワンソン先生は、机の引き出しにいつも砂糖のビンを入れていて、誰かがしゃっくりをするたびに、その子の舌の上に砂糖をスプーン一杯乗せ、ゆっくり溶かすように言いました。砂糖がなくなる頃には、しゃっくりもなくなっていました」。

カリフォルニア州リバーサイド　「ほかの方法がみんな失敗しても、これなら効きます。逆立ちできる人は逆立ちする。できない人は頭を膝の間に入れる。そしてできるだけしっかり目を閉じて、深呼吸をして、『メリーさんの羊』か『リトル・ボウ・ピープ』を歌う、です」。

カナダ、ノバスコシア　「大おばのしゃっくりの止め方はここ二十五年、おまじないのように効いていますよ。握りこぶしを作り、小指の関節を咬みます。深呼吸を一回して、隣の指を咬みます。それから次々に咬んでいって、親指まで咬みます。関節を全部咬み終わる頃には、治っています」。

シンシナティ　「この治療法は一〇〇パーセント効果があるだけでなく、おいしいですよ。ピーナッツバターをスプーン一杯すくって口に入れる。食べようとしても飲み込もうとしても駄目。自然にピーナツバターがなくなると、しゃっくりもなくなります」。

ワシントン州タコマ　「どうしてこの方法が効くのか誰も知りませんが、試した人で失敗した人は一人もいません。コップに水をいっぱい入れて、清潔なハンカチで覆います。水をハンカチ越しに飲みます。ただし、すすっても、息を止めても駄目。しゃっくりは魔法にかかったように消えます」。

カンザス州エンポーリア　「この治療法は、人に見られないようにした方がいいでしょう、お馬鹿さんみたいに見えますから。できるだけ目を大きく開く、舌を突き出す――グーッと思いっきり天井に届くくらい伸ばして、そのまま国歌『星条旗』を歌う。もちろん、舌を突き出したままなので歌えませんが、音が出ればそれで十分。〝ロケットの赤い炎〟までくる頃には、しゃっくりは出なくなっています」。

さあ、お読みになりましたね、皆様。一つの秘法が効かなかったら、別のを試してみてください。効きますように！

アン・ランダース様　肝炎になったら必ず黄疸になるという神話を崩すお手伝いを是非してください。医者や血液銀行から、B型かC型肝炎に罹っている、または、罹っていたと言われたら、たいていの人はショックを受けます。病気になったことや身体が黄色くなった記憶がないからです。肝炎は肝硬変や肝臓癌につながる可能性があります。このウィルスに感染していると診断された人の四〇パーセントはそのウィルスにさらされたことは全くなく、どうして罹ったか分かっていません。

B型肝炎、C型肝炎は、感染者が使ったカミソリ、歯ブラシ、爪ヤスリ、注射針などを共用して、広がることがあります。B型肝炎はいろいろな性行為でしばしば移り、エイズより百倍感染しやすい病気です。

感染している人は見ただけでは分かりません。感染している人も多くは自分が感染していることを知りません。残念なことに、肝臓は不平を言わない臓器なので、病気がかなり進行するまで具合が悪いという警告を出しません。

私たちは、この二つの油断できない病気の広がりを阻止するためにあなたに助けていただく必要があります。肝臓の検査は普通の血液検査には含まれていませんので、特別に頼まなければなりません。B型肝炎用の安全で効果的なワクチンは、予期せずにそのウィルスにさらされても、十年以上の間、感染しないように守ってくれます。新生児、幼児や特に青少年は伝染病予防センターの勧告に従って、ワクチンを接種すべきです。

国際肝炎財団＊に、住所を書いて切手を貼った封筒を入れて請求すれば、もっと多くの情報を得られると皆さんに伝えてください。お願いします。

——国際肝炎財団、会長及び運営責任者、セルマ・キング・シール

＊ Hepatitis Foundation International, P.O. Box 222, Cedar Grove, NJ 07009　(800)891-0707

セルマ・キング・シール様　情報提供をありがとうございます。お手紙をお書きいただいたお蔭で、命を救われる方々が必ずいらっしゃいます。

アン・ランダース様　ご主人が日曜日に教会の行くのをやめざるを得なかったと書いてきた、長いこと悩んでいる医者の奥様に同情しています。ご主人は教会に行くと、気軽な意見を聞いたり無料医療相談をしたがる人たちに絶えず悩まされていたからだそうですね。

私の大事な友人はその問題をこんな風に解決しました。何でもかんでも騙して巻き上げるので悪名高い町の嫌われ者の女が、カクテルパーティーでこの気のいい医者を取っ捕まえ、隅に引っ張っていき、自分の腰や脚の刺すような痛みについて事細かく説明し始めたのです。そこでその医者は彼女の目をまっすぐ見て、いかにも医者らしい威厳を見せて、「服を脱ぎなさい」と言った

のです。
それが効いたんです！　その女性はそれ以来彼に全く近寄っていません。

——さまよえるテキサス人

テキサス人様　効いて良かったですね。でも、このテクニックは誰にでも勧めるという訳にはいきませんよ。なかには、大喜びで医者の言葉を真に受けてしまう女性がいないとは限りませんから。

アン・ランダース様　合衆国ではほぼ一千二百万人が糖尿病に罹っていて、そのうち半分の人たちは自分がその病気に罹っているのを知りません。この人たちはみな治療をしないと、心臓病や腎臓病になったり、失明したり、死に至る危険さえあります。

今日（一九九〇年三月二十日）は、アメリカ糖尿病協会（ＡＤＡ）が大衆に注意を呼びかける日です。この警告期間に、全国の八百以上のコミュニティーにあるＡＤＡの支所や支部では、この病気に罹る恐れがあることや、あるいはもう罹っていることに気づいていない人たちに、手を差し伸べる努力をします。

糖尿病には境界も制限もありません。年齢、性別、人種、または、経済的状況に関係なく人間を襲う機会均等病です。黒人、ヒスパニック、アメリカ原住民の間では糖尿病が驚くほどの率で起こっています。

ＡＤＡの地方支部は糖尿病認識計画や血糖スクリーニングを発起し、アメリカ糖尿病警告の危険度テストを含む情報を発信しています。

この団体の危険度テストは、糖尿病に罹る危険性があるかどうかを確定できるように作られています。糖尿病に罹っていると疑いのある人たちはすぐに医者に診てもらってください。早期に発見されれば、生涯この病気を抑えて、付き合っていけます。

以下にそのテストをご紹介します。ご自分で足し算してください。

一、常時、次の兆候を一つ以上経験している。
　イ、ひどい喉の渇き　はい　30
　ロ、頻尿　はい　30
　ハ、ひどい倦怠感　はい　10
　ニ、説明できない体重減少　はい　30
　ホ、時々目がかすむ　はい　10
二、四十歳以上　はい　10
三、二〇パーセント以上理想体重オーバー　はい　20
四、誕生時四キロ以上の赤ちゃんを一人以上出産した女性　はい　20
五、アメリカ原住民系　はい　10
六、ヒスパニック系か黒人系　はい　10
七、親が糖尿病　はい　10

八、兄弟姉妹に糖尿病がいる　はい　20

合計が三〇から五〇点なら、恐らく糖尿病になる危険性は低いでしょう。だからと言って、糖尿病の危険性を忘れてはいけません。特に四十歳以上で、太り過ぎで、黒人かヒスパニックかアメリカ原住民の血が入っている場合はそうです。

合計が五〇点以上なら、糖尿病の危険性が高いかもしれません。すでに糖尿病に罹っている可能性があります。

このテストは、糖尿病のさまざまな深刻な危険性を教育し、気づかせるためだけのものです。医者だけが糖尿病かどうか診断できます。糖尿病についてもっと情報をご希望の場合は、地元のアメリカ糖尿病協会に問い合わせてください。

アン、糖尿病の危険性と危険率についてアメリカ人に注意を喚起するお手伝いをしてくださってありがとうございます。これは、私たちが皆様にお伝えするべき重要な情報です。だからこそ、あなたにお願いしているのです。

——アメリカ糖尿病協会理事長　スターリング・タッカー
会長　シャーマン・M・ホルベイ医学博士

タッカー様、ホルベイ博士　お手伝いできて嬉しく思っています。読者の皆様がこの情報に従って注意してくださることを期待しましょう。

一九七三年に皆様に、高血圧に関するパンフレットを取り寄せるようにご提言いたしました。一人の読者の方が、「例のコラムのお蔭で、長年私がしようとしていたことが実現できました。つまり、主人に血圧を調べてもらいに行かせることでした。そのコラムを読んで、主人はやっと医者に行きました。主人の血圧は非常に高くて、もう少しで脳卒中になるところでした。もう一度あのコラムをお載せいただけば、もっとたくさんの方の命が救われると確信しています。――永遠に感謝して」と書いてきてくださいました。

そこで、皆様、もう一度掲載致します。

読者の皆様　今月はアン・ランダースとして仕事を始めて十八年目になります。私も皆様もお互いをかなりよく分かり合えるようになっています。皆様は私をほめたり、強く非難したり、私の回答に喜んだり、むかむかしたりしていらっしゃいます。皆様が私に悩みを打ち明けてくださる時、慰めて差し上げられる方もいますし、涙を流さないように、そんなに自然資源を無駄にしないように、とお話しする方もいます。

時折、私が間違っていると皆様が説得してくださり、私は考えを一八〇度変えることもあります。しかし、私は間違っているよりはずっとたくさんの正解を出しています。それにはちゃんとした理由があります。それは、国中の最高の頭脳に答えを教えてもらっているからです。

非常に多くの身体の苦痛は心の問題に密接に関係していますので、この国の一番優れたお医者様を説得して、私のコンサルタントになっていただいています。この専門家の皆様に助けていただいて、毎日五千四百万人の読者の方々に健康管理に関しての最新情報へ注意を喚起できています。なかには、私が皆様の命を救ったのかもしれない、と書いてきてくださる方もいます。アメリカ癌学会が出している乳癌自己検診に関しての無料のパンフレットを送ってもらうようにお勧めするコラムを掲載しましたら、ほぼ五十万もの女性がニューヨーク本部か地元の癌学会事務所にその資料を請求したそうです。そのうちの何千もの女性が胸にしこりを**見つけた**のです。ほとんどは良性でしたが、なかには悪性のものもありました。しかし、初期に発見されたので、何百、恐らく何千人もの女性がもうあと四十年も生きられ、お孫さんの結婚式でダンスが踊れることでしょう。

皆様の命を救うかもしれない無料のパンフレットを送ってもらうように、もう一度申し上げます。アメリカ人の十人に一人は必ずこの病気に罹っていると知ったら皆様はショックを受けることでしょうが、そのパンフレットは、その病気を扱っています。つまり高血圧症のことです。

二千三百万人以上のアメリカ人が高血圧です。この病気に罹っている人の半分は、普段は全く症状がないので病気に気づいていません。症状――頭痛、めまい、疲労、壮年期の性欲減退――がある人は、脳卒中、心筋梗塞、失明や腎不全などになる前に医者に診てもらいに行くでしょうから、運がいいと言えます。

高血圧には金持ちも貧乏人も、緊張している人も、リラックスしている人も、年寄りも若者も罹ります。黒人は、白人やアジア人より二倍も高血圧になりやすく、しかも、高血圧が原因の病気にもなりやすいのです。またピルを使っている女性は、それ以外の避妊法を使っている女性より高血圧になる危険性はずっと高いのです。

この殺人病からどう身を守ったらいいのでしょうか。また、もう高血圧症なら、それとどう付き合ったらいいのでしょうか。第一段階は、病気についてよく知ることです。ですから私は無料のパンフレットを手に入れるために手紙をお出しになるようにお勧めしているのです。そのパンフレットはどうしたらいいか教えてくれるだけでなく、高血圧のほとんどのケースも薬物治療で食い止めることができる、と保証してくれてもいます。

今日このコラムで読んだことが、ご自分の命やあなたの大事な人の命を救うかもしれません。ですから、さあ今すぐ、行動を起こしてください――神様のお恵みがありますように。

――アン・ランダース

高血圧症の最新情報をご希望の方は、左記にお問い合わせください。
Citizens for Public Action on Blood Pressure and Cholesterol Inc., P.O. Box 30374, Bethesda, MD 20824

「癌《キャンサー》」は英語で最も恐ろしい言葉の一つです。何年にもわたって、私はこの破壊的病気についていくつかのコラムを書いてきました。次に読者の皆様から非常に役に立ったと言われたコラムを二、三ご紹介します。

アン・ランダース様　私の命を救ってくださってありがとうございます。去年、五月六日は日曜日でした。いつも日曜日は忙しくしていますが、ありがたいことにその日はあなたのコラムを読めないほどではありませんでした。その日にあなたは、癌の注意すべき兆候について載せていらっしゃったのです。

その七つの兆候のうちの一つは、声嗄れでした。私はほんの一週間前にたばこをやめたばかりでしたがずっと喉が不愉快でした。火曜日に家庭医に行ったところ、その医者はすぐに私を咽喉の専門医に送りました。四日後、咽頭から悪性腫瘍を取ってもらいました。放射線療法を三十五回受けたのち〝治癒〟していて、非常に健康状態がいい、と断言してもらいました。

私は今日も生きています、あなたのコラムを読んでいますから。あなたがいらっしゃらなかったら、私は、決してしわがれ声を癌と結び付けては考えなかったでしょう。七つの危険な兆候をもう一度、公表してください。注意を喚起してもらう必要のある人がいるに違いありませんから。

あなたの素晴しいお仕事に神様のご加護がありますように。心からの感謝と愛をお送りします。

――カリフォルニア州ミッドウェイシティー、B・F

B・F様　助けてもらったので、ご自分も誰かを助けようと思われるとは、なんと心の寛い方でしょう。ひょっとしたら癌かもしれない七つの警戒信号をもう一度ご紹介します。

一、排泄習慣の変化
二、治らない痛み
三、不意の出血や下痢
四、胸やほかの個所の腫れまたはしこり（男性は毎月睾丸を調べること）
五、しつこい消化不良、または燕下障害
六、イボやホクロの目に見える変化
七、しつこい咳や声嗄れ

アン・ランダース様　八月、乳腺のレントゲン写真を撮ってもらう日の朝、新聞を開いてあなたのコラムを見ました。最初の手紙は、胸に痛みがあるのに、痛いしこりは癌性ではないから心配する必要はないと言われた女性からのものでした。その女性はあとで、実際はその痛みのあるしこりが癌であると分かったそうですね。

私も、触ってもしこりがあるかどうか分かりませんでしたが、胸に痛みがありました。掛かりつけの医者から、三十五歳になったら乳腺のレントゲン検査を受けるように勧められていましたが、痛みがあったので、三十五歳の誕生日一カ月前でしたが、その検査を受けることにしました。レントゲン写真は、小さ過ぎて触っても分からない怪しい個所を写し出していました。その個所は生体検査され、乳癌だと診断されました。腫瘍は非常に小さいものでしたが、癌がリンパ節の二つに転移していました。その後、乳房切除手術を受け、今は化学療法を受けています。

乳腺のレントゲン撮影は三十五歳以下の女性には利点がほとんどないか、全然ないと言っている記事をたくさん読んだことがありますが、私の経験から、それは正しくないと思います。もし私がもう少し年を取るまで待っていたら、致命的な誤ちになっていたかもしれません。私には何かおかしいと思わせてくれた痛みがあって、幸運でした。どれほど多くの女性が若くして乳癌になっていて、それに全く気づいていないかと考えると心が痛みます。あのレントゲン検査が私の命を救ってくれたと確信していますから。

レントゲン検査は三十五歳以下の人でも、受けた方がいい、と読者の皆さんにお伝えください。胸の痛みやしこりがあれば、たとえ何歳であっても、決して見過ごしてはいけません。

——アラバマの経験者

アラバマ様　確実にたくさんの命を救ってくださる手紙をどうもありがとうございます。読者の方々の中には、きっと、あなたの忠告に従い、天寿を全うする人がたくさんいることでしょう。

アン・ランダース様　あなたが述べた乳癌に関してのコラム〝八人の女性のうち一人は乳癌に

なる〟という警告について手紙を書いています。

このような統計は前後関係を抜きに引用されて、世論を操作するためによく使われます。脅されでもしないと定期検診や乳腺レントゲン検査を受けに行かない女性もいますが、不完全なデータによって不安になる状況を歓迎しない人もたくさんいます。『女性の健康レター』に載っていたものを同封しましたから、掲載していただけませんか。それはこの問題のもっと現実的な全体像を明らかにしています。よろしくお願いします。　――テキサス州ケラー、昔からの読者

昔からの読者様　『女性の健康レター』（出版元・米国家族計画連盟）からその記事をご紹介します。それには確かにいいところはあります。しかしそれが、女性に間違った安心感をもたせ、定期的に検査を受ける必要はないと思わせなければいいが、と思っています。そんなことをすれば致命的な誤ちになりかねませんから。

恐ろしい統計を再定義する

乳癌についてのニュースをよく読んでいる人なら、おそらく「八人中一人」という言葉が頭の中に焼き付いていることでしょう。これは、専門家が言うところの、乳癌になる危険率ということです。しかしながらこの数字は、あなたに危険が差し迫っているということではありません。言い換えれば、部屋に八人女性がいれば、その一人がやがてある一定の時期に必ず乳癌になるという意味ではない、とペンシルバニア州チェルテンハムのフォックスチェイス癌センターの家族リスク評価計画の理事、

メアリー・ダリー医学博士は言っています。

「その数字は、九十五歳まで生きた女性が一生のうちのある時期に乳癌になる一般的なリスクを表している」とダリー博士は述べています。全米癌研究所により発表された統計表によると、女性はそれぞれの年代でそれぞれの異なったリスクがあり、年齢が上がるにつれリスクは大きくなるようです。

信頼してよい比較的道理にかなった考え方を次にご紹介しましょう。つまり、もしあなたのリスクがあまり高くないならば、乳癌には多分**ならない**だろう、というものです。また、次のことをよく考えてください。つまり、乳癌の全体的罹病率が五十歳以下の女性で急上昇しているものの、死亡率はこの年代のグループではむしろ下がっている、ということです。

ハイリスクグループの二〇パーセントの女性の中に入っている――つまり、乳癌に罹っている母親か姉妹か娘がいるか、家族の中に卵巣癌、子宮癌、直腸癌になった人がいる――なら、リスクカウンセラーに会うことを考えてください。そのカウンセラーは家族の病歴を基に危険度面を考え合わせ、調べたことを説明し、さまざまな検査を受けるように提案し、早期月経、更年期後期、子供がいないこと、あるいは三十歳すぎまで子供がいなかったこと、アルコール消費量、脂肪性食品の摂取量のような、あまり重要ではない危険因子も視野に入れて判断してくれるでしょう。

例えば、親戚に五十歳以降に乳癌になった人がいて、それが片方の乳房だけであった場合は、リスクは低いこと、しかも乳癌の家系であることがはっきりしていても、早期に治療を受ければ、その病気に打ち勝つチャンスは七〇パーセント以上である、ということを教えてもらえます。

二十歳の女性の乳癌になる可能性は二千五百人に一人の割合で、三十歳で二三三人に一人、四十歳で六十三人に一人、五十歳では四十一人に一人、六十歳で二十八人に一人、七十歳で二十四人に一人、八十歳で十六人に一人、九十五才で八人に一人の割合になります。

アン・ランダース様　女性たちは乳癌の検査を受けるようにと繰り返し言われています。早く見つかれば治癒する可能性が十分にあるからでしょう。しかし、男性も乳癌になるということは、あまりよく知られていません。それは、二千五百人にたった一人の割合で起こっているのですが、考慮してもいいことでしょう。

ほとんどの医者は、男性の患者を診察する時、乳癌の検査はしません。ところが、油断なく気を配っていたある若い医師が、私の右の乳首の近くある小さなしこりはいつ頃からあるのか、と聞きました。私は四年ぐらい前からあるけれど、全く気にしていなかった、と答えました。彼は生体検査を行い、そのしこりは皮膚癌だと判明しました。ちょっとした手術が行われ、組織は分析のために研究室に送られました。

その外科医が驚いたのは、私が二種類の癌に罹っているという結果が出たことでした。病院の癌部局によると、癌の一つが〝侵潤性小葉癌腫〟、つまりホクロにできる癌の珍しい型で、乳部切除手術が必要であるとのことでした。

さらに三人の専門家の意見を聞いたあと、結局、手術がその癌を確実に根絶する唯一の方法であると言われました。そこで、その手術を受け、お蔭でその癌を悪くならないうちに取ってもらうことができました。

私は、男性諸氏に、男性も乳癌になるかもしれないということと、そのあたりにあるしこりや目立った変化に気づくべきだと知っていただくために、この手紙をしたためている訳です。アン、どうかこれを新聞に載せてください。

——カリフォルニア州ツフンガのJ・C

J・C様　このコラムをお読みの男性の皆様がみな、あなたのお書きになったことに注意してくだされぱと望んでいます。男性の皆様、恒例の健康診断をお受けになる時は、このコラムを持って行ってください。お医者様が患者からどれほどたくさんのことを学んでいるかお知りになって、皆様びっくりなさることでしょう。

時折、手紙が身近なところからもきます。

アン・ランダース様　十日前、乳房を片方取ってもらいました。しかし、私がどんなに幸運だったかを皆様にお話ししたいと思います。

恒例の検査の際、医者が「ここにしこりがありますよ。生体検査をして、何だかはっきりさせた方がいいでしょう」と言った時、私は凍りつきました。すぐに、癌で死んでしまった私の知り合いの女性を全部思い出しました。私は動揺し、恐怖心でいっぱいでした。

生体検査で悪性腫瘍だと分かると、もう私の人生は終わった、と本当に思いました。結果の出たその日に、乳房切除のために入院しました。

麻酔から覚めたあと最初に耳にしたのは、「非常に早期で良かったですよ。新品同様に健康になりますよ」と言っている医者の言葉だったと記憶しています。

八日後、「回復への手助け」――乳房を切除した女性のための機関――と呼ばれる団体からいただいた補装具を着けて退院しました（私はそのような団体があるのを知りませんでした）。そこの女性たちは定期的に会合していて、目的は新しい〝メンバー〟が普通の生活が送れるように手助けすることです。そのクラブの代表者が私を訪問してくれた時、どれほど元気づけられたか想像はおつきにならないでしょう。彼女の訪問は私に新しい力と希望を与えてくれました。

私は仕事に戻りますが、しこりが発見されてからちょうど十九日目です。気分は最高です。四十八歳で、末長い幸せな人生を送るのを楽しみにしています。私は運のいい女性だと思います。何があっても必ず年一回の健康診断を受けるようにしたお蔭で、非常に初期の段階で悪性腫瘍を見つけられて、幸運です。私を診てくださったお医者様がみな、注意深く有能だったのもラッキーです。身体の線が変わっても、決して私への愛情はなくならないと言ってくれている素晴しい主人がいて、ラッキーです。神様は、すごいです。

――S・L・D

S・L・D様　あなたの手紙を読んでいて、「この手紙は私の義理の妹が書いていてもおかしくない手紙だわ」と思いました。署名のところまで読んできて、やっぱりそうだと分かりました。ありがとう、シルビア。

前立腺癌が増加しているようです。何が最善の治療法かに関しては、医者の間でも意見が分かれています。読者の皆様は最善の決断をできるようにすべての事実を知らなければいけない、と私は思いますので、次に、その論争の両面をご紹介します。

アン・ランダース様　前立腺癌を発見するために、PSA（前立腺特異性抗原）血液検査を受ける重要性についてもう一度活字にしてください。非常に親しい友人の一人が最近この恐ろしい病気で亡くなりました。そして、親戚の一人が今勇敢にこの病気と闘っています。

毎年、合衆国で三万五千人の男性が前立腺癌で死んでいますが、早期に発見されれば、治る可能性があります。四十歳以上の男性は全員、年一回健康診断を受けるべきでしょう。五十歳以降の人は、医者の触診では分からない前立腺癌を見つけるために、簡単なPSA血液検査も受けるといいでしょう。PSA検査は医院で受けられます。どうか読者の皆さんに伝えてください、アン。命をたくさん救えるかもしれませんから。——フォートワースのあなたの忠実な読者

フォートワース様　私たちはボストンのブリガム・アンド・ウーマンズホスピタルの泌尿器科の主任外科医、ジェローム・リッチー博士と話をしました。彼によるとあなたの情報は正しいそうです。PSAは前立腺癌を予知できる一番正確な検査だそうです。しかしながら、リッチー博士は、その検査が偽陰性を出したり、偽陽性を出したりすることがあるので、追跡検査を受けることを勧めています。言い換えれば、一回の検査に頼ってはいけないということです。

リッチー博士はまた、前立腺癌の家系の男性は五十歳からではなく四十歳から年一回の触診検査とPSAを受け始めるべきだ、と強調していました。

いいですか、早期発見こそ生き残る可能性を増す、とご記憶ください。女性の読者の皆様に申し上げます、もし人生を共にしている男性を愛しているなら、その人が医者の予約を取るまでうるさく言ってください。

アン・ランダース様　米国癌研究所の医師であり研究者として、私は、前立腺癌を発見するためにPSA検査を推奨しているあなたのコラムを読んで、驚きました。例のコラムは現代医学上最大の論戦の一つに迷い込んでいます。

多数の専門機関や顧問団は、米連邦予防活動対策本部やアメリカ家庭医協会も含めて、何の症候もない男性を検査するのにPSAを使わないように勧告しています。多くの前立腺癌は治療の必要はない、と理解していただくことが重要です。我々は前立腺癌の診断においては格段の進歩をみてきていますが、残念なことに、治療の必要な前立腺とそのままにしておいた方がいいものとの識別がまだあまりうまくありません。前立腺癌に罹っていて何の治療も受けなかった患者を十年間追跡調査して、治療を受けた患者と同じ結果が出ました。しかも前立腺癌の治療過程で、失禁と不能の両方が高い確率で起こります。少数ですが、その治療で亡くなっている人もいます。

PSA検査の有効性を確認するために、臨床実験が目下続けられています。この実験が現在進行中の論争に決着をつけるものと期待しています。その時まではどうぞ、アン、昔ながらの方法が最善となる人もいる、と読者の皆さんに知らせてください。

——メリーランド州ベセスダ、米国癌研究所、癌予防撲滅部門、
オーティス・W・ブローリー医学博士

ブローリー医学博士　この問題に関しては医師の間で大いに論争があります。私は別の見解を活字にしましたので、あなたのも掲載する義務があると思いました。

読者の皆様、この問題を掛かりつけのお医者さんと話し合って、どちらにするか判断してください。お便りくださってありがとうございます。

私が書いた中で最も重要な単発コラムの一つは、一九七一年に新聞に出ました。米国癌法案を支持してくださるように皆様にお願いしたものです。

読者の皆様　もし今日、面白い話を期待していらっしゃるなら、アン・ランダースは読まないで飛ばしてください。もし何百万もの命——ご自分のかもしれない——を救うかもしれない努力に一役を担うお気持ちがあるならば、どうか私のコラムをお読みください。

私たちの中で愛する人を癌で亡くしていない人がいるでしょうか。信じられないほど幸運で、この恐ろしい病気のせいで何らかの形で人生が変わっていない人が、読者の方々の中に一人でもいるでしょうか。第二次世界大戦で亡くなった人より、一九六九年中に癌で亡くなった人の方が多いのです。今日、生きている二億人のアメリカ人のうち五千万人が癌に罹り、およそ三千四百

万人が癌で亡くなるでしょう。癌はほかのどの病気より十五歳以下の子供の命を奪っています。

非常に多くの人たちが「この偉大な国は月に人間を着陸させられるのに、どうして癌の治療法が発見できないのか」という疑問を口にしています。その理由の一つは、私たちがこの殺人病に対して国民的運動、団結した努力をまだ始めていないからです。もう一つの理由はお金です。アメリカにおいては、医学研究のために割当てられた資金はひどく不適切です。医学研究のための政府の補助金は事実上枯渇しています。税金の不当に大きな部分が防衛に使われているのです。

私は次の統計に度肝を抜かれました。この国の政策の優先順位が面白い（恥ずかしい）ものであることが分かります。一九六九年にアメリカ合衆国の政府は、国民（男性、女性、子供を含め）一人当たり次のようにお金を使っています。

ベトナム戦争に百二十五ドル
宇宙計画に十九ドル
外国援助に十九ドル
癌研究に八十九セント

まもなく、「全米癌専門局」の設立を求める法案が連邦上院に提出されます。この法案（S-34）はエドワード・ケネディ上院議員とジェィコブ・ジャビッツ上院議員が発起人です。全米癌専門局案は、人類を月に立たせた米航空宇宙局（NASA）に似た機関になるでしょう。この「癌撲滅」法案は、できるだけ早期に癌の予防、診断、治療のよりよい方法の開発を最優先順位とすることを要求しています。

今日は、皆様が単独の疾病に対する我が国の歴史上最大の攻撃に加わる好機です。相当数の国民がS-34法案の議会通過を望んでいると上院議員たちに知らせれば、法案は通るでしょう。

このコラムをお読みの皆様一人一人がすぐに地元の上院議員二人に手紙を書いてくださるようお願いします――さらにいいのは、電報を送ってくださることです。イリノイ州の上院議員はアドリー・スティーブンソン三世とチャールス・パーシィーです。手紙か電報を左記宛に送ってください。Senetor ＿＿＿＿＿, Senate Office Building, Washington, DC 20510
文面は「S-34に賛成票を」だけで結構です。それに名前を書いてください。

誰もが何でもかんでもできる訳ではありませんが、一人一人が何かできます。この一つの小さな行動が、大勢の人々の人生を立て直せるかもしれないということが、本当にあり得るのです。行動を起こしてください。私は昨晩、パーシィ上院議員、スティーブンソン上院議員に電報を送りました。

読んでくださってありがとう。皆様に神様のご加護がありますように。

私は皆様が間違いなく期待に応えてくださるだろうと思っていましたが、本当に応えてくださいましたね。その後どうなったかをお話しします。

読者の皆様　癌撲滅法案、S-34支持の手紙か電報を地元の上院議員に送ってくださるようにとの私の提案に、甚大なるご協力をいただき感謝しています。かつて例のないほどの猛吹雪のように手紙がワシントンを襲いました。すでに労働過剰なのに、郵便に返事を書かなければならない秘書たちは、「アン・ランダースを糾弾せよ」と書いたプラカードを掲げています。しかし、彼らはその反響が心温まるものであると秘かに認めています。すでに受け取られた電報や手紙の量から判断すると、あのたった一つのコラムが最終的にはとんでもない数の郵便を引き寄せると予想されます。

私は、ニクソン大統領がS-34のいくつかの原則に支持を表明してくださったことに、非常に感謝しています。しかし、この闘いは、法案が両院を通過し、全米癌専門局が設立され、癌撲滅を特別な国民的目標にするまでは、勝利ではないのです。癌研究のための現存の機関を利用するだけでは十分ではありません。

現存する機関は一九三七年頃からありますが、官僚的形式主義のたまり場です。今度提案されている国立癌専門局は月に人類を立たせたNASAと同様の機関になる予定です。もし私たちが〝既存の機関〟とずっと付き合う気ならば、国民的目標に達することはないでしょう。S-34を支持する皆様の電報や手紙は、私たちが政策優先順位の急激な改編を望んでいることをワシントンに知らしめています。私たちは、軍隊がグルメな食事をしたあと、医学研究がテーブルの上にこぼれているパンくずを拾っているのを、もう黙っているつもりはありません。優先順位が変われば、癌という苦しみを解決するための方策が見つけられることでしょう。私に言わせれば、この殺人病に対する大規模で統一された攻撃は、随分延び延びになっていたのです。

米国癌法案は一九七一年にニクソン大統領によって署名され、一億ドルが癌研究に直接向けられることになりました。

癌にできないこと

癌にできることは非常に限られているのです…
愛を弱めることはできません、
希望を打ち砕くこともできません、
信頼を損なうこともできません、
平和を乱すこともできません、
友情を壊すこともできません、
記憶力を悪くすることもできません、
勇気を殺ぐこともできません、
魂を侵すこともできません、
永遠の命を盗むこともできません、
神霊を征服することもできません。

さらに情報をご希望の方は、左記にお問い合わせください。
American Cancer Society, 1599 Clifton Road NE, Atlanta, GA 30329　(800) ACS-2345
Reach to Recovery, American Cancer Society, 1599 Clifton Road NE, Atlanta, GA 30329　(乳癌の手術を受けた女性のための機関)
National Cancer Institute　(800) 4-CANCER

以下のデータは、一九九二年保健社会福祉省の報告から引用したものです。何の尾ひれも、何の嘘も加えていません。事実だけです。

現在、約百万人のアメリカ人がエイズの原因となるＨＩＶウィスルに感染しています。過去十年間に、二十万以上のアメリカ人がエイズと診断されています。そのほぼ六四パーセントが亡くなっています。世界中で、現在、推定八百万から一千万人がＨＩＶに感染しています。

ＨＩＶ感染から本格的なエイズになるまでの平均的期間は、十年です。男性対男性の性交渉と静脈注射による麻薬の使用が最大の危険要因ですが、異性間感染が非常な勢いで増加しています。

合衆国では現在エイズは、二十五歳から四十四歳までの男性の死亡原因第二位を、同年齢グループの女性の死亡原因第五位を占めています。エイズは二、三の少数民族に特にひどく猛威をふるっています。エイズと診断された人の四分の一以上が黒人で、一六パーセントがヒスパニックです。

一九九一年十二月現在、二十歳から二十九歳までの男女の間で、四万三六二件のエイズ症例が報告されました。十三歳から十九歳まででは七八九件の症例が報告されています。この報告の中でとりわけ憂慮される事実は、HIV感染率が十代の少年少女の間で急速に増加していることです。

政府、医療機関、社会福祉に関心のある団体の努力にもかかわらず、合衆国の十代にハイリスクな行動が広がっています。世論調査された高校生の四〇パーセント以上が、複数のセックスパートナーがいると答えています。コンドームの使用は著しく増えてはいますが、性的に活発な十代の子供たちの三分の一しか使っていないとのことです。ゴム製のコンドームだけが性感染症を防いでくれるということを忘れないでください。しかしコンドームは一〇〇パーセント確実ではないのです。漏れたり、破れたり、外れたりしますから。

最も一般的な二つの伝染経路は、性交——肛門、膣、口——と、注射針の共用です。エイズウィスルは輸血によっても伝染しますが、血液が入念に検査され始めた一九八五年以降は稀になっています。

HIVは日常の接触——キスをしたり、ドアノブや電話に触ったり、噴水型水飲み器で水を飲んだり、便座に触ったり――では移りません。

現在、HIVウイスルに対抗するワクチンはありませんし、エイズの治療法は全くありません。しかしながら、世界中の研究所で大規模な努力が進行中です。

ATZとdd1という薬は、エイズの発症を遅らすことと、エイズ患者の生活の質を劇的に改善し、平均寿命を延ばすことに成功しています。

エイズから身を守るためにはどうしたらいいでしょうか？　針を共用してはいけません。健康で完全に信頼できる人との一対一の関係だけを続けることです。

アン・ランダース様　昨晩私は四〇九七人とセックスしました。不可能だ、とおっしゃいますか？　いえ、それができるんですよ。

私は離婚経験のある女性で、かなり長い間誠実な恋人がいます。

昨晩、私はひどくお酒を飲み、愚かなことに、テニスクラブで数回会っただけのある男性とセックスをしてしまいました。彼は、昨年中に、八人の、〝完璧に貞淑な〟女性と関係をもった、と認めました。

テニスのシード表と同じ表を逆さまにして作ってみました。私は、この八人の女性を例に取り、彼女たちが八人の男性と寝て、その男性たちも一人一人、八人の女性と寝る……と仮定しました。

掛け算で計算すると、たった三回戦で、私はシード表上で四〇九六人プラス一人と接触していたのだと気づきました。

このシード表の中にエイズキャリアが一人もいないと、どうして言い切れるでしょうか。たとえ輸血による感染だけを考えたとしても。我が国だけで一万人ものキャリアがいるそうです。ですから、私は感染していない、とどうして言えるでしょうか。テニス〝観戦〟という意味ではありません!?

これからはずっと、今の恋人だけと付き合い、彼を生涯の夫としたいと望んでいます。私が四〇九七人に身をさらした代償を彼が払わなくてすむようにと祈っています。――怖がって

怖がっている方へ　エイズを非常に恐ろしい病気にしている特性の一つにあなたは焦点を当ててくださいました。その悪夢に次の恐怖を加えてください。つまり、知らずにエイズに罹り、パートナーに感染させてしまう、という怖さです。

確実に健康でいる唯一の方法は、禁欲か、完全に安全な相手と浮気をしない二人だけの関係を続けることだけのように、ますます思えます。

アン・ランダース様　私は有能な女性重役です。一年前、生命保険を申し込みましたら、HIV抗体検査（いわゆるエイズ検査）を受けるように要求されました。

本当に衝撃的でしたが、結果が陽性となって返ってきたのです。

私は売春婦ではありません。誰彼となくセックスするような人間ではありません。静脈注射麻

薬常習者でもありませんし、過去にもそんな経験はありません。私は少数民族グループの人間ではありません。貧乏でもホームレスでもありません。両性愛の人と寝たこともありません。

私は、郊外に住み、たばこも吸わず、麻薬も使わない立派に生きているアメリカ女性です。無知な人々がHIVウィルスに感染している人たちに対して示す固定観念のどれにも当てはまりません。愛し合い、五年も付き合っている男性から、私はHIVを移されたのです。彼は同性愛でも両性愛でもありません。静脈注射をする麻薬を使ったこともありません。彼は自分がウィルスに感染しているとは全く知りませんでした。彼は、六年前、短くて無意味な関係をもったある女性から感染したのかもしれない、と思っています。

私たちは二人とも健康状態は非常に良好ですし、見た目も非常に元気です。私は何も知らなくて、エイズウィルスに感染している人はやせ細っていると思っていました。今はHIVに感染してからエイズが発症するのには何年もかかることがあると分かっています。研究者たちは日々この病気についてさらにいろいろ研究成果を上げています。希望がもてる理由がたくさんあります。

エイズについて何も知らない数人の医者に診てもらったあと、幸運なことに、有能なエイズの情報に通じた医者を見つけました。彼は私に希望と生きる意志をくれました。また、私をとても助けてくれる心遣いのある、協力的な心理療法士にも掛かっています。これらの知識のある専門家に会うまでは、数カ月間毎日、自殺ばかり考えていました。

エイズはよくパーティーの笑い話になります。癌や脳性麻痺や精神病や結核についての冗談を絶対言おうとしない人も、エイズなら口にしてもいい話題だと考えています。私のような感染者が、その人たちの姉妹や友達や同僚や姪や娘やいとこであるかもしれない、とは気づいていないのです。その人たちは、エイズは性感染症なので違う扱い方をしているのです。皆さんが心ない言葉を発したら相手を傷つけるということに敏感になっていただきたいと思いますので、この手紙をどうぞアン、新聞に載せてください。私たちのようにエイズに感染している者の多くは、外見上皆さんと同じように見えるのですから。

——ニューイングランドで二つの奇跡を探して

アン・ランダース様　私はどうしても真実を知りたいと思っています。最近、ボーイフレンドがエイズで死にました。私は検査を受け、結果は陰性でした。六カ月以内にもう一度検査を受けなければならないのは知っています。

私の質問は、「もし一年間検査が陰性でも、将来五年か十年して検査が陽性になる可能性はありますか」です。

カウンセラーは、その検査は正確で、もし一年後も陰性なら、私はボーイフレンドからウィルスを移されていないということだ、と教えてくれました。が、別の人たちからは、そのウィルスは組織の中に隠れていて何年間も陽性にならない、と言われました。それだと、一生、毎年検査を受けなければならないことになります。

本当のことが分かって、このことで一人苦しむのをやめられるように、どうぞ専門家に聞いてください。

――ニューヨークで混乱

混乱様　ハーバード大学医学部の免疫学名誉教授で、エイズに関してのアメリカで最も尊敬されている権威、ジェローム・グループマン博士に照会しました。博士の解答は、「現行のＨＩＶ検査は非常に正確です。間違って陰性と出る確率は千分の一以下です。

エイズウィルスに感染している人の九〇パーセント以上がウィルスにさらされてから三カ月で陽性と出て、九九・九パーセントが六カ月で陽性になり、十二カ月で一〇〇パーセント陽性です。十二カ月かけて個々の検査が陰性ならば、毎年検査する必要は全くありません。

検査結果がはっきりしていないなら、抗体の検査かそのウィルスそのものの別の検査をしてくれる専門家に相談してください」ということでした。

いかに自衛すべきかについての情報をもう少しご紹介します。

アン・ランダース様　誰もがエイズを怖がっています。唯一安全なセックスはセックスを**全くしない**ことだ、とあなたは繰り返しおっしゃっていますが、しかし実際にはそうもいかない人もいる訳ですから、そういう人はコンドームを使うようにと提案なさっていますね。コンドームはどれぐらい頼りになるものですか。私は活発な性生活をしている三十三歳の男性ですが、コンドームは破れたり、漏れたり、外れたりしています。どのようにしたらいいでしょうか？

――テネシーで気を揉んで

テネシー様　性的接触によるエイズ感染を避けるために唯一の一〇〇パーセント頼れる方法はセックスをやめることです。しかしほとんどの人はセックスをやめはしないでしょうから、できる限り自衛すべきです。

私はあなたの手紙を、アトランタの「伝染病予防センター」の理事、デイビット・サッチャー博士に託しました。博士のコメントをご紹介しましょう。

「科学的験証によると、ゴム製のコンドームは、一貫してしかも正しく使われるなら、エイズの原因となるウィルス、ＨＩＶを阻止するのに非常に効果的です。食品医薬局（ＦＡＤ）はコンドームの製造業者に製品一束ごとに検査するように要求しています。食品医薬局はまた、コンドームが厳重な品質基準に合っているかどうか確かめるために定期的に検査しています。大量のコンドームから抜き取ったサンプルから、平均的な束では九九・七パーセント以上欠陥がない、と証明されています。

食品医薬局とその他の研究者たちは、ゴム製のコンドームがＨＩＶやそれよりずっと小さいＢ型肝炎ウィルスを含む種々のウィルスに効果的なバリアーである、と証明しています。食品医薬局は一連の研究室検査で、コンドームを感染した人の体内で発見されたものの一億倍のウィルス濃度というような、現実離れした猛烈な条件にさらしてみましたが、このような状況下でも、コンドームはウィルスの曝露を一万倍減少させる、と研究者は結論づけています。

合計五五〇組のカップル（そのうちの一人はすでにＨＩＶに感染していて、一人は感染していない）を対象に最近二つの研究が行われています。その結果、コンドームを使っていなかったか、毎回は使っていなかった人たちの間では、十一パーセントが感染しました。必ずコンドームを使っていると報告した二九四カップルのうちでは、一パーセントが感染しました。後者の内訳は、一方の研究対象の一二三カップルのグループでは一人も感染していなくて、別の一七一カップルのグループでは三人が感染していた、とのことです。

この三件の感染はコンドームの使い方が間違っていたことが原因の可能性があります。コンドームが滑って外れたり、破れたり、漏れたりするのは、使い方が悪いこと――製品が悪いのではなく――が普通、問題なのです。また、ワセリンや鉱物油が原料の潤滑剤がゴムを劣化させます。セックスを控えることがＨＩＶ感染を防ぐ唯一確実な方法です。しかしながら、ゴム製のコンドームは一貫して正しく使えば、大いに効果があります」。

エイズ検査で陽性だった人がすべて、その病気に罹っている訳ではありません。偽陽性反応が起こり得ますし、実際起こっています――いろいろな理由で。

アン・ランダース様　一九九一年三月、定期ＨＩＶ検査を受けに、匿名検査センターに行きました。二週間して、結果が陽性となって返ってきました。

愕然としました。二十歳で死刑の宣告をされたのです。ひどく落ち込んで、自殺する方法をいろいろ考えました。しかし、家族と友人の励ましもあって、病気と闘う決心をしました。

ダラスの私の医者が、カリフォルニアがHIV患者に一番良いケアーをしてくれると言ってくれましたので、すべてを荷造りして、西に向かいました。信頼できる医者を見つけるのに三カ月かかりました。この医者は治療する前に、もう一度検査を受けるようにしつこく言ってくれました。新しい結果が陰性だった時の私のショックを想像してください。その医者はさらにもう一度検査してくれて、結果ははっきり陰性でした。

今、健康であることに感謝していますが、HIVウィルスに感染していると思っていた一年半が、私の人生をすっかり変えました。お医者さんたちには、今後もっと注意して欲しいとお願いします。また、読者の皆さんには、必ずもう一人の医者の診断を受けるように申し上げたいのです。私は六カ月ごとにHIVの検査を受け続けるでしょうが、もう怖くはありません。

――ダラスのデイビッド

ダラス様　あなたの場合は、ハッピーエンドになったけれど本当に悪夢でしたね。でも、最初のお医者様を非難してはいけません。

あなたのお話の教訓は、「別の医者の診断を受けなさい。三人目の医者の意見も聞きなさい」です。一回だけの検査を決して信頼してはいけません。どんな時も！

アン・ランダース様　私は年一回の健康診断を受け、その結果が戻ってきた時、恐怖のどん底に叩きつけられました。ＨＩＶが陽性だったのです。私は二十四歳の女性で、誰ともセックスをしたことはありません。

私はパニック状態で医者のところに戻り、再検査を受けました。結果は陰性でした。初めの検査の二週間前に受けたインフルエンザの予防注射が、間違った陽性反応を出したらしいのです。どうぞこのことをもう一度読者の皆さんに伝えてください。一時は恐ろしくて目の前が真っ暗になりました。

――アイオワ州ダベンポート

ダベンポート様　アトランタの伝染病予防センターによると、エライザ検査では、インフルエンザの予防注射が誤った反応の検査結果を出す可能性が実際あるそうです。再検査してもらうことがいつの場合も最善です。ウェスタン法の方がもっと確実で、また、偽陽性反応を防ぐでしょう。

アン・ランダース様　接種したばかりのインフルエンザ予防注射のせいで、ＨＩＶ検査が陽性と出た女性からの手紙を載せていらっしゃいましたね。エイズ検査を受けた時、間違った陽性結果を受け取るかもしれない理由はたくさんあります。最近の予防接種がその一つです。リューマチ関節炎や妊娠（過去の妊娠も含め）も偽陽性反応の原因になるかもしれません。

生と死を分けるかもしれない健康問題に関して、一般の人々を教育してくださってありがとうございます。

――デンバー、インフルエンザセンター、緊急事態に対処する看護婦一同

さらに情報をご希望の方は、左記にお問い合わせください。

Centers for Disease Control and Prevention National AIDS Hotline　(800) 342-AIDS

スペイン語を話す方は　(800) 344-7432

聴力障害の方用のコンピューター端末　(800) 243-7889

ＣＤＣはコンドームの適正な使用法に関してのパンフレット（英語とスペイン語）を出しています。

無料のパンフレットをご希望の場合は、次にお電話ください。　(800) 342-AIDS

Ⅵ

メンタルヘルス・・・紙一重

現在私たちは、精神疾患は薬物療法とセラピーで治療可能であると知っています。それゆえ今では治療を受けずにその病気で悩む必要はもう全くありません。

この問題に関して読者の皆様にお教えするために出来るだけのことはしてきました。次の手紙をお読みになればお分かりになると思います。

アン・ランダース様　私は精神病院に入院している患者です。私は自分が病気なのは分かっています、ちょうど肺炎に罹っている人が病気であるように。また、私の病気が一時的なもので、良くなりつつあるということも分かっています。いつか役に立つ市民になり、多分社会に何か貢献もできるでしょう。

精神病院に友達や親戚が入っている人たちが、その精神病の患者のことと、その人が是非とも必要としていることをもっとよく理解してくれるようにと願って、この手紙を書いています。何よりも、私たちは人からまだ忘れられていないと知る必要があるのです。

七月四日の独立記念日には、私たちは素晴しいチキンディナーでもてなしていただき、その後で映画上映会がありました。でも、たった一人でも私を見舞ってくれる人がいたら、そのディナーや映画など、なくてもよいと思ったでしょう。私には娘が一人と、孫たち、兄弟姉妹、いとこがいますが、誰も見舞いに来てくれなかったのです。

毎週毎週見舞い客を待っているのは、私だけではありません。まるで、近親者は私たちがここにいることを恥じていて、出来たら忘れてしまいたいと思っているかのようです。私たちは患者同士でよくこのことを話し合います——決して自己憐憫からではなく、ただほかの人は分かってくれないので悲しい気持ちで。

ここの職員の皆さんは素晴しい方々です。なんと立派な人たちなのでしょう——でも、私たちの数がとても多くて、職員の方はとても少ないのです。出来るだけのことはしてくださいますが、でも家族や友達の見舞いほど私たちに安堵感を与えてくれるものはありません。家族や友達の訪問による外界とのつながりが、何にもまして患者の回復を早めるのです。

どうぞこの手紙を載せてください。長すぎるのは分かっていますが、新聞に合うように短く切ってくださって結構です。この言葉を伝えてくだされば、救われる方がたくさんいるでしょう。あなたに神様のお恵みがありますように。

——辛抱強い患者

辛抱強い患者様　素晴しい手紙をありがとうございます。確かに、このコラムに出る普通の手紙の二倍の長さがありますが、ひとことでも削るのは憚られました。ですから、あなたがお書きになった通りお載せしました。

鬱病が毎年、一千七百万人以上のアメリカ人を襲っています。しかし残念なことに、実際に治療を受けているのは、鬱病を抱えている人たちの半分以下です。鬱病になると、生活のすべての面で大変な不都合を起こしかねません。悲しいとか、〝ブルー〟になっているというのとは違って、鬱病は良いニュースにも反応しませんし、治療を受けずに放っておくと何カ月も何年も続く可能性があります。

アン・ランダース様　自分が鬱病かどうか、どうしたら分かりますか？　四六時中、幸せいっぱいなどというのはあり得ないことは分かっていますが、それにしても私は、「嫌になっちゃう」とか「面白くない」という気持の度合いが、普通の人より強いのではないかと心配しています。私に何が起こっているのかもっと理解できるように、鬱病の兆候を教えてください。私は孤立していて、無力な気がしてなりません。　――今日は大丈夫だけれど、あしたが心配

心配様　全米精神衛生協会によると、何百万ものアメリカ人がひどい鬱病に罹っているそうです。ですから、あなたがひどく落ち込んでいても、あなたはお一人ではないのですよ。

ロングアイランド・ユダヤ人ヒルサイド医療センターの鬱病クリニックの長であるジョーン・ケイン博士は、『ニューヨーク・タイムズ』のオリーブ・エバンスとのインタビューの中で、ひどい鬱病の一般的な警戒信号のリストを挙げています。

どうぞお読みください。

一、悲しさと絶望（「私（俺）なんか絶対良くならない」）の感情
二、〃喜べる力〃、何かを楽しむ能力の欠如
三、セックスに対する興味の欠如
四、食欲の欠如（あるいは過食）
五、不眠症（あるいは過剰睡眠）
六、不安な、または、落ち着かない行動（あるいは無感動）
七、集中、記憶、決断ができない
八、些細なことで動揺する
九、自分をくだらない人間だと思う（「私（俺）なんか最低！」）
十、友達や親戚から距離を置く

もし右記の中の六つ以上に当てはまれば、恐らくひどい鬱状態です。このコラムをお医者さんに持って行って、あなたの憂鬱な気分について先生にお話しすることをお勧めします。カウンセ

ラーを推薦してくれるように頼んでごらんなさい。

個人開業しているセラピストに掛かる余裕がないなら、電話帳で「精神衛生クリニック」と書いてあるところを調べてください。政府が資金援助しているほとんど費用のかからない優秀なクリニックがたくさんあります。さらに申し上げれば、皆様は税金を通じてそこにお金を払っているのですから、遠慮しないで**行ってください**。


アン・ランダース様　九年前の四月、私はリカバリーという団体に加わりました。私の精神の健康はそこのお蔭です。今、私は、単に存在しているのではなく、生きています。

リカバリーに加わる前は、私の人生は悪夢でした。病院に入っていなかった時は、夜も昼も家の中を落ち着かずに行ったり来たりしていました。よく眠れませんでした。その頃まだ子供たちは幼かったので、当時母親がどんなだったか覚えていなくて良かったと思っています。

私は家の中で一人でいるのが怖かったのです。吐き気がして物を食べることもできませんでした——心臓の動悸が激しかったので、冠状動脈血栓症だと信じていました。ナイフは全部しまい込みました——自分で自分を刺し殺すのではないかと怖かったからです。憂鬱で、理由もないのにたくさん泣き、外出することも怖かったのです。

私がどんな気分かを人に説明しようとすると、困ったような凝視に出会いました。誰も分かってくれませんでした。その人たちは、「元気を出しなさい！」とか「落ち着きなさい！」とか言うだけでした。

ある友人がリカバリーのことを教えてくれました。彼女はあなたのコラムでその団体のことを読んだのだそうです。私はそこに出掛けて行き、奇跡が起こったのです。そこの誰もが私の気持ちを分かってくれました。そして集会にずっと続けて来るように、そうすればきっと良くなるからと言ってくれました。その通りでした。今、私は七年間そこでグループリーダーをしています。本当によく効きますよ！

――カナダで感謝

感謝様　あなたの手紙は私が活字にしたリカバリー*での十回目の回復報告です。この素晴しい機関の創始者たちは数年前、私が〝その団体を有名にした〟と言っていました。これ以上素晴しい褒め言葉はありませんよね。

「助けてもらえますよ。連絡をとってカウセリングを受けてください」と私が言うと、薄ら笑いを浮かべる世間の皆様、本当かどうかこの機関に任せてみてください。

電話帳を調べてください。千以上の支部があり、費用のかかる民間の精神病院がうまくいかなくても、ここは成功しています。この立派な機関の功績は言葉では十分に言い尽くせません。電話帳で見つからなければ、本部に手紙を書いてください。

＊ Recovery, 802 N. Dearborn St., Chicago, IL 60610　(312) 337-5661

アン・ランダース様　六年前、退役軍人で離婚歴のある男性と結婚しました。子供たちはみな成長し家を出ていて、今は二人だけです。

結婚してから六年間、主人はバスルームに行く時は、たとえ手を洗うだけでも、必ずドアに鍵をしっかり掛けます。主人はまだ私の前で洋服を着たり脱いだりしたことがありません。

結婚した時、彼の方が私の家に移って来ましたが、彼のトレーラーがまだ庭に駐車してあります。（もっとおかしなことがあります）。彼は頻繁にそこに入っては、ドア全部に鍵を掛けて、お風呂に入ります。

この風変わりな行動について理由を聞いてみましたが、子供たちが小さい頃からそうしているから、という答えが返ってきました（彼の一番下の〝赤ちゃん〟はもう十八歳なんですよ！）。

ここには私たち以外誰もいません。主人はすっかり頭がおかしくなっているのだと思います。さらに、私がそれを口にすると、彼はひどく喧嘩腰になります。アン、彼のこの性格のどこがおかしいと思うか教えてください、お願いします。　　――頭のおかしい人と結婚した者

結婚した方へ　その〝性格〟には、彼の身体やそれに関係したことすべてに何か根の深いこだわりがありますね。
彼の頭からこのおかしな考え方を取り除くためには集中的なセラピーで何年もかかるでしょう。あなたは彼を変えられないでしょう、ですから彼の風変わりさを我慢して、彼を変えようなどと無理をするのはおやめなさい。

アン・ランダース様　痛みを感じたい、自分の身体から出血するのを見たいという理由で、ガラスのぎざぎざの破片で自分を切り付ける少女からの手紙を読んでびっくりしました。そんなことをするのは世界中で私一人かと思っていましたから。

それは十五歳の時に始まりました。ある時、ビーチパーティーで楽しんでいたのですが、急に自分を傷つけて、血を見たくなりました。ビールの缶を持って一人その場を離れて、金属のヘリで手首をグサッと切り付け、その痛みと出血にゾクゾクしました。

出血がひどくなると怖くなって友達に助けを求めました。彼らは私が自殺をしようとしたのだと当然思いましたが、実は違うのです。私は病院の急患室に運ばれ、何針か縫ってもらい、その後三カ月ばかりは、おとなしくしていました。

しかしある日試験勉強をしていて、方程式が分からなくていらいらしてきた時、前と同じ衝動がまた襲ってきました。私はカミソリの刃を使って腕にいくつか模様を刻み込みました。血がたくさん出ましたが、傷に粘着テープを貼り、出血は止まりました。

私は外科医になりたいと思っています――まあ趣味と実益を兼ねてという感じで。私は頭がおかしいとお思いになりますか？　友達の中にはそう思う人がいます。どうぞ答えてください。

――オレゴン州メッドフォード

メッドフォード様　自分の身体を罰したいという脅迫衝動と血を見て快感を感じるということは、精神科の助けを緊急に必要とします。学校のカウンセラーかご両親、あるいは家庭医に直ちに話してください。心配な状態ですよ、あなた。

アン・ランダース様　私は二人の幼い子供のいる三十歳の母親です。最初は怒りから逃れるためだったのですが、とても恐ろしい癖が身につきました。今は興奮するためにそうします。その私の特別な癖とは、路地にあるゴミのカンに火を点けることです。今までは誰も傷つけていませんし、財産にも被害を与えていません――ですから、ちょっと楽しむには害のないことだと思います。でも、比較的落ち着いている時には、これがさらに高じると建物に火を点けて甚大な被害を出すのではないか、と心配になります。

やじ馬が炎が消されるのを見に集まって来ると（誰かが必ず消防署に電話をしますが）、私は自分がとても〝影響力〟があると感じます。それから、最寄りの警察署に駆け込んで、「私がやったのよ！」と言いたい衝動に駆られる時が何度もありますが、そう白状したらどうなるかとても心配です。

私は自分が影響力がある重要人物だと感じなければ我慢できないのです。そうでなければこんなことはしないでしょう。自分が惹き起こしたことを見ると自分には絶大な力があると感じるのです。数カ月前このことを全部私のセラピストに話しました。彼はやめるように言いましたが、私は自分が抑えられません。

あなたは分別のある方で、私を正してくださると思いますので、あなたにこうして手紙を書いています。どうか、お願いします。

——ある西部の町に住む無害の放火魔

友へ　私の最初の提案は、別のセラピストを見つけてください、です。現在のセラピストは力がなく、効果が上げられません、控えめに言っても。

あなたは放火癖と呼ばれる精神病です。それは性的な問題と関係していると大方の権威が考えています。あなたのように、情緒的に混乱している人たちは、社会だけでなく自分たちや家族にもきわめて危険になります。

直ちに、地域の精神衛生協会かワシントンのアメリカ精神医学協会に電話をしてください。あなたの抱えている問題を詳しく説明して、この病気を専門にしているセラピストを推薦してくれるように頼んでください。

アン・ランダース様　私は二十歳で大学二年生です。友達と比べて、私はとてもうまくやっています。

高校ではみんなに好かれていましたし、あらゆることにかかわっていました——チアリーダーチーム、教練チーム、生徒会やスポーツなどです。同窓会評議委員にも選ばれました。家庭生活も申し分なく、立派な愛情深い両親に恵まれています。

学校の外では、教会の青年団に入り、日曜学校で教えたり、プロのダンスもしています。

一年生では生物学-医学部進学課程を専攻し、その後、難関の女子学生クラブへの入会承諾の約束を取りつけました。このように私は、決して世の中が面白くないとか、友達がいないとかいうことはなく、誰よりも元気で愛想が良く、外向的な人間です。人を笑わせる私の明るい笑顔と愛情をごらんになれば、私が死にたがっているなどと決して想像もおつきにならないでしょう。

いつ最初に、死にたいという妄想に取り付かれたのかは覚えていませんが、毎晩ベッドで目を覚ましたまま横になって、神様に癌か何かほかの恐ろしい病気になりますように、とお願いしています。

私に言わせればもう最高の人生を歩んできたので、運を全部使い切らずに若いうちに死にたいのです。自殺願望はないと分かってください。自分で自分を殺したくはありません。ただ、何かが私を殺してくれればいいのに、と願っているのです。

この話を数人の親友にしましたが、彼らはどうして私がそんなふうに考えるのか理解できないようです。

私のどこがいけないのでしょうか、アン？　何でも手に入れたあと、どうしてこんなに死にたいのでしょうか。私の名前や住んでいる町の名前を明らかにすれば、電話が鳴り続くのがよく分かっていますので、次のように署名するだけにします。

——アドバイスが必要な死亡願望の二年生

二年生の方へ　あなたはご自分でどこかおかしいと分かっているともうおっしゃっていらっしゃるので、私はその点を鞭打つつもりはありません。このような異様な考え方をあなたに抱かせている原因は何かを、きちんと見つけ出す必要があります。

どの大学にもカウンセラーがいます。専門家とあなたの秘密の憧れについて話し合うことを強くお勧めします。劇的なことを申し上げたくはありませんが、願望が突然、行動の源になることがありますよ。


アン・ランダース様 あなたのコラムに載った一通の手紙が私の人生を変えました。

私は十三歳の時、髪の毛をむしり始めました。本当に頑張ってその気になればやめられる悪い癖だとずっと思っていました。しかしいろいろ試してみましたが、全くやめられませんでした。二十五年以上(今、四十二歳)この癖で非難されたり攻撃されたり、悩んだり、きまりが悪い思いをしたり、恥ずかしい思いをしたりしてきました。

約二年前、強迫性疾患、抜毛癖——強迫されたように毛を抜くこと——についてあなたのコラムで読み、私がたった一人ではないことを知って安心しました。あなたが抜毛症財団の住所を挙げてくださっていましたので、パンフレットを請求しました。そのお蔭で、ほぼ二千五百万のアメリカ人が大なり小なりこの病気に苦しんでいると知りました。治療法は全くないけれど、医者に処方された薬が大変効くことがあるということも分かりました。

その薬が私にはよく効いたと報告できて嬉しく思います。もう私は毛を抜きません。どうも私の抜毛癖は体内の化学物質のアンバランスが原因だったようで、薬がその問題を解決してくれました。とても感謝していますので以上のことをお伝えいたしました。皆さんのお役に立てばと願っています。

——ゴールデンウェスト

ゴールデンウェスト様　あなたの手紙で幸せな気分になりました。そのうえ、髪の毛をむしる癖があって、どうしていいか分からない数え切れない人たちに必ず大いに役に立ちます。援助が必要な方は、パンフレットを請求して手に入れてください。*

*Trichotillomania Learning Center, Suite 2, 1215 Mission St., Santa Cruz, CA 95060
(800) 227-1033

アン・ランダース様　昨年、パニック発作についての私の手紙を掲載していただきました。今、私はとても良くなっているとご報告できて、嬉しくて胸がドキドキしています。

私はその病気についていろいろ分かってきて、ごく親しい人たちと話し合うことにしました。そうしたら驚いたことに、家族の中にも友達の中にもパニック発作に苦しんでいる人がいるのを知ったのです。

私がうまくいったのは、支援団体に加わり、すでにその問題を克服している人たちと話し合ったお蔭です。私を主に慰めてくれたものの中には、「パニックに立ち向かうための黄金律」を繰り返し読むことがあります。いろいろ読んだ文献の中で、これは一番安心できて役に立ちます。その教えが私の命を救ってくれたと言っても過言ではありません。ご紹介しましょう。

パニックに立ち向かうための黄金律

一、あなたの感情や症状がぞっとさせるものでも、危険にも害にもならない、と忘れないでください。
二、あなたが今経験していることは、ストレスに対する正常な反応が大げさになっただけ、と理解してください。
三、あなたの感情と闘ったり、無理に取り除こうとしてはいけません。その感情に進んで立ち向かえば、それだけその感情の強烈さは薄れます。
四、〝起こるかもしれない〟ことを考えて、パニックを増大させてはいけません。もし、「もし何か起こったらどうしよう?」と考えているのに気がついたら、「だからどうだ!」とご自分に言い聞かせてください。
五、現状をありのままに受け入れなさい。もっとずっと悪くなるのではと心配するよりは、今起こっていることに注意を払ってください。
六、恐怖心に〇から一〇まで等級を付け、それが上下するのを観察なさい。そして、非常に高いレベルに数秒以上いることはない、と気づいてください。
七、恐怖について考えているのに気づいたら、その「もし何か起こったらどうしよう」という考えを変えなさい。簡単で何とか実行可能な仕事を一つ決めて、やり遂げなさい。
八、恐ろしいことは、考えるのをやめたら、その不安はなくなっていく、と分かってください。
九、恐怖心が襲ってきたら、それを受け入れなさい。闘ってはいけません。じっと待って、通り過ぎるのを待ちなさい。それから逃れようとしてはいけません。
十、今まで達成してきた進歩を誇りに思ってください。心配が通り過ぎた時、どれほど気分が良くなるか考えてください。そうすれば、完全に落ち着いていられて心が安らぎます。

アーカンソー様　今日、あなたは大勢の人を救ったと私は信じていますよ。ありがとうございます。

——アーカンソー

アン・ランダース様　私は自分を典型的な高校生だと思っています。成績はいいですし、先生方は私を可愛がってくれます。普段は幸せで、自殺しようなどと考えたこともありません。今日、自殺防止について集会がありました。そこで聞いた話には耳を疑いました、アン。十代の四人に一人が十六歳以前に自殺を図るそうです。毎分一人が自殺を図り、毎日三十三人の子供が自殺に成功するそうです。どうしてなのか？　誰もはっきり分からないということです。

集会で話をしてくれた人は、次の十二の自殺の危険信号を教えてくれました。それを新聞に載せてくださったら、必ずどこかで命が一つ救われるだろうと思います。誰かがうちの学校の自殺を考えていた生徒の兆候に気づいて、その子を説得して助けを求めさせたお蔭で、その子が月曜日の朝に姿を見せるということが多分、あるかもしれません。

——典型的なティーン

T・T様　誰かの人生を確実に変えるリストを送ってくださって、ありがとうございます。さあ、どうぞお読みください。

一、行動の急激な変化

二、食欲の劇的変化
三、睡眠障害。落ち込んでいる時は、四六時中眠りたがる。または、全く眠れない。
四、学校での成績不振
五、集中できない、感情の揺れ、じっと座っていられない
六、説明できないエネルギーの喪失、あるいは過労
七、友達に対する興味の喪失
八、薬またはアルコール消費量の増加
九、たえず無価値感、あるいは自己嫌悪感がある
十、過剰な冒険心
十一、死、瀕死、自殺が最大の関心事
十二、ごく個人的なものや、貴重な所有物を他人に贈る

アン・ランダース様　先週、友人の十五歳の息子さんが自殺しました。彼は人気のある生徒で、スポーツに熱中していて、ボーイスカウトのパトロールリーダーでした。誰もが彼を外向的で幸せそうな若者だと言っていました。彼の両親も姉妹も友達もどうして彼が自殺したのか、皆目見当がついていません。私には、彼らを慰める言葉もありません。

お葬式でその少年の母親は、参列していた若者たちに、もし何かで悩んでいたら、誰かに、誰にでも話すように、と懇願していました。アン、読者の皆さんに、**今晩**、静かな時間を作って子供たちと腰を下ろし、子供たちの生活に何が起こっているかを聞いてみるように、頼んでくださ

い。子供たちが何か悩んでいて、それを話したがらないなら、先生か牧師かラビか司祭か親戚か友達か――とにかく勇気を出して誰かと話をするように勧めるべきです。子供たちがどんな葛藤を経験していようとも、それを解決する援助を得られるように、です。それに、親たちは子供たちに一度聞いてみるだけではいけないのです。たとえ子供たちが何も困ったことはないように振る舞っても、本当のところは全く分からないからです。

この手紙で、たとえ一家族でも私の友人たちが経験している苦痛や悩みを避けられるなら、恐らく彼らは、自分たちが一つの命を救うのに役に立ったと知って、慰めになるでしょう。

――ロサンゼルスのE・L

E・L様　子供たちから疎外されているとか、距離をおかれているとか感じている数え切れないほどの親御さんたちのために、あなたのお手紙がきっと、子供たちとのコミュニケーションの扉を開けるに違いありません。本当に素晴しいお仕事をなさいましたね。ありがとうございます。

アン・ランダース様　たくさんの人々の人生を大きく変えるかもしれない手紙を新聞に載せていただくお願いするために、この手紙を今、書いています。これは自殺を考えているすべての人に宛てた手紙です。

自分で自分の人生を終えようと決心したら、それはその人の問題ですからお好きなようになさってください。しかし、どうか他人を巻き込まない方法を選んでください。人を巻き込むような人は恐ろしくフェアーではありません。なぜこんなことを言うのか、説明させてください。

私の父が十八輪トラックで家に帰る途中、八十五歳の男性がわざと父のトラックの前に真っすぐ飛び込んで来たのです。その男性の死体をトラックと歩道からきれいに剝がすのに四時間かかりました。警察は、彼の足を見つけるために再び現場に戻らなければなりませんでしたが、足は事故現場から二十一メーターも離れたところにあったのです。担当の警察官は十八年勤務していてこれほど凄惨な光景は見たこともない、と言っていました。

父は三十五年以上大事故も起こさず、一〇〇万マイルも安全運転していましたのに、この恐ろしい経験から、絶対に立ち直れないでしょう。

単独ですべき行為で、他人にこのような代償を負わせるなんて不公平です。皆さんに死ぬ間際に少しは考えてもらいたいと思って、この手紙を書いています。

——カリフォルニア州ローランドハイツのテレサ

テレサ様　ほとんどの人が考えもつかないことを書いてくださってありがとうございます。私への郵便の同じ袋の中に、同じようなことが書いてある手紙がありました。

アン・ランダース様　この手紙は、人生をきっぱり終わらそうと考えている人へのお願いです。あなたがこの世を去りたいなら、無理に、ここにいなさい、という権利は誰にもありませんが、どうか一人で行ってください。

美しく、頭も良く、大学教育を受け、婚約もしていて、輝かしい未来のある二十四歳の娘が、ある土曜日の午後殺されました。麻薬常習者が、コカインでハイになっていて、中心街のオフィスビルの二十二階の窓から身を投げたからです。その男の身体が娘を直撃して、娘は即死したのです。

その麻薬常習者は娘を殺すつもりはなかったのでしょうが、まるでその男が銃を取り出し、娘の心臓に弾丸を打ち込んだのと同じように、娘は殺されてしまったのです。

——ニューヨークの母

お母さんへ　大事なお嬢さんをとんでもない事故で亡くされて、お悔やみ申し上げます。あなたの手紙が同じような悲劇を防いでくれることを望みましょう。

アン・ランダース様　十年前、あらゆることが四方八方から私を攻撃しました。それで、鬱になり、自暴自棄になり、自分の死を計画し始めました。三月に自殺を試みましたが、モーテルの従業員が救ってくれました。

病院から退院しましたが、その時もまだ、人生を終わらせてしまおうと心に決めていました。それで、そのための処方薬を貯め始めました。どうしようかと教会に答えを探しに行った時も、天井から首を吊れる方法があるかどうか見まわしたものです。

六月に、ここなら発見されないだろう思った小さな町に、三百錠の薬を持って向かいました。しかしある友人が私のあとをつけて来ました。ほかの三人の友達も飛んで来て、病院に入るように説得しました。仕方なく私は三百錠の薬を持って歩いて病院へ行き、そこで自殺するつもりでした。

ほかの患者と待合室で座っている間に、そこにあった『リーダーズ・ダイジェスト』を取り上げて、目次も見ないでパッと開けると、そこで奇跡が起こったのです、アン。私の目に入った記事は「自殺する前に」という題だったのです。それには自殺するより生きることを選ぶ理由がいくつか書かれていました。

すぐ看護婦を呼んで、ブーツのつま先と荷物の中に隠しておいた薬を全部渡しました。その時の彼女の顔は見物《みもの》でしたよ。

神様と友達と『リーダーズ・ダイジェスト』のその記事が私を救ってくれました。この手紙を全部新聞に載せられないのは分かっていますので、短くして、あなたのコラムにスペースを見つけてください。私がこの手紙を書いているのは、ほかの人を助けたいからです。

――経験者

追伸　私は今はうまくやっています。

経験者様　なんという証言でしょう！　喜んでこの価値ある手紙に陽の目を当てます。ブラボー。

アン・ランダース様　ひどく不幸で自殺したかったと言っていた読者の方の手紙を載せていましたね。

すでに彼はそのための薬を貯め始めていて、実行しようとしていた時、偶然『リーダーズ・ダイジェスト』を手にし、目に入った記事が彼に心変わりさせたそうですね。

最近、私も自殺のことばかり考えていますので、その記事が役に立つかもしれません。新聞に載せていただけませんか。

――自殺志願者

自殺志願者様　『リーダーズ・ダイジェスト』のその記事については、五百件以上のリクエストがありました。元々は一九八五年六月号に載ったものです。その記事が、命をたくさん救っているのを私は知っています。さあ、お読みください。

自殺する前に

レネイ・T・ルセーロ正看護婦

もう、すると決めているのね。人生は我慢ならないものね。自殺が逃げ道よね。いいんじゃない――でも自殺する前に知っておいて欲しいことがあるの。私は精神科の看護婦だから、自殺の成り行きをいっぱいを見てるわ――うまくいく時も、ものすごく多いのだけど、うまくいかない時も。実行する前に、これから話す本当に起こったことをよく考えてね。

自殺はたいていはうまくいかないのよ。確実に自殺できる方法を知っている、と思っているわよね。電気で自殺しようとした二十五歳の人に聞いてみるといいわ。彼は生き残っちゃったの。でも、両腕がなくなっちゃったのよ。

飛び降りるのはどうかしら。ジョンに聞いてごらん。彼は頭が良くて、魅力的なユーモアのセンスがあったの。でもそれは彼がビルから飛び降りる前のこと。今は、脳が損傷していて、四六時中介護が必要になるわ。彼は歩く時はよろよろして、脳卒中の発作が出るの。彼の人生は霧の中よ。最悪なのは、彼は自分が前は正常だったというのを**知っている**ことよ。

　薬はどうかしら？　飲み過ぎて、ひどい肝臓障害を起こしている十二歳の子に聞いてみて。肝臓障害で死ぬ人を見たことがある？　真っ黄色になるの。行く末厳しいわよ。

　銃はどうかしら？　自分で頭を打ち抜いた二十四歳の人に聞いてみるといいわ。今、片足を引きずって、片腕は利かなくて、片目は視力が全くないか、片方の耳が全く聞こえないの。「絶対失敗しない」と言われている方法で自殺して、生き残ったのよ。あなたもそうなるかもね。

　誰がカーペットについたあなたの血を拭き取ったり、天井からあなたの脳味噌をこそげ取ると思うの？　民間の清掃業の人たちはそんな仕事は断るわね――でも**誰かが**しなければならないのよ。誰が首を吊っているあなたの身体を下ろさなければいけないの？　誰が溺れ死んだあなたの膨れ上がった死体の身元確認をしなければならないの？　お母さん？　奥さん？　息子さん？

　注意深く言葉を選んだ〝愛のこもった〟遺書など、何の役にも立たないわ。あなたを愛していた人は**決して**立ち直れないわ。悔やんで、悔やんで、その苦痛は終わることはないのよ。

　自殺は伝染するのよ。家族を見まわしてごらんなさい。敷物の上でおもちゃの自動車で遊んでいる四歳の子供をよく見てごらんなさい。今晩あなたが自殺したら、その子が十年後に自殺するかもしれないのよ。

　別の選択を是非してごらんなさい。助けてくれて、現在の危機から抜け出させてくれる人がいるわ。ホットラインに電話なさい。友達に電話なさい。牧師か司祭に電話なさい。医者か病院に電話なさい。警察に電話なさい。

　その人たちは、希望があるよ、って言ってくれるわよ。あした、郵便の中に希望を見つけるかもしれないじゃない。今週の週末にいい電話があるかもしれないし。あなたの探しているものが、ほんの一瞬、ほんの一日、ほんの一カ月先にあるかもしれないじゃないの。

止めて欲しくなかったですって？　まだ死にたいの？　じゃあ、あとで精神科病棟で会うかもしれないわね。そうしたら、昔あなただった廃人をどうするか、一緒に考えましょうね。


アン・ランダース様　過去に自殺を試みたけれど、失敗して今は良かったと思っている読者の皆さんからの意見を募っていらっしゃいましたね。私の経験をお話ししましょう。

当時私は十八歳で、一歳四カ月の息子と五カ月の娘がいました。二十歳の夫は私を捨てて別の女性のところに走ったばかりでした。私はあらゆることで失敗したと感じ、人生を終わらす決心をしました。睡眠薬を大量に飲んでウオッカを一ビン飲み、死ぬ覚悟をしました。

ええ、でも死にませんでした。夫が私を見つけて病院に連れて行き、胃洗浄を受け、二日後には家に帰っていました。その後紆余曲折がありましたが、夫の方からもちかけられ離婚したあと、素晴しい男性に会い、今人生はバラ色です。息子は今十七歳で、陸上競技にずば抜けていて、ハンサムで人に好かれています。娘は十六歳で、音楽に才能があり、正真正銘の美人です。

自殺していたら、この子たちが大きくなるのを見られなかっただろうと思うと、居ても立ってもいられません。**経験しなければ分からない**ことを皆さんにお話ししたいのです。私は経験したのです。どうかどうか、人生を諦めないでください。「人生の出来事は全部なんとかなる――死以外は」と、アンが言っていますが、アンの言う通りです。

——ペンシルバニアの名無し

ペンシルバニア様　救いとなる言葉をありがとうございます。もう少し読んでください。

ロサンゼルス「私の『自殺ニアミス』体験をお話しします。十七歳の時〝ジミー〟に狂ったように恋をして、三年間ステディの関係を続けていましたが、壊れてしまいました。ダンスパーティーで彼が、私がずっと大嫌いだった女の子と一緒にいるのを見て、その晩、自殺を決心しました。

デートの相手が真夜中の三時に家に送って来てくれましたが、私は父の車の鍵を手に入れると、半分凍っている川へと車を走らせ、氷を突き破って溺れ死ぬ覚悟をしました。

突然、翌日が母の誕生日なのを思い出しました。『なんというバースデープレゼントをお母さんに上げようとしているのかしら……』と思って、車をUターンさせて家に帰りました。その時は正常な精神状態ではなかった、と今では分かっています。ものすごく落ち込んでいましたから。その後、学校でカウンセリングを受けて、三年間セラピストの治療を受けました。今は、心理学の博士号を持っていて、申し分ない夫と三人の立派な子供たちに恵まれています。もう少しでこの喜びを経験できなかったのだと思うと、身震いします。どんな卑怯者でも自殺はできます。でも人生に立ち向かうには、根性がいります」。

ニューヨーク「ウォールストリートの大物だった父は、一九二六年に、恐慌ですべてを失いました。父は首吊り自殺をしようとしました。ところが母が、地下室で父がロープと格闘しているのを見つけました。母は『そんなこともちゃんとできないの、馬鹿ねえ』と叫びました。二人は大笑いして、その後三十年間幸せに結婚しています」。

シカゴ「私の自殺未遂体験談です。掲載してくださることを望んでいます。大学の三年の時、二十歳のガールフレンドが自動車事故で死にました。実は私が運転していたのです。罪の意識に苦しんで、食事も睡眠も勉強もできませんでした。三カ月後、完全に精神が参ってしまい、自殺さえすればその苦痛から逃れられる、と考えたのです。

大学の校舎の四階の窓から身を投げようとしていた矢先、二人の先輩が私のかかとを掴まえたのです。私は家に送り返され、精神科のカウンセリングを受けるように指導されました。集中治療のお蔭で、普通なら立ち直れないハンプティ・ダンプティが立ち直れたのです。それは十五年前でした。現在、私は臨床心理学者で、幸せな結婚をしていて二人のとてもいい子の父親です。良いセラピーと正しい薬物療法の組み合わせが奇跡を起こせると、読者の皆さんにお伝えください。自殺は問題を何も解決しませんが、あとに残された人の人生を生き地獄にしています。

さらに情報をご希望の方は、左記にお問い合わせください。

Anxiety Disorders Association of America, 6000 Executive Blvd, Suite 513, Rockville, MD 20852
(301) 231-9350

National Institute of Mental Health Public Inquiries, 5600 Fishers Lane, Room 7C-02, Rockville, MD 20857　(800)421-4211(鬱病専用)　(800)64-PANIC(パニック障害専用)

National Alliance for the Mentally Ill, 200 N. Glebe Rd., Suite 1015, Arlington, VA 22203 (800)950-NAMI

Obsessive-Compulsive Foundation, P.O. Box 70, Milford, CT 06460　(203)878-5669

Mental Health Facility Locater　(800)262-4444

Recovery, Inc., 802 N. Dearborn St., Chicago, IL 60610　(312)337-5661

訳者紹介

川崎悦子(かわさき・えつこ)

1974年6月～1979年7月までシカゴ郊外エバンストンで暮らす。

現在、千葉工業大学助教授。

アン・ランダースの

アメリカ流人生案内《りゅうじんせいあんない》 上

平成12年9月10日　初版発行

訳者　川《かわ》崎《さき》悦《えつ》子《こ》

発行者　寺内由美子

発行所　鷹書房弓《たかしょぼうゆみ》プレス

〒162-0811 東京都新宿区水道町2-14

電話 (03) 5261−8470

FAX (03) 5261−8474

振替 00100−8−22523

ISBN4-8034-0437-2 C0036

印刷：大熊整美堂　製本：関川製本